F. V. (Franz Valentin) Zillner

Salzburgische Kulturgeschichte in Umrissen

F. V. (Franz Valentin) Zillner

Salzburgische Kulturgeschichte in Umrissen

ISBN/EAN: 9783743653191

Hergestellt in Europa, USA, Kanada, Australien, Japan

Cover: Foto ©ninafisch / pixelio.de

Weitere Bücher finden Sie auf **www.hansebooks.com**

Salzburgische Kulturgeschichte

in

Umrissen.

Von

F. V. Zillner, M. Dr.

Veröffentlicht auf Veranlassung und Kosten des k. k. Baurathes

Herrn Karl Ritter v. Schwarz.

Salzburg 1871.

Druck und Verlag der Endl & Penker'schen Buchdruckerei in Salzburg.

Vorwort.

Die Herausgabe dieser Schrift verdankt die vaterländische Literatur dem auf dem Titelblatte genannten großen Förderer und Unternehmer von Werken der Kultur in ganz Oesterreich, dem Freunde des Fortschrittes, dessen Kraft und Großmuth seine neue Heimath für Jahrhunderte verpflichtet bleibt.

Was das Buch selbst betrifft, so dürfte es, so weit bekannt ist, den ersten Versuch eines umfassenden Kulturabrisses einer kleineren Landschaft darstellen und waren hiebei manche Schwierigkeiten in Entwurf und Ausführung zu überwinden. Da ein größerer Leserkreis in's Auge gefaßt wurde, so schienen Uebersichtlichkeit und Kürze zwei unumgängliche Eigenschaften zu sein. Deßhalb wurde die große Zahl der Einzelnthatsachen in erster Linie zu Kulturgruppen gesammelt und die Leiterscheinungen verzeichnet mit Beschränkung allen Ueberflusses, wo er sich auch dargeboten hätte. Aus gleicher Ursache wurde die Unterstützung des Textes durch zahlreiche Quellenangaben unterlassen, weil diese nahe die Hälfte des Raumes

in Anspruch genommen hätten und die vielen handschriftlichen Belegstellen doch nur mit Zeitverlust auf-
zufinden sind. Wissende werden dessenungeachtet ein-
räumen, daß ohne mehrjährige und gewissenhafte Forschung der Inhalt dieser Schrift nicht herzustellen gewesen wäre.

Die trockene Aufzählung der Thatsachen wurde,
wo es dienlich schien, durch kurze Bemerkungen unterbrochen, da die Erfahrung lehrt, daß auch beim Besuche einer Sammlung von Natur-, Kunst- oder Kul-
turgegenständen einige erläuternde Worte dem Führer
verdankt werden.

Schließlich möge man sich erinnern, daß kein
Historiker vom Fache zu den Lesern spricht, sondern
ein Geschichtsfreund, der nur die Forschungsmethode
seines Berufes auf diesen Gegenstand angewendet hat.

Salzburg, den 10. Hornung 1871.

I.

Was ist Kulturgeschichte?

Aus der langen Vergangenheit schreiten Länder und Völker durch die kurze Gegenwart der Zukunft zu. In der Wandelbarkeit der Staatenbildungen und bei dem Wechsel der Herrscher ist die Betrachtung des Bleibenden im Wechsel, des Volkes, recht eigentlich eine Aufgabe der Gegenwart. Sie erzählt als Kulturgeschichte die gesellige und geistige Entwicklung, sowie das stoffliche Schaffen eines Volkskörpers, ist also ihrer Wesenheit nach eine erläuternde Darstellung menschlichen Fortschrittes, eine Lebensbeschreibung der Bevölkerung. Indem sie die gesammte Kulturbewegung in mehrere parallel laufende oder auch sich durchkreuzende Richtungen auflöst und deren Lauf verfolgt, dann aber wieder Halt macht und Umschau hält, liefert sie Bilder von den vielen Theilbewegungen des Volkslebens und dessen Kulturzuständen und handelt von den Bedingungen und Erscheinungen des Fortschrittes.

Bodengestalt und -Benützung, die Erzeugnisse des Landes und das Güterleben, Reichthum und Armuth der Bewohner, die Gesellschaftsklassen, Freiheit und Knechtschaft, Religion und Staatsgeschichte stehen daher zur Kulturgeschichte in den engsten Beziehungen. Wie sie in vielfältiger Weise die Erscheinungen geistigen Lebens bestimmen und abändern, so ist wieder das Geisteslicht der Bevölkerung selbst von maßgebendem Einfluß auf jene Kultureinflüße in der Gegenwart und für die Zukunft. Wenn an Wissenschaft, Schriftthum, Kunst und Sitte vielfach brauchbare Maßstäbe der Bildung erkannt werden müssen, so können doch anderseits die Arten des Gewerbebetriebes, städtische Einrichtungen, das Genossen-

schaftswesen, Maß und Gewicht, Sprachalterthümer, die Mi=
schung der Bevölkerung, geistige Verirrungen u. s. w. als
Kulturmerkmale, als Marksteine von Zeiträumen, als Erschei=
nungen von Kulturvorgängen im kleinsten Raum nicht von
der Hand gewiesen werden.

Die Kulturgeschichte zerfällt naturgemäß in die Zeiträume
der Unmündigkeit, des geistigen Erwachens oder der Forschung
und des selbstständigen Verstandesgebrauches, denen bei unter=
gehenden Völkern noch das Zeitalter des Verfalles anzurei=
hen ist.

Die Kulturgeschichte lehrt als praktische Regel: Habe
Muth, dich deines Verstandes zu bedienen! sie schafft die zahl=
reichsten Beweise für den Lehrsatz, daß die Menschengeschichte,
allen Stillstandslehren zum Trotz, eine Fortbewegung sei, die
in ihren Anfängen oft außerordentlich langsam, und in ihrem
Fortschreiten vielfältig gestaut, dennoch auf Rückschläge oft
Gegenstöße übt und deren Schritte bisweilen nur um so ver=
nehmlicher werden, je stärkere Hindernisse zu überwinden wa=
ren. Indem sie Blicke in die geistigen Rüstkammern der Völ=
ker wirft, zeigt sie die Hilfsmittel an, durch welche die Bil=
dung erweckt und befördert, aber auch verkümmert und auf
Abwege gebracht wird.

In der Erkenntniß, wie gewisse Elemente des Kultur=
lebens entstanden, zu örtlicher oder allgemeiner Geltung ka=
men und dann durch den fortschreitenden Zeitgeist überholt,
oder abgethan wurden, wurzelt zum Theil die selbstständige
Beurtheilung der Gegenwart. Eine Anzahl solcher Elemen=
tarvorgänge in kurzer geschichtlicher Uebersicht vorzuführen,
kann daher als ein Versuch betrachtet werden, mittels histo=
rischer Vergleiche Einsicht in die Erscheinungen der Gegenwart
zu gewinnen.

Die salzburger Kulturgeschichte ist in der Hauptsache der
räumlich beschränkte Ausdruck deutschen Volksthums. Wo die
örtlichen Kulturbewegungen einem abweichenden Zeitmaße
folgen, wo einzelne Kulturrichtungen örtlich beschränkte Le=
bensformen zeigen, da ist das eigentliche Feld der Einzeln=
geschichte, die aus der Gesammtgeschichte sich Maß und Ge=
wicht holt.

Ein Volksstamm, der von seiner eigenen Vergangenheit
nichts weiß, entbehrt eines mächtigen Sporns der Vaterlands=
liebe. Keiner ist reich und klug genug, um die Lehren, die
aus seiner eigenen Geschichte zu gewinnen sind, achtlos zu

übersehen. Welchem die natürlichen Verhältnisse nicht gestat=
ten, an den großen Machtfragen, an der Entwicklung des
Geister= und Güterlebens hervorragenden Antheil zu nehmen,
der bleibt darauf angewiesen, durch zunehmende Bildung seine
Hilfsmittel zu vermehren, durch geistige Rührigkeit das Ge=
deihen seines Landes zu fördern und durch klare Blicke in die
Zeit seiner Stellung und Aufgabe gewiß zu werden.

II.
Lage des Landes.

Zieht man zwischen dem Adriameere und der Nordsee
eine Linie, welche die Hafenorte Triest und Hamburg verbin=
det, so liegt das Land Salzburg auf dem südlichen Drittheil
dieses europäischen Durchmessers, auf der Nordseite der Alpen,
der Scheidewand Mittel= und Südeuropa's, auf dem Ueber=
gange von der Ost= zur Westhälfte dieses Erdtheiles. Somit
ist diese Landstrecke von Natur aus ein Berührungspunkt ost=
und west=europäischer Gegensätze, dem Norden zwar offen und
erreichbar, dem Süden aber näher gerückt.

Salzburg nimmt zugleich ein Stück des steilen Südran=
des des obersten Donaubeckens ein, mit dessen Mulde es jedoch
nur mehr durch einen einzigen Thalweg zusammenhängt.
Sind seine Schicksale an die Veränderungen geknüpft, welche
die geschichtlichen Gewalten in diesem Abschnitte Mittel=
Europa's hervorbringen, so erklärt sich anderntheils aus dem
Mißverhältnisse seines von hohen Bergen umschlossenen Hin=
terlandes zur winzigen Breite seines Vorlandes das Rumpf=
hafte seines innern Lebens und die Schwierigkeit wirthschaft=
lichen Gedeihens.

Da das mittlere Donaubecken eine weit beträchtlichere
Ausdehnung besitzt, als das obere, und da sich im Salzbur=
gerlande die Quellengebiete beider Becken berühren, so ma=
chen sich bedeutende Ereignisse von der mittleren Donau her
selbst in diesem Berglande fühlbar.

Dehnt sich ein mächtiges Staatswesen von Süden her
über die Böschung des Alpenwalles aus, ziehen nordeuro=
päische Völker gegen Mittag, fällt die obere Donau in den
Kreis westlicher Machtentfaltung, behauptet endlich die Gestal=

tung staatlicher Dinge an der mittleren Donau das Ueber=
gewicht, so wird in diesen Fällen dem Salzburger Lande das
Loos einer Grenzmark zu Theil.

Die älteste Bevölkerung, welche im geschichtlichen Halb=
dunkel das Land bebaute, stammte aus Asien, stieg längs der
Donau und ihrer Nebenflüsse herauf und betrat das Land
von Osten her (Kelten, Noriker, Tauriser).

Darauf bemächtigten sich die Römer von Süden aus mit
dem ganzen Uebergewichte höherer Kultur der Alpenländer
(um Christi Geburt).

In einer Reihe hintereinander folgender Wellen, die
selbst über die Alpenkämme flutheten, rückten von Mitternacht
her Schaaren deutscher Stämme über die Donau nach Süden.
So wurden nach der Römerherrschaft Baiern Landeseigen=
thümer und theilten sich mit den Erben des römischen Na=
mens in die Hinterlassenschaft des Weltreiches. (Ende des 5.
und Anfang des 6. Jahrhunderts).

Wenig später rückte ein slavischer Stamm in dem Drau=
thale aufwärts bis an die Tauern, die er hie und da überstieg.

Mittlerweile erhob sich im fernen Westen auf römischen
Trümmern die Macht der Franken, unterwarf nebst anderen
deutschen Stämmen auch die Baiern an der obern Donau
(um 530) und gründete, weitschauenden Blickes, hier, an der
Grenzmark des Reiches, einen kirchlichen Mittelpunkt (um
700).

Unter dem Schutze der fränkischen Hausmaier und hin=
ter Karls des Großen Heersäulen hatte sich die deutsche Lan=
deskirche Salzburg bis an die Raab und den Plattensee aus=
gedehnt, als die Ungarn aus der Mongolei von der mittleren
Donau Besitz nahmen und ihre räuberischen Streifzüge über
das Westland ausdehnten, welches erst nach einer Zeit der
Sammlung und Erstarkung vom karolingischen Verfall ihrem
Unwesen ein Ziel setzte. (Schlacht auf dem Lechfelde 955.)

Zwei Reiche herrschten nun, ein deutsches in der West=
hälfte Europa's und ein romanisches von Süden aus, jenes
mit dem Schwerte der weltlichen Macht, dieses durch die
geistliche Schlüsselgewalt — Kaiserthum und Papstthum. Ihre
Eintracht, Wechselwirkung und ihr Zwist im 11. und 12.
Jahrhundert bestimmten auch die Schicksale Salzburgs.

Nach dem Sinken des Kaiserthums im 12. und 13. Jahrhundert erhoben sich dessen Lehensfürsten und so wurde auch das Stiftland Salzburg ein Landesfürstenthum (anerkannt von Rudolf von Habsburg 1273—1291). Es entwickelten sich aber an der obern Donau die wittelsbachische (seit 1181) und in den Ostalpen und an der mittleren Donau die habsburgische Hausmacht (seit 1277) und so beginnt mit der Zeit der erlangten Landeshoheit bereits der Niedergang des geistlichen Fürstenthums, dem selbst die seit dem westfälischen Frieden (1648) erreichte staatliche Eigenschaft nicht zu steuern vermochte.

Das Erstarken des Forschungsgeistes der Völker hatte Veränderungen auf kirchlichem und staatlichem Gebiete zur Folge. Erstere, unter der Bezeichnung „Reformation" zusammengefaßt, bewirkten in Salzburg ein langsames zweihundertjähriges Erzittern der kirchlichen Grundlage des Stiftes, dem fast in der letzten Stunde durch den bekannten Auswanderungsbefehl ein Ende gemacht wurde. Die andersgläubigen Staatsangehörigen wurden dem Widerspruche geopfert, in den ihre Meinungen mit der Ausschließlichkeit des geistlichen Staates gerathen waren.

Hatte die religiöse Bewegung schon das morsche deutsche Reich in zwei Hälften getrennt, so fiel dasselbe, nachdem die Fürsten in den Bauernkriegen einen ersten Neuerungsversuch auf staatlichem Gebiete niedergeschlagen, unter der neuen Flut volks- und staatsrechtlicher Lehren westlichen Ursprunges, deren man sich gar bald zur Gründung eines neuen Weltreiches bedienen wollte, vollends in Trümmer. Sein Zusammensturz begrub die noch vorhandenen mittelalterigen Staatsformen der reichsunmittelbaren Abteien, Probsteien und geistlichen Fürstenthümer.

Nach mancherlei Wechsel der Herrschaft erscheint endlich (seit 1816) Salzburg als Bestandtheil Oesterreichs.

Grenzländer, deren Loos Salzburg vermöge seiner Lage schon mehrmals getheilt hat, sind unmittelbar veranlaßt mit den anders entwickelten Zuständen ihrer Nachbarn bekannt zu werden und sie mit den eigenen zu vergleichen. Sie sind genöthigt, mit den Angehörigen anderer Staaten in Verkehr zu treten und ihre Eigenthümlichkeiten kennen zu lernen. Sind es Nachbarn eines anderen Volksstammes, oder Einwohner, die wenigstens unter dem Einflusse eines fremden Volks-

thumes stehen und ist der eigene Bildungszustand ungefähr
auf gleicher Höhe mit dem fremden, so entsteht eine Wechsel=
wirkung, die viele Einseitigkeit entfernt, die Beobachtung
schärft und den Sinn der Billigkeit entwickelt.   Wenn also
Grenzländer von den großen Mittelpunkten der Kultur oft
weit entfernt sind, so finden sie doch mancherlei Ersatz im
Umgange mit ihren etwas anders gearteten Nachbarn.

III.

Beschaffenheit des Landes.

Was gegenwärtig das Land Salzburg heißt, ist eine un=
gefähr dreiseitige, mit der größten Breite auf hohen Gebirgen
liegende, nur mit der Spitze nach der fruchtbaren Thaltiefe
gekehrte Landstrecke von 130 Geviertmeilen Flächeninhalt, an
deren Südrande, einem großen Rückgrate der Erde vergleich=
bar, die Hauptalpenkette von West nach Ost sich hinstreckt.
Dieselbe sendet wie Rippen auf der Nordseite achtzehn kurze
2—8 Stunden lange Bergrücken aus, die in steilen Abfällen
zu Thal sinken und ebenso viele Thäler zwischen sich lassen.

Den Hauptalpen gegenüber liegen die massigen Kalkhoch=
flächen der Salzburgeralpen, welche den Salzburggau von
den drei Gebirgsgauen und dem Ennsthale trennen.

Die Zerfällung der Landesoberfläche in die fünf Thal=
gebiete der Mur, Enns, der obern und untern Salzach und
der Sale, und abermals in mehr als vierzig kleinere Seiten=
thäler hindert in nicht geringem Grade die Bodenbenützung
für den Ackerbau, erschwert den Verkehr, die Entwicklung von
Gewerben, die Entstehung von Städten.

Mehrere Tauernthäler (Großarl, Gastein, Rauris,
Sulzbach) werden vor ihrer Mündung in das Salzachthal
durch vorspringende Bergrücken verengt (Klammen), ihre Aus=
gänge liegen auf hohen Thalstufen; der Aufstieg in dieselben
ist steil, der Straßenbau kostspielig. Andere Thäler (Lantsch=
feld, Habach, Hollersbach u. s. w.) gleichen Erdrissen, deren
schluchtartige Tiefen und Steilhänge nur vorübergehend Be=
siedelung gestatten.

Viele Bäche überfluten nach Hochgewittern, bei raschem Schneeschmelzen die Ufer, werfen von ihren Ursprungshöhen Schutt, Felsblöcke, Alpenerde oft mehrere tausend Fuß in's Thal hinab, versanden dort das Land, stauen die Flußrinne oder verengen die Seeufer.

Die salzburger Seen sind entweder Hochgebirgsseen, oder gehören dem Gürtel der Kalkalpen oder dem Vorlande an. Als Wasserstraßen haben nur die letzteren einige und zwar örtliche Bedeutung. In ihnen fallen die Geschiebe der hinein mündenden Bäche zu Boden. Sie werden vermöge der Reize des Seespiegels und der anziehenden Landschaftsbilder an den Ufern die Zielpunkte reisender Großstädter und Naturfreunde.

Da das Weideland der Alpen einst Hochwald war und noch vor Kurzem ein Drittel der Landesoberfläche vom Walde eingenommen wurde, so müssen zu einer Zeit, die der geschichtlichen Berechnung nicht so ferne liegt, weit über 70 Geviertmeilen Wald vorhanden gewesen sein, während Acker und Wiesen gegenwärtig 43 Geviertmeilen behaupten. Im 11.—13. Jahrhundert wurden noch ansehnliche Landstrecken, in denen bereits die wachsende Menschenzahl vielfach gerodet, Einöden, Weiler und Dörfer, sammt allem, was dazu gehört, angelegt hatte, „Wald", „Forst" oder „Hart" genannt, so der Voglerwald um Inzell, Siegsdorf und Waging, die Schneiten bei Teisendorf, der Wisendishart nördlich von Törring, der Chessinhart zwischen der großen und kleinen Sur, der Arlwald, Enswald und Frizwald, das obere Salzachthal um Wald, das Glemerthal und der hintere Zeberhauswinkel u. a.

Die Mittelhöhe der Thalsohle Lungau's befindet sich über 3000 Fuß, Pinzgau's bei 2500, Pongau's bei 1700, des Salzburggaues bei 1300 Fuß Höhe.

Die Hochspitzen der Hauptalpen erheben sich auf 10—12000 Fuß Höhe, der ewige Schnee beginnt im Mittel bei 8200 Fuß. Mehr als dritthalb Geviertmeilen sind ewige Schnee- und Eiswüste.

Der Salzburggau hat eine mittlere Jahreswärme in der Thaltiefe von $6\cdot4^0$, und wenn mit der Erhebung um 800 Fuß das jährliche Wärmemittel um 1^0 sinkt, so entspräche dem Pongau eine Jahreswärme von etwa 5^0, dem Pinzgau von 4^0, dem Lungau von $2\cdot5^0$.

Berge sind die Marken der engen Heimat des Hochländers, sie trennen ihn von seinen Nachbarn und weisen ihn

auf sich selbst an, sie beschränken seinen Gesichtskreis und
scheiden ihn von der übrigen Welt, sie bedingen die Wirth-
schaftsverhältnisse, stecken dem Wachsthum der Bodenerzeugnisse und damit der Volkszahl enge Grenzen, sie überwältigen
nicht selten mit der Wucht ihrer Naturvorgänge die Arbeit
und Thatkraft der Bewohner und geben dem Verstande und
Gefühlsleben eigenthümliche Richtungen.

Nur die Straße, die den Hauptalpenkamm übersetzt (und
nach Gastein abzweigt), zeigt die Erscheinungen lebhafteren
Verkehres, sonst aber hängt das volkreiche Flachland, das
üppige Flußthal der Donau, das treibende Völkergemisch an
der Eisenstraße mit den Siedelungen des Gebirgslandes, den
Marktflecken am Fuße der Tauern, den Alpendörfern der Seitenthäler und den einsamen Berglehen auf den Höhen nur
durch wenige und dünne Fäden zusammen.

Die Kulturwirkung, die unter günstigen Umständen die
Menschengesellschaft auf sich selbst ausübt, ist daher im Berglande nur eine geringe, die Abgelegenheit begünstigt die Erhaltung alter Meinungen und Sitten, alten Hausrathes und
alter Sprachreste, alter Bauweise und Wirthschaft. Selbst die
Urkunden des Mittelalters sind in Salzburg mit älterer
Schrift geschrieben, als die gleichzeitigen an andern Orten.

Rascher wirkt dagegen das mächtige Kulturmittel der
Gesetzgebung, mag sich dieselbe nun auf das geistige Leben
beziehen, wie die Schulverbesserung, oder mag sie Gebiete
des Güterlebens betreffen, wie die Gewerbefreiheit, die Grundentlastung und Forstregulirnng. Auch das Vereinswesen hat
schneller Fuß gefaßt, freilich nur in einer Richtung. Der
Kulturfortschritt eines Berglandes ist daher zum größern Theil
ein mitgetheilter, fortgepflanzter, mehr von außen angeregt
als ursprünglich.

Aelteste Geschichte.

IV.

Kelten, Noriker.

Wann das Land seine ersten Bewohner bekam, läßt sich nicht angeben. Zur Rennthier= oder Eiszeit war es, als Hochgebirgsland, schwerlich von Menschen bevölkert. Da graste das dickwollige Nashorn (Backenzahn eines Rhinoceros 1804 im Schallmose gefunden), wahrscheinlich auch das Rennthier, wie in der Schweiz und in Südfrankreich, so an den Ufern der Salzach.

Aus jenen weit späteren Zeiträumen, in welchen Geräthe aus Stein und Horn, vielleicht schon gleichzeitig mit dem Erz, benützt wurden, finden sich Reste vor (im städtischen Museum).

In der Dämmerzeit der Geschichte haust in diesem Lande ein ackerbauendes Volk, das wir uns ohne mancherlei Erfindungen, Gesetze, gesellschaftliche Einrichtungen, ohne Zeitmaß, Götter und Vorstellungen vom Weltgebäude gar nicht mehr denken können. Dieses Volk wird, soweit es Salzburg, Baiern bis zum Inn, Oesterreich bis zur Donau, Kärnten und den westlichen Theil der Steiermark bewohnte, von gleichzeitigen Schriftstellern Noriker, d. i. Gebirgsleute genannt, von denen die Taurisker nur örtlich verschieden sind. Daß Noriker und Taurisker (Tauernbewohner) Kelten waren, beweisen nicht nur die Eigennamen ihrer Städte und Volksstämme, sondern bezeugt auch Strabo.

Nach Ptolomäus wohnten in unserer Gegend die Alaunen und Ambisontier. Damit steht im Zusammenhang, daß die Salzwerke mit einem uralten Namen Hallstätten heißen, sowie, daß an der Salzach, die in späteren salzburger Ur=

kunden, sehr lautähnlich Igonta (vielleicht richtiger Isonta)
hieß, die Landschaft Bisontium (Pinzgau) mit dem Orte glei=
chen Namens (Zell am See) lag.   Es finden sich ferner zu
den Ortsnamen Artobriga (bei Traunstein), Blaboriciaco
(Lorch), Marciago (Morzg), Marciolis (Marzol), Atanate
(Abnet) in unzweifelhaften Keltenländern eine Menge Sei=
tenstücke.   Auch der Flußname Ivarus (i-yar der Fluß) für
Salzach gleicht dem Varus im südlichen Frankreich, während
in den Ortsnamen Juvavum (Salzburg), Jufen (bei Ram=
seiden, Saalfelden), Jufkarjoch u. s. w. das keltische Juv zu
Grunde liegt.

Im salzburger Museum, sowie anderwärts, findet sich
eine Anzahl von Geräthen, Gefäßen, Werkzeugen, Schmuck=
gegenständen (sehr wenig Waffen), an denen die Alterthums=
kundigen Eigenheiten entdeckten, die der griechischen und rö=
mischen Kultur fremd sind und oft mit dem Alterthümlichen
noch eine gewisse Rohheit vereinigt erkennen lassen. Man
schreibt sie den Kelten zu und nimmt an, daß sie zum Theil
im Lande angefertigt worden seien, zum Theil aber aus
dem Süden (Hetrurien) stammen, wo täuschend ähnliche
Gegenstände (Museum etruscum) häufig gefunden werden.
Derlei Fundstücke sind aus Erz: Kelte (Spaltkeile), Sicheln,
Messer, Hals= und Stirnschmuck, Arm= und Fußringe, Draht=
gewinde (zur Markirung des Busens?), Schließen, Finger=
ringe; aus Bernstein: Fingerringe; aus Glas: Trinkgeschirre,
Perlenschmuck; aus Graßt(?): Schalen, Becher; ein Schilf= oder
Baststrick u. dgl. Eine ergiebige Fundgrube war der Dürnberg.

Die Kelten brachten ihren phönicisch=egyptischen Götter=
glauben sammt der Priesterherrschaft bei ihrer Einwanderung
aus Asien nach Europa mit. Bei ihrem Auftreten in der Ge=
schichte finden wir sie tief in die Baalverehrung verstrickt,
wie sie denn noch zu den Zeiten des heil. Patrik in Irland
dem Baal=Moloch kleine Kinder opferten.

Wie Baal (Bel) nichts anderes ist, als die Verkörperung
des dreimalgroßen außerweltlichen Urgeistes der Sonne, so
ist Astarte die Erscheinung des zweimalgroßen, oberirdischen
Geistes, des Mondes. Die Alpenkelten verehrten den Baal,
wofür Zeugnisse von Zeitgenossen vorliegen. Nach römischer
Umdeutung hieß er Apollo (Sonnengott) Belenus, auch
Belenus noricus. Er war der Gott Himmels und der Erde
und seine Kinder waren die Kelten. Seine Frau Astarte war
die Göttin der Fruchtbarkeit der Erde, Thiere und Menschen.

Die Nährfrauen (alounae, fälschlich als Salzgottheiten ge-
deutet) waren wohl nichts anders als Ausflüsse, Erscheinungs-
weisen der Mondgöttin. Auch Theutates (Toth, Hermes
trismegistus) scheint in den österreichischen Alpen ein Name
für Bel gewesen zu sein.

In der Sammlung von Bürgelstein (nun zu München)
befinden sich mit großer Wahrscheinlichkeit Abbilder dieser
Gottheiten. Eines (440) stellt eine männliche Gestalt dar,
bis an das Knie mit einer Hose bekleidet, das langbärtige
Haupt mit Strahlen umgeben, und mit einem viereckigen
Aufsatze gekrönt, auf welchem eine Kugel (Sonne?) liegt.
Zwischen den gekreuzten Beinen befindet sich abermals eine
Kugel oder Scheibe mit Punkten. Auch in Ammonsgestalt
erscheint Bel in dieser Sammlung (253). Astarte ist abgebildet (231) als weiblicher, vollwangiger Kopf, dessen Stirne
mit einem Vollmondsgesichte und von einer Strahlenkrone
umgebenem Diadem geziert wird, über welchem sich Ohren
und Hörner eines Rindes erheben. Zwischen den Hörnern
ist ein s. g. Drudenfuß*) (Zeichen keltischer Geheimschrift)
Als Brustschmuck dient ein Kopf. Die Verwandtschaft zwischen Astarte und Isis wird aus einer anderen Darstellung
(259) wahrscheinlich.

Die Nährfrau ist (zu Salzburg 1, 9, München 263 bis
265, 491) mehrfach abgebildet als stehende oder sitzende, nackte
oder mit einem Mantel bekleidete Frauengestalt, die zwei Kinder an die Brust hält, deren Füße auf ihren Schenkeln
stehen, oder ihre Arme über fünf ihr zur Rechten und Linken
stehende Kinder, die sich die Hände auflegen, ausstreckt. Den
keltischen Glauben an ein Leben nach dem Tode scheinen zahlreiche Fundstücke aus dem Bürgelsteiner Todtenfelde zu bestätigen.

Die ältesten Stätten keltischer Gottesverehrung befanden
sich auf Bergen, Anhöhen, an Felswänden und Bächen. Säulen aus Holz, Stein, seltsam gestaltete Felsen (schwarze Steine,
Tuval, Teufelssteine, vom Rauche der Opfer) galten als
Götterbilder, bis die Bekanntschaft mit den Römern oder der
Verkehr mit anderen keltischen Völkern die vorerwähnten Bilder verschaffte. Der „Kolmanseckloder" auf der Höhe des Kol-
manseckes (Pongau) und die Steinmännchen auf dem salzacher

---

*) Der Drudenfuß (das Drudenkreuz) besaß in unserm alten
Volksglauben noch seine geheimnißvolle Bedeutung.

Geier und dem Zuflar (Salzachursprung) beim „Schwarzen"
mögen vielleicht (?) eine Vorstellung solcher Säulen gewähren.

Die binnenländischen Kelten waren mit dem Schriftge-
brauch unbekannt, eine nur den Priestern verständliche Zei-
chenschrift, die mehrmals auf den Fundstücken aus dem Bürgelsteiner Gräberfeld sichtbar ist, konnte dem Bedarf des täglichen Lebens nicht genügen. Priesterherrschaft und Religion
begünstigten den Aberglauben in hohem Grade und der keltischen Zauberer und Wahrsager aus den Alpenländern wird
von lateinischen Geschichtschreibern öfters gedacht.

Wenngleich eines keltischen Reiches Erwähnung geschieht,
so umschlang die Alpenkelten, die in vielerlei Gauschaften
zerfielen, doch weder ein kräftiges, nationales Band, noch ein
Achtung gebietendes Gemeinwesen. Sie waren an Kultur,
somit an Hilfsmitteln zu arm, um der Römerwelt mit Erfolg zu widerstehen. Gleich andern erwerbsarmen Völkern
suchten sie durch Auswanderung der zunehmenden Volkszahl,
durch abgesendete Gewalthaufen und Raubzüge nach Süden
ihrer Armuth abzuhelfen.

Mit den Römern in Berührung gekommen, überfielen sie
mit dem Aufgebot einzelner Stämme das Gebiet der großen
Republik, oder versuchten stillschweigend sich daselbst nieder
zu lassen, erschöpften sich abgewiesen in vereinzeltem Wider-
stande und vereinten sich zur Abwehr, als es zu spät war
und der Feind mit Leichtigkeit ihre Verbindungen durchschnitt.

Die Römer dagegen verknüpften zuerst das eroberte Kel-
tenland am Po fest mit Italien, verhinderten die Ausbreitung keltischen Wesens, wiesen die Ansiedelungsversuche zurück,
nahmen den Nachbarstämmen durch Ertheilung der Eigenschaft
von Gastfreunden und Bundesgenossen jeden Anlaß zu selbstständigem Handeln, schlugen den Widerstand mit Waffengewalt
nieder und verwendeten die Unterworfenen gegen die Aufständischen.

Ungefähr zwei Jahrhunderte folgte die römische Staats-
kunst diesem Plane, welchem nach und nach sämmtliche südlich der Alpen gelegene keltische Stämme unterlagen. Im
Jahre 15 und 14 vor Christus schickte endlich Octavian seine
Stiefsöhne Drusus und Tiberius gegen die Rhäter, welche
das römische Gebiet beunruhigten, jedoch im Laufe eines
Sommers unterworfen wurden.

Nun war auch das Schicksal Norikums entschieden. Da
Binnennorikum ohnehin dem Feinde offen stand und vom
Lech her die römischen Adler anrückten, ergaben sich die Noriker des Uferlandes, wie es scheint, nach schwachem Wider-
streben. Die Römer hatten damit die Donaugränze erreicht,
ließen das Land durch einen Prokurator (Finanz-Direktor)
verwalten und setzten Cilli zur Hauptstadt. Hadrian führte
Straßen in's Uferland an die Donau und gründete Muni-
cipien (Landstädte) und Colonien (Pflanzstädte), d. i. Gemeinwesen, nach römischen Vorschriften verwaltet und als
solche anerkannt, erstere aber mit Eingebornen an der Spitze,
letztere durch römische Bürger (Eingewanderte oder in die
Tribus aufgenommene Eingeborne) geleitet.

V.

Römerzeit.

Die militärische Wichtigkeit des Uferlandes führte wahrscheinlich zur Zweitheilung in ein binnenländisches und ufer-
ländisches Norikum mit den Hauptstädten Cilli und Lorch.

Ein buntes Gemisch von Legionen und Reitergeschwa-
dern thrakischen (Denkmal von Aigen bei Salzburg), hispa-
nischen, illyrischen Ursprunges, insbesondere seit Constantin,
folgte in den Besatzungsorten aufeinander. In dem castellum
iuvense, welches man für das Römerschloß auf dem Nonnberge hält, scheint ein ständiges Lager eines römischen Trup-
pentheiles bestanden zu haben.

Um die Jahre 195—200 richtete der kaiserliche Legat
und Proprätor M. Juventius Prokulus die umgestürzten oder
durch Alter und Naturereignisse beschädigten Meilensteine und
Straßenstrecken um Hüttau, Tweng, Mauterndorf wieder auf.

Unter Constantin und seinen Nachfolgern gehörte Norikum zur westlichen Reichshälfte und war ein Theil des großen Verwaltungsbezirkes (Präfektur) Illyrikum, dessen erster
Beamter zu Syrmium an der Save seinen Sitz hatte.

Im Jahre 432 standen die Juthungen an der Donau
und die Noriker auf, aber Aetius trieb sie zu Paaren.

2

Aus Italien führten in zwei Richtungen Straßen in's Salzburgische und zwar

eine obere von Spital (in der Nähe der alten Hauptstadt Teurnia auf dem nachmaligen Lurnfeld in Kärnten) über Gmünd, Kremsbruck, Rennweg, St. Georgen im Katschthale, durch das Lisertthal auf die Leisnitzhöhe und von da über Margarethen und die Mur nach Mauterndorf;

eine untere von Virunum bei Maria Sal nördlich von Klagenfurt über Noreia in's Murthal nach Tamsweg und Mauterndorf.

Von da zog die Straße über den Tauern, Hüttau, Werfen, Golling, Kuchl, Oberalben nach Juvavum.

Von Juvavum gingen nach verschiedenen Richtungen Haupt= und Nebenstraßen weiter und zwar:

über Maxglan, die Sale, Straß, Teisendorf, Traunstein nach Augsburg,

über Straß, Steindorf, Straßwalchen nach Lorch.

Die Nebenstraßen nahmen ihre Richtungen salzachabwärts über Laufen, Titmaning u. s. w., dann über Bergheim, Tarsdorf u. s. w., über Waging, Altenmarkt, Baumburg u. s. w., endlich über Thalgau und Mondsee, wie dieß durch die allenthalben aufgefundenen römischen Ueberreste dargethan wird.

Von der Reichsstraße, die aus Kärnten über Lienz und Inniichen nach Rhätien zog, zweigte ein Alpensteig nach windisch Matrei, den Velbertauern und Mittersil ab, denn in Virgen, Kals, Velben fanden sich Denkmäler aus römischer Zeit.

Auf der Straße von Syrmium über Cilli nach Salzburg, die den ämtlichen Verkehr vermittelte, dürfte auch das römische Staatsfuhrwesen in Gang gewesen sein.

An mehreren dieser Straßen, sagt man, waren Beobachtungsthürme oder Schanzen zur Deckung angelegt. Für solche Stellen hält man die Höhen von Baumburg, Tetelheim, den salzburger Nonnberg, die Pernerinsel zu Hallein (Reste eines Thurmes), den Georgsberg bei Kuchl (castellum Cucullis?), den Festungsberg bei Werfen, den Kreuzberg am Eingang in's Fritzthal, die Höhe bei Steindorf im Lungau, bei Mosheim.

Daß Gold, Salz, Kupfer im Lande gewonnen wurden, ist nicht unwahrscheinlich. Der Speick war schon ein Gegenstand des Handels (Plinius). Gold wurde in Siscia oder Aquileia eingelöst.

Das norische Rind war klein, unansehnlich, wie es Gebirgsschläge überhaupt sind, aber milchreich.

Tacitus nennt die norische Jugend kampfgeübt. Illyricum, wozu auch Salzburg gehörte und das Donaugestade waren namentlich im dritten Jahrhunderte und später eine Soldatenschule wegen der häufigen Ueberfälle der deutschen Stämme und der Pannonier. Noriker waren für die kaiserliche Leibwache gesucht, weil ihr Aussehen frisch und ihre Sitten unverdorben waren. Doch scheint die den westlichen Kelten oder Galliern eigenthümliche Beweglichkeit und Gewandtheit sich in den norischen Bergen nicht entwickelt zu haben, denn Herodian bemerkt ausdrücklich, die Westillyrier (also Kärnten, Salzburg) hätten etwas Langsames und ahnten nicht gleich fremde Schlauheit und Arglist. Uebrigens war schon zu Juvenal's und des Rechtsgelehrten Ulpian Zeit der Kropf in den Alpen eine gewöhnliche Erscheinung.

Augenscheinlich gab es mehrere Religionen nebeneinander im Lande. Die Funde am Bürgelstein sprechen wohl in kaum zu mißdeutender Weise für die Bestattung keltischer Leichen (eingeborner Noriker) daselbst, wo jedoch auch Römer ruhig neben den Eingebornen lagen oder verbrannt wurden.

Die römische Religion hat in den auf uns gekommenen Altarinschriften und Grabmälern, da die Tempel und Götterbilder zerstört wurden, die Spuren ihres Daseins hinterlassen. Es gab in Salzburg dem Jupiter, Merkur, den Nymphen, dem Herkules errichtete Bildsäulen, Kapellen, Altäre. Dem Jupiter aus Arnbium, einer Ortschaft an der Straße von Syrmium nach Juvavum, waren in Salzburg zwei Gelübde-Steine errichtet. So trägt der amtliche und Handelsverkehr seine Götter in die Ferne.

Den Mithras- (Sonnengott) Dienst führte Heliogabalus (217—222) ein. Das Denkmal zu Högelwörd gibt Zeugniß davon. Kaiser Aurelian ließ den Geburtstag des Mithras (25. Dezember) in den römischen Kalender setzen, aber Valentinian und Valens verboten seine Verehrung wieder.

VI.

Die Römerstadt Juvavum.

Die Anfänge des Ortes Juvavum sind in das Dunkel des Alterthums gehüllt. Seine Lage zwischen Bergen, an der Mündung des Gebirgseinschnittes, der längs der Salzach bis an die Tauern hinanreicht, lenkte ohne Zweifel die Blicke der Römer auf ihn. Im Westen das unwegsame zwischen Bergen und der Stadt sich ausbreitende Hochmoor des Unters=berges, das Itzlinger= und Schallmoos im Norden und Nord=Osten, die natürlichen Bollwerke des Mönchs= und Imberges in unmittelbarster Nähe, von welchem letztern bis an den Kühberg ein Wall sammt Graben das Thal sperrte, hinter sich im Süden die Straße nach Italien, vor sich die Sale und die Verkehrslinie nach Westen, Norden und Osten, war die Stadt zugleich Thalsperre, Paß, fester Platz und Straßen=kopf, zur Vertheidigung gegen Feinde vom Norden her sehr günstig gelegen.

Wie Peutingers Reisetafel zeigt, lag Juvavum auf dem linken Salzachufer, mußte also mit der am rechten Ufer herab=laufenden Straße durch eine Brücke in Verbindung gestanden sein. Der Nonnberg, Festungsberg, die Mönchsbergscharte, der früher noch weit hereinreichende Mönchsberg, das Fluß=Ufer und jenseits der Imberg waren die natürlichen Wälle und Thürme der Stadt, die vielleicht nur in der Richtung der heutigen Kirchgasse einen eigentlichen Mauer=Abschluß besaß.

Die Römerstadt begriff sonach den Kai und das alte Marktviertel. Auf der ganzen Fläche zwischen Kirchgasse und Klausenthor fehlt jede Spur von Resten aus jener Zeit. Der Felsen am Steinthor vertheidigte den Brückenübergang, der jedenfalls ein wenig flußaufwärts sich befand. Da die Begräb=nißstätten außerhalb der Stadt gelegen sein mußten, so be=fanden sich der Todtenacker und Verbrennungsplatz am Bür=

gelstein, dann die Bestattungsorte zu Mühlen (am Fuße des
Friedhofhügels) und zu Nonnthal (?) jedenfalls im äußern
Stadtbezirk.

Die Römer erhoben Juvavum zu einer Stadt, welche
Eigenschaft aus einer bischofshofener Steininschrift erhellt.
Kaiser Hadrian (117—138), der das ganze Reich, auch die
„keltischen Schneeberge" durchwanderte, soll der Stadt das
Recht einer Colonialstadt verliehen haben (Colonia Aelia
Hadriana).

Diese Stadtrechte wurden ertheilt, um römisches Wesen,
Sprache, Sitten, Gesinnungen im fremden Lande einzuführen
und zu befestigen, um in den eroberten Ländern festen Fuß
zu fassen. Uebrigens erlosch um das Jahr 220 durch die all=
gemeine Verleihung des römischen Bürgerrechtes an die „Bar=
baren" der Unterschied zwischen römischen, lateinischen und
italienischen Colonial= und Landstädten.

Aus den vorhandenen Steindenkmälern ist es möglich
eine annähernde Vorstellung von der Stadtverwaltung Ju=
vavums zu gewinnen.

Das Bürger= oder Stadtrecht (civitas) verpflichtete nicht
blos zu gewissen Leistungen, sondern gewährte auch kostbare
Rechte. Es enthielt die Verpflichtung Steuern und Abgaben
nach dem Maße römischer Bürger zu tragen, Kriegsdienste zu
leisten, das Recht Staats=, Heeres= und Stadtämter zu über=
nehmen, Wahlrecht und Wählbarkeit zu besitzen, Staatslän=
bereien und Steuern zu pachten, die städtische Selbstverwal=
tung nach römischen Gesetzen auszuüben, nach denselben Hei=
rathen zu schließen, zu vererben und letztwillige Anordnungen
zu treffen u. dgl.

In Städten wie Juvavum bildeten hundert Bürger den
Großrath (curia civitatis, consilium, coetus curiae), hatten
den Ehrentitel „Hochansehnliche" (Honorati) und es zählten
dazu auch die Männer mit Senatorenrang und vom Ritter=
stande. Ihre Zahl wurde, so oft Volkszählung gehalten wurde
(census, zugleich auch Vermögensbekenntniß, Steuerbemessung
und Feststellung der Wahlliste), wieder ergänzt. Sie gehörten
sämmtlich der grundbesitzenden Klasse an, ihr Rang und ihre
Güter (selbst die Pachtgüter) konnten vererbt werden. Auf
den salzburger Denkmälern finden sich ein Lollius und Vilicus
Honoratus, eine Lollia und Terentia Honorata, da der Titel
auch auf die Frauen überging.

Aus diesen Hochansehnlichen gingen durch eigene Wahl die Männer für die Stadtämter hervor. Diese waren (Pancirollus, de magistratibus municipalibus):

1 und 2, die rechtskundigen Bürgermeister oder Stadtrichter (duumviri iuris dicundi), die Vorsteher der Stadt-Obrigkeit, die auch die kaiserlichen Gesetze und Verordnungen verkündeten.

Aus dem alten Juvavum sind folgende Bürgermeister steininschriftlich bekannt geworden: C. Bellicius Quartio duumvir iuris dicundi, decurio iuvav.; C. Cotinius Martialis, decurio iuvavo, IIvir iuris dicundi; Saturninus decurio iuvavo. Zu Mondsee ist ein Bürgermeister Proculus Martialis, decurio municipii, duumvir bestattet, von dem es zweifelhaft ist, welcher Stadt er angehörte.

3, der Friedensrichter, Fürsprech und Einkommenschätzmeister (defensor civitatis) auf fünf Jahre gewählt. Ihm lag ob die Handhabung der Gerechtigkeit in allen täglichen Geschäften (Bagatellsachen, quotidiani actus), die Beschützung der Stadtangehörigen vor Bedrückungen, Rechtskränkungen, Uebersteuerung und Erpressungen, die Verfassung und Richtigstellung der Steuerlisten, die Volksbeschreibung und Vermögensschätzung, die Ueberwachung des Mündelwesens, die Ergänzung der Wahllisten.

4, der Stadtkammermeister (curator reipublicæ) verwaltete das Vermögen der Stadt, verpachtete Güter und Grundstücke und bestimmte die Preise der Lebensmittel. Ein Drittel der städtischen Einkünfte war gewöhnlich bestimmt für Innehaltung der Stadtmauern, die andern zwei Drittel für die öffentlichen Gebäude und Anstalten (Brunnen, Bäder, Turnschule), für Besoldung der Lehrer und Stadtärzte.

5, der Stadtbaumeister (aedilis). Bekannt ist Junius Victor, aedi(lis) civit(atis) iuvave(nsis).

Wie die ganze Verfassung und Verwaltung einer solchen Provinzialstadt nach dem Muster der Hauptstadt Rom eingerichtet war, so entsprachen auch die Aemter 1 und 2 den beiden Consuln, 3 dem Censor, 4 dem Quästor und 5 dem Aedil zu Rom. Der Umstand, daß das paarweise Vorkommen der Bürgermeister (duumvir), die Anzahl der Stadtämter (decurio), ein Aedil und das Vorhandensein des Großrathes (Honorati) durch Denkmäler sichergestellt sind, läßt gar

keinen Zweifel über die aus spätrömischen Schriftstellern be-
kanntgewordene Einrichtung des städtischen Dienstes in einer
Provinzialstadt wie Juvavum.

6, der **Steuereinnehmer** (curator calendarii), der
Gegenrechner des Kammermeisters, verrechnete die Einnahmen und Ausgaben.

7, **Kastner, Zehrgadner** oder **Proviantmeister**
(curator annonæ, sitona) besorgte die Eßwaaren jeder Art
(auch Oel), welche von der Stadt angekauft und um mäßige
Preise abgelassen wurden. Getreideschrannen und Wochenmärkte gab es also damals allem Anscheine nach nicht.

8, **Marktaufseher** (inspector, episcopus) wachte über
Maß und Gewicht im Handel und Wandel, über Echtheit
der Waaren und Reinheit der Lebensmittel.

9, **Polizeimeister** (Irenarches, limenarches) hand-
habte die öffentliche Ordnung und Sicherheit, ließ auf die
Verbrecher fahnden, hatte die Thoraufsicht und nahm deßhalb
zugleich — die Zölle ein.

10, **Hausmeister**, Registrator (aedium custos, arceota)
besorgte das Stadthaus und das Archiv.

Diese Zehnmänner hatten auch einen „übertragenen Wir-
kungskreis", denn zu ihren Amtspflichten gehörte die Heeres-
ergänzung, der Loskauf (aurum tironicum) der Kriegsdienst-
pflichtigen und die Sorge für das Vorspannwesen (pastus
animalium militarium) als Landes- oder Reichsangelegenhei-
ten im heutigen Sinne.

Außerdem gab es noch Priester (flamines, sacerdotes),
Turnmeister (gymnasiarchae) oder Veranstalter öffentlicher
Ringkämpfe, Inhaber von Fechtschulen. Ueber die nächtliche
Sicherheit wachten die Nachtwächter (nyctostrategi). Auch
Wegmeister gab es; in Juvavum ein Paternius Vlorentinus
IIIIvir vialis. In jeder Stadt war endlich ein Münzaufseher
(zygostrates).

Kaum ist zu zweifeln, daß das Stadtgebiet nicht auf den
engen Raum zwischen Berg und Fluß allein beschränkt war,
sondern auch einen Theil der nähern Umgebung in sich
begriff.

VII.

Die Spätrömer.

Das Ufernorikum fiel ohne größeren Kampf in die Hände der Römer. Die Bevölkerung buldete, wie Tacitus sagt, wehrlos unter der Fremdherrschaft, folgte dem Lose, das anderwärts entschieden wurde, zahlte willig die Abgaben und in junger Mannschaft die Blutsteuer.

Die der neuen Herrschaft Mißgünstigen, oder etwa des bewaffneten Widerstandes bei der Einnahme Verdächtigen oder Ueberwiesenen verloren ihr Eigenthum oder wurden als Sclaven verkauft nach Kriegsrecht. Ihre Güter wurden Staatseigenthum und verpachtet, oder an ausgediente Soldaten lehenweise vergabt, später geschenkt. Solche Veteranen mit 26 (!) Dienstjahren finden sich inschriftlich erwähnt zu Salzburg, Laufen, Mondsee u. a. O.

Die durch Kriege, feindliche Einfälle, die veränderten Erwerbsverhältnisse, den Steuerdruck, die Gesetze, die Saugkraft der Beamten herabgekommenen Einwohner verloren ihren Besitz, ihre Güter wurden entweder wegen Steuerrückständen Staatseigenthum und gingen in die Hände der Steuerpächter oder sich ansiedelnder Staatsangehöriger aus benachbarten oder ferneren Provinzen über, oder wurden wohl auch an Günstlinge (beneficiarii) der Finanzdirektoren verliehen.

Neubrüche, in der Nähe neu angelegter Straßen, Poststationen, Schanzen, Wachtthürme gelegene Grundstücke wurden Staatseigenthum und der zur Bewachung oder sonstigen Dienstleistung angestellten Mannschaft verliehen. War selbe zwar meist aus dem Lande selbst, so lebte sie doch nach römischen Gesetzen unter lateinisch sprechenden Obern und verwälschte nach und nach.

Auch einzelne Beamte nach Ablauf ihrer Dienstzeit oder Handelsleute blieben im Lande zurück.

In den Municipal= und Colonialstädten und an allen Orten, wo es sich darum handelte, römische Gesetze kennen zu lernen und zu verstehen, mußte der Gebrauch der lateinischen Sprache Boden finden und sich verbreiten.

Dagegen ist die Hieherführung einer römischen Colonie nicht nur nicht historisch beglaubigt, sondern in hohem Grade unwahrscheinlich. Wenn auch zur Kaiserzeit noch einzelne Colonien nach mösischen und binnennorischen Städten geführt wurden, so waren doch die große Entfernung, die Lage jenseits der Alpen, die Abneigung der Römer gegen das Hochgebirg, das Aussterben des lateinischen Kernvolkes in Folge der Kriege, der magere Boden u. s. w. Gründe genug gegen die Absendung einer Pflanzschaar von Stadtrömern nach Juvavum. Wenn daher dieser Platz die Eigenschaft einer Colonialstadt besaß, so ist dieß wohl nur im rechtlichen und kaum im nationalen Sinne zu verstehen.

Die lateinisch redenden Volksbestandtheile kamen jedenfalls nur eingesprengt oder inselförmig unter den Norikern vor, was sie allerdings gewiß nicht hinderte, jeden Augenblick die Rechte des „ersten Volkes der Welt" (Livius) im vollsten Maß zur Geltung zu bringen.

Die Mischung der Bevölkerung ist aus den erhaltenen Steininschriften ersichtlich. Da gibt es

Eingewanderte lateinischer Abkunft, die obrigkeitliche Stellen versehen oder als Veteranen Gründe besaßen, wie vorerwähnt;

Eingeborne Kelten, die das Bürgerrecht erlangt hatten, oder in eine römische Tribus (Stamm= oder Geschlechtssippe) eingetragen waren. Daher gehören wohl der salzburger Bürgermeister L. Bellicius Quartio mit Frau Gemahlin Saplia Belatumara, einer deutlich erkennbaren Keltin, der Landsasse Lollius Noricus mit Frau Julia Ingenua und Bruder Aquilinus, der Landsasse Constans Votticius mit Vater Cupitus Votticius und Mutter Ategenta Votticia, der „hochansehnliche" Honoratus Vilicus sammt Frau Avetonia Veneria.

Lateiner mit Noriferinnen, Noriker mit Lateinerinnen verheiratet. Solche Fälle stellten etwa dar Rennius Firmus mit Frau Samianta Vivennia, Cn. Trebonius Firmus mit Frau Valeria Jantumara (wenn -mara von maor Kriegsmann abzuleiten ist, so mögen diese Frauen vielleicht von keltischen Kriegern [Rittern!] abstammen).

Kelten (Noriker) und Keltinnen mit Namen, die nach lateinischem Sprachgebrauch zugerichtet sind, als: Jecidus, Luisso, Quordaio, Volovicus, Saxsio, Vaeno, Anicove, Ansira, Gintussa, Gonginna, Meleia, Melitine (meli bemüthig), Setonia (seduni stolz) u. s. w.

Freigelassene Sclaven verschiedener Abstammung, an ihren Namen erkennbar, z. B. Asclepiades, Perillus, Plocamus, Hermes u. dgl. (Hefner, röm. Denkmäler Salzburgs.)

Durch die Ertheilung des Bürgerrechtes an die Einheimischen verschwand jeder gesetzliche Unterschied zwischen Römern und Einheimischen. Von Christi Geburt an, um welche Zeit die römische Eroberung stattfand, bis zur Einwanderung der Deutschen verflossen aber fünf Jahrhunderte, eine hinlängliche Zeit, binnen welcher nicht blos die norisch-keltische Sprache lateinische Formen aufnahm, sondern auch das keltisch-lateinische Mischvolk unter römischen Gesetzen und Einrichtungen zu einer einheitlichen Bevölkerung verwuchs. Obwohl nun das Norische sich nicht zur Schriftsprache erhob und außer inschriftlichen Personennamen und einigen urkundlichen Ortsnamen hievon nichts auf uns gekommen ist, so erhielt sich doch vermöge ihrer höhern Kultur die romanisch redende Bevölkerung — die Walhen oder Spätrömer — in ihren Eigenthümlichkeiten selbst noch einige Jahrhunderte neben und zwischen den eingewanderten weit zahlreicheren Deutschen und ging erst um das 10. Jahrhundert in demselben auf, da in dieser Zeit noch einzelne Latini erwähnt werden.

In dem Verbrüderungsbuche des Stiftes St. Peter, das um die Wende des 8. Jahrhunderts angelegt wurde (780 bis 800) und noch vorhanden ist, zählt ein Kenner (Dr. Stark) gegen 90 keltische (norische) Personennamen, unter denen sicherlich weitaus die Mehrzahl dem Lande selbst angehören und zu denen die Steindenkmäler Salzburgs aus der römischen Zeit noch einige 20 hinzufügen.

Wäre das norisch-Lateinische nicht ausgestorben, so hätte es ungefähr dieselbe Entwickelung durchlaufen, wie die auf gleiche Weise entstandenen übrigen romanischen Sprachen, das Italienische, Französische u. s. w. Es ist daher nicht bloßer Wortkram, wenn im XXIV. Kapitel aus jener frühen Zeit einige Beispiele folgen, sei es auch nur deshalb, um zu ersehen, daß unter den ältesten Aebten von St. Peter und (Chor-)Bischöfen noch Romanen zu finden sind.

In den „kurzen Nachrichten" (breves notitiæ) aus dem
Zeitalter nach Rupert finden sich unter den Walhen noch freie
Grundbesitzer, die über ihre Güter verfügen, z. B. ein Digno-
lus nobilis vir, Sextus et Alexandra potestativi homines.
Es ist also kaum richtig anzunehmen, daß in Folge der Be-
sitznahme des Landes durch die Deutschen alle Walhen in den
Stand der Zinspflichtigen (tributarii, censuales), die etwa
den Barschalken gleich geachtet wurden, hinabgesunken sind.
Die Frankenkönige und Hausmaier fügten wenigstens bei der
Bestallung von Herzogen, Grafen immer die Formel bei, die
Romanen u. s. w. bei ihren Rechten und Gesetzen zu schützen.

Auffallend ist, daß im Norden von Salzburg romanische
Ortsnamen ungemein selten sind. Es scheint sicher, daß die
Verheerungen der Ortschaften bei den vielen Einfällen der
Deutschen vom Norden (Donau) her um Salzburg ihre Grenze
erreichten. Unter den Vergabungen, die im 8. Jahrhundert
an die salzburger Klöster erfolgten, kann man mit ziemlicher
Wahrscheinlichkeit auf 600 Bauerngüter noch beiläufig 200
romanische entdecken. Wäre dieses Verhältniß auch für die
übrigen giltig, so hätte die romanische Bevölkerung um diese
Zeit noch ungefähr sich auf ein Drittel belaufen.

Aus der romanischen Zeit sind Denkmale der verschiedensten Art im Lande übrig geblieben, als

Gebäudereste, die Ausgrabungen auf dem Mozartplatze,
im Chiemseehofe, zu Loig, zu Glas von den JJ. 1816, 1869
und 1870, die umfänglichen Mauerreste im Faistelauerwalde, und zu Steindorf in Lungau;

Straßenreste, noch erkennbar bei Kuchl, um Tweng,
im voibersdorfer Moore, bei St. Margarethen im Lungau
bis auf die Leisnitzhöhe;

Meilensäulen, gegenwärtig noch sichtbar an der
Tauernstraße süd- und nördlichem Zuge, viele andere, insbesondere aus der Strecke Oberalm, Kuchel, Henndorf u. s. w.
im Museum;

Leichensteine aus mehreren Orten, vom Rosenegger-
felde, Marglan, aus der Spöck, Bischofshofen, u. s. w. Zahlreiche vom Nonnberge, der alten Domkirche sind verschollen;

Altäre, Gelübde- und Opfersteine, im Museum;

Götterbilder, z. B. aus dem gumpinger Moose bei
Lofer, verschleppt;

Münzen, an den verschiedensten Orten des Landes, im Museum;

Geräthe der Haus- und Feldwirthschaft, Lampen Schalen, Geschirre, Messer, Sicheln, Viehglocken u. s. w. aus verschiedenen Fundorten (im Museum);

Aschenkrüge und -Behälter aus Stein, Thon und Glas (im Museum);

Waffen, Schwerter aus Erz, ein Helm (ebenda);

Gerippe von Menschen aus den Gräbern (ebenda);

Reihengräber (?) im Faistelauerwalde.

Der romanische Styl in Bauwerken, Gemälden, Kirchen- schmuck u. s. w., getragen und erhalten durch den seit dem siebenten Jahrhundert beständig wachsenden Einfluß Rom's und durch den höheren Kulturgrad der romanischen Stämme, erhielt sich in Deutschland bis in das dreizehnte, ja vierzehnte Jahrhundert in Geltung, um welche Zeit er durch einen ger- manischen Styl, von den Italienern, die die Gothen noch im Gedächtnisse hatten, der gothische genannt, ersetzt wurde.

———————

VIII.
Romanisches Christenthum.

Die christliche Religion, den römischen Kaisern bald nach ihrem Ursprung verdächtig, hatte bekanntlich zahlreiche Ver- folgungen zu überstehen. Kaiser Gallienus (260—268) erließ ein Duldungsedikt und nun wurde sie durch vierzig Jahre nicht behelligt. Als aber die unbeschränkte Staatsgewalt das Heidenthum zur Staatskirche erklärte, leisteten die Christen Widerstand. Es erfolgte unter Diocletian und Galerius eine äußerst heftige Verfolgung und während dieser verlautet zu- erst vom Christenthum im Norikum.

Christen, die zu den Steinbrucharbeiten in Pannonien verurtheilt waren, Kaufleute, Soldaten in den Besatzungen und Standlagern, die Versetzung der 22. Legion aus Egypten nach Norikum vertraten die Stelle der Sendboten. — Hin- richtung des heil. Florian mit 40 Genossen zu Lorch auf Befehl des Landeshauptmannes (Præses) Aquilinus.

Im Jahre 311, als Galerius einsah, daß das Bekenntniß des alten Staatsglaubens von den Christen mit Erfolg sich nicht erzwingen lasse, sprach ein kaiserlicher Erlaß die Duldung derselben aus. Kaiser Konstantin hob 312 den Gewissenszwang in Religionssachen auf, erlaubte die freie Ausübung jeder Religion im Reiche und anerkannte 313 die verschiedenen Bekenntnisse. Nun änderte sich die Lage und Zahl der Christen, allenthalben entstanden christliche Gemeinden mit Priestern oder Bischöfen und um 344 erscheint bereits ein Bischof aus Norikum auf der Kirchenversammlung von Sardika.

Als nach Konstantins Zeit die gesammte Kulturbewegung des Reiches von Constantinopel ausging, mußte Syrmium, die Hauptstadt Illyrikums (wozu Norikum gehörte) und der Sitz des Erzbischofes dieser Provinz zu dem norischen Christenthume in enger Beziehung stehen. Da jedoch schon im Jahre 422 Syrmium von Attila zerstört wurde, ging der Sitz des Metropoliten daselbst unter. Mit der Loslösung eines Theiles von Illyrikum von Ostrom, trat Aquileia an die Stelle von Syrmium. Im Binnennorikum bestanden Bisthümer zu Cilli und Teurnia, im Ufernorikum zu Lorch.

Zu Severins Zeit (454—482) war die romanische Bevölkerung Norikums wohl schon größtentheils christlich, bekannte sich zum katholischen Glauben und erfreute sich entwickelter kirchlicher Einrichtungen, während die deutschen Rugier und Heruler an und über der Donau, sowie die Gothen Arianer waren. Die Lebensbeschreibung Severins, von seinem Schüler Eugippius verfaßt, ein Lichtstrahl für Zeiten und Zustände im Binnen- und Ufernorikum, von denen wir sonst nichts wissen würden, gibt in reichhaltiger Weise ein Bild von dem Römerlande im Süden der Donau; unmittelbar vor der Vernichtung zeigt ein günstiges Geschick uns das Bild dieser Gegenden und ihrer Bevölkerung in scharfen und lebensvollen Umrissen.

Damals waren die Bewohner von Juvavum und Umgegend schon Christen. In den Gemeinden besteht meist eine Anzahl von Geistlichen für die kirchlichen Verrichtungen. Diese Presbyterien zählten einen oder mehrere Priester für den Gottesdienst (Liturgie), einen Diakon als Verwalter des Kirchengutes und einen oder mehrere mindere Kleriker. Aller Wahrscheinlichkeit nach wurden sie von den Gemeinden gewählt, Eugipp erwähnt sogar einer Bischofs-Wahl im

Binnennorikum durch die Gemeinde. Die Bischöfe führten ein Wanderleben, da ihre Gegenwart in diesen stürmischen Zeiten, wo des römischen Reiches Stützen brachen, an vielen Orten nothwendig war. Es bestanden auch schon Klöster, von denen Severin im heutigen Oesterreich einige errichtet hatte.

Auch zu Juvavum lebt ein Priester, Maximus, der sich einem „besondern Leben" (specialis vitae presbyter) widmet, und Severin wohnt während seiner Anwesenheit daselbst in einer „Zelle". Die Kirche zu Juvavum wird Basilika genannt, konnte also wohl aus einer Gerichtshalle hergestellt worden sein. Aber zu Cucullis (Kuchl) opfert noch ein Theil der Gemeinde an einem abgelegenen Orte den alten Göttern.

Es gibt Taufkirchen, feierlichen Gottesdienst mit äußerem Prunk, kostbaren Gefäßen und Geräthen, Wachslichtern. In Uebung sind Meßopfer, Heiligenverehrung, Morgen- und Abendandachten, Gesang, Psalmodie, gemeinsames Gebet, Opfergänge, Segnungen, Leichenbegängnisse mit Besingung, Vorschriften über vierzigtägige Fasten, Feier des Sonntagsvorabends, kirchliche Festtage, Wallfahrten zu den Gräbern der Martyrer.

Die Armenpflege wird in großem Maßstabe geübt und es werden durch Severin die Gemeinden Binnen- und Ufernorikums zu diesem Zwecke zu einer Art Landesverband geeint. Die großen Drangsale, Plünderungen und Verheerungen durch die Barbaren machten solche außerordentliche Vorkehrungen nöthig.

Das Land selbst bildet einen merkwürdigen Gegensatz zu Gallien und den Städten am Rhein. Während sich Norikum in seiner Bedrängniß willig der Leitung des frommen und begeisterten Mönches hingibt, herrscht nach Salvian in den sittenlosen Grenzstädten Galliens angesichts der einbrechenden Feinde Verderbtheit und Leichtsinn und zu Trier „ergibt sich selbst bei dem Sturme der fränkischen Sieger auf die Stadt Jung und Alt der zügellosesten Schlemmerei und Ausschweifung und stürzt prassend und trunken dem unausweichbaren Untergange zu".

Nur von den Städten aus wurde noch das Feld bebaut und nur zu häufig fielen Ernte und Schnitter in die Hände der Feinde. Hunger verwüstete das reiche und fruchtbare Donaugestade, wenn die Zufuhr auf dem Inn ausblieb. Die Grenzsoldaten erhielten aus Italien keinen Sold mehr, ihre Schaaren lösten sich auf, und als von der batavischen Co-

horte, die zu Passau noch zusammenhielt, einige sich aufmach-
ten, um den Sold über die Alpen zu holen, wurden sie auf
dem Wege erschlagen.

Die römischen Tribunen und Obrigkeiten flüchteten oder
wurden in den eroberten Städten niedergemacht, häufig blieben aber die romanischen Priester bei ihren Gemeinden zurück
und halfen in der allgemeinen Noth und Angst mit Rath
und That. Aber sie wurden nicht selten nach Einnahme der
Stadt von den Feinden, die in ihnen die Haupturheber des
Widerstandes zu erblicken glaubten, hingeopfert. So starb
wahrscheinlich auch Maximus zu Juvavium, da er doch früher
noch von Passau her vor dem Ueberfalle gewarnt worden war.

Odoaker gab durch seinen Bruder Aonulf Befehl, daß die
in Norikum befindlichen Römer nach Italien zurückkehren
sollten, was einer Räumung des Landes gleichkam. Sonach
blieben nur die Eingebornen übrig, da wenigstens für unsere
Gegend jener Befehl nur von den Obrigkeiten und in Kriegs-
diensten Stehenden verstanden werden kann. Darum ist es
auch kaum einem Zweifel unterworfen, daß unter den Romanen der festgegründete Bau der Kirche in Norikum die
Stürme der Völkerwanderung überdauerte, wie denn erwiese-
ner Maßen die christliche Gemeinde zu Tiburnia (Teurnia,
Tebern auf dem Lurnfelde in Kärnten) noch 591 bestand,
und von Lorch Aehnliches gelten dürfte.

Mittelalter und neuere Zeit.

Langsam wandeln die Völker durch die Zeit. Ihre Kindheit währt Jahrtausende, die Schritte ihrer Jugend sind Jahrhunderte und bis sie mündig werden, müssen abermals viele Menschenalter in's Grab sinken. Wohl ihnen, denn da sie nichts ihr Eigen nennen können, als was sie sich durch Schweiß und Mühe erwarben, wie könnten sie vorwärts kommen, wenn nicht die Vorfahren den Nachkommen die Früchte ihrer Arbeit hinterließen? Die Grundtheile eines Volkskörpers gesellen und scheiden sich oftmals bis zur Reife des Ganzen, ihre Theilverrichtungen sondern und einigen, läutern oder mehren sich nicht immer im Einklange, ein Theil der Kräfte bleibt gebunden, während andere einseitig walten und wuchern. Wie lange währt es, bis aus der trägen Schichtung einer Bevölkerung lebendige Gruppen, aus dem Streit zwischen Oben und Unten ein friedliches Nebeneinander entsteht, bis jeder Theil das rechte Gewicht und enge Fügung besitzt, bis aus der Beharrung der Theile die harmonische Bewegung aller entspringt! Schon in der Kindheit der Völker nahen sich Adepten — Staatskünstler geheißen — mit Frühlingskuren und Maitränkchen und steigern ihre Eingriffe zum Schröpfen und Aderlassen; Erzieher bemächtigen sich der jungen Volksseele durch Gespensterfurcht und Schreckbilder und schreiten zur leiblichen Züchtigung; wieder andere gründen Volksgärten nach der Art unserer Kindergärten.

Welche Erfahrungen und welche Summe von Kenntnissen müssen Gemeingut geworden sein um den Aberglauben auszurotten, den Gewohnheitsbetrieb in ein selbstbewußtes Verfahren nach Grundsätzen zu verwandeln! Wie lange dauert

es, bis das Güterleben seine Schranken sprengt und die besten Tauschmittel findet, bis das Reich der Ideen mit den
Gesetzen der Körperwelt in das richtige Verhältniß gebracht
wird, bis der Vortheil einzelner Volksklassen dem Fortschritte
des Ganzen untergeordnet ist! Und wenn das Mittelalter
mit seinem großen unausgeglichenen Gegensatze zwischen Freiheit und Knechtschaft, seinem kindlichen Geistesleben, mit den
schwachen Anfängen des Verkehres von Stadt zu Stadt, mit
seiner selbstsüchtigen Zersplitterung aller Kräfte höchstens eine
Jugendzeit der Völker genannt werden kann, wie lange ist
es her, seitdem diese in das Mannesalter getreten sind?
Kein Zweifel kann daher sein, in manchen Kulturrichtungen
hat das Mittelalter erst zu Ende des vorigen Jahrhunderts,
in andern erst vor zwanzig Jahren sein Ende erreicht, und
dauert vielleicht noch in einigen Volksschichten und Lebens-
gängen fort.

a. Gesellschaftliches Leben.

IX.

Die deutsche Einwanderung.

Der Gränzbezirk des machtlosen Römerreiches zwischen
der Enns und dem Inn war durch die feindlichen Einfälle
der Deutschen verheert und öde. Auch Juvavum wurde um
477 von feindlichen Gewalthaufen — Heruler werden sie
nach dem herrschenden Stamme genannt — zerstört. Aber
die Heruler waren ein unstetes Volk und ihre Herrschaft an
der Donau erlosch. Andere deutsche Stämme, Juthungen,
Scyren, Turcilinger, drangen über die Donau und besetzten
das herrenlose Land bis in die Alpenthäler, wahrscheinlich
in aufeinander folgenden Schaaren, um die Wende des fünf-
ten Jahrhunderts (etwa zwischen 496 und 508). Im Beginne
des sechsten Jahrhunderts heißen diese neuen nun seßhaften
Bewohner des Landes zwischen Enns und Lech, wahrscheinlich wieder von dem Stamme, aus welchem der Herzog het-

3

vorging, Baiern, Boier (Zeuß). Ohne Zweifel kamen diese
aus Boierheim (Böhmen), dem alten Markmannenlande; sie
redeten mit den Longobarden eine Sprache und sind ein ober=
deutsches Volk, wie die Alamanen, Thüringer, Franken und
die alten Hermunduren. Im achten Jahrhunderte verstanden
sie noch die Sprache der angelsächsischen Sendboten, die ihnen
das Christenthum predigten. Sie übertrugen aus ihren frü=
heren Wohnsitzen Viehzucht und Ackerbau, Lebensweise und
Gewohnheiten in die neue Heimat.

Um 530, als Theodorich von Auster, des Frankenkönigs
Chlodwig Sohn, den Bund der Thüringer überwand, wur=
den auch die Baiern von den Franken abhängig.

Baiern und Romanen wohnten nebeneinander, oft in
denselben Dörfern, öfter getrennt. Die Ansiedlung der er=
steren geschah durch Besetzung verlassener Güter, durch Grün=
dung neuer Dörfer oder aber in zerstreuten Ortschaften, Wei=
lern, Einöden (Od, das Gut).

Wurde ein Dorf mit der Gefolgschaft eines Einzelnen
besiedelt, so trug es wohl auch den Namen desselben, z. B.
Arnsdorf (Arn), Puosindorf (Buojo — Piesendorf), Pabines=
heim (Pabo — Bamham), Ruodgozzing (Ruodgozzo — Rug=
gassing), Abbatesdorf (Abtsdorf), Wölting (Walto).

Bestand die Ansiedlung aus Freien,*) d. i. gleich=
berechtigten Genossen, so erhielt jeder

    eine Baustelle mit dem nöthigen Platze für Haus und
Hofraum,

    einen gleichen Antheil (Los) von dem zum Ackerbau zu
benützenden Lande,

    das Nutzungsrecht von dem zum Anbau nicht bestimm=
ten (mit Gras und Wald bedeckten) Gemeinlande — der
Gemein oder Frei, d. i. Weide und Wald.

Gründete ein Herr mit seinen Hintersassen (Höri=
gen, Leibeigenen) ein Dorf, so behielt er sich für seinen
Hof den größeren Antheil zur unmittelbaren Bewirthschaf=
tung und überließ kleinere Antheile pachtweise seinem Ge=

---

    *) Dieß und das Folgende nach Maurer, Einleitung in die
Dorf-, Marken-, Hof-Verfassung. München 1854.

folge. Auch in diesem Falle waren die Aecker vertheilt, Wald und Weide aber gemeinsam.*)

Alles Land, das außer der Dorfmark lag, verlassene, verwüstete, herrenlose Orte, Güter, Dörfer, gehörten dem Herzoge als Stellvertreter des Königs. Daher konnte Herzog Diet (Theodo) dem heil. Rupert den Bereich der zerstörten Stadt Juvavum schenken. Darum fielen auch die Güter der aus dem Lande geflohenen römischen Großgrundbesitzer sammt den sie bauenden Zinsleuten dem Herzoge zu, der eine erhebliche Zahl derselben an salzburgische Klöster vergabte.

Bei der Anlage eines Dorfes erhielt jeder Genosse ein Stück Landes von gleicher Größe zur Anlage von Haus, Hofraum, Stallung, Scheune, das derselbe mit einem Zaune umgeben mußte — Hofstatt.

Gewöhnlich durchschnitt ein Kreuzweg das Dorf, so daß man auf allen vier Seiten auf die Felder gelangen konnte. Dieß ist der Ursprung der so häufigen Viertheilung in Dörfern, Märkten und Städten, welche letztere ja auch oft aus Dörfern hervorgingen (Markt-, Stadtviertel). Außen herum waren die Dörfer mit einem Zaune (Etter) eingefaßt, der an den Ausfahrten einen Gatter (Fallthor, das eigentliche Et-thor d. i. die gesetzliche Oeffnung) hatte.

Später wurden auch herrschaftliche Waldbezirke mit Zäunen eingefaßt, daher die Ortsnamen Wieseßter, Holz-, Wald-, Hoch-, Pfaffen-, Semeleßter.

Zur Dorfmark gehörte Haus und Hof, Acker und Feld, Wunn und Waid (der Blumbesuch an den Fürbergen, der

---

*) Die Gemeinsamkeit von Wald und Weide verwandelte sich erst unter dem Einflusse des römischen und kanonischen Rechtes — in Salzburg wahrscheinlich im 13. und 14. Jahrhundert — in das servitutsartige Verhältniß der Einforstung um, sie wurde romanisirt. Das früher gemeinsame Eigenthum blieb dem Herrn, der auch Eigenthümer der urbaren vertheilten Gründe war, den ehemaligen Genossen wurde die unentbehrliche Nutzung in Gestalt von Servitutsrechten aufrecht erhalten, in der Regel nur durch ihren Bedarf beschränkt. Die in Salzburg bis in die neueste Zeit bestandene Einforstung nach der Hausnothdurft war zugleich die älteste und ursprüngliche Form der Einforstung, denn mehr als den Bedarf hatte auch der frühere Markgenosse aus der gemeinsamen Hinterlage des Wald- und Weidebodens sich nicht geholt. Uebrigens standen im ganzen Gebirge die alten Gemeinen, Nachbarschaften, Kreuztrachten fast durchaus in Weidegenossenschaft (Koppel-Weide.).

3*

nur nach Dorfmarken abgetheilt und nicht „ausgelust" war), besucht und unbesucht.

In den zerstreuten Ortschaften besaß jeder Ansiedler den aus der Frei oder gemeinen Markung ausgeschiedenen An= theil an Feldern, Wiesen und Wald, was alles meist um die Baustelle herumlag.

Der ausgeschiedene Antheil wurde mit einem Zaune „eingefangen", „in Band und Stecken gelegt." Der holz= fressende Zaun ist das uralte Kennzeichen auch des urbaren Erbrechtsbesitzes, des Sondereigenthums. Acker und Feld wur= den eingefangen, Wald= und Weidegründe „zugelackt" (von ahd. lahhan, Einschneiden, Kerben in den Baumstämmen zur Bezeichnung der Gränzen), daher auch „Freigelacke," wider= rufliche Waldzutheilungen.

In spätern Zeiten verwischten Käufe, Güterzertrümme= rung, Pachtverhältnisse, die Einbeziehung von Wäldern zum Kammergute, Neubrüche u. s. w. die ursprünglichen Marken. Auch die Größe des Einzelnbesitzes, an und für sich in ver= schiedenen Gegenden des Landes ungleich, wurde es im Ver= laufe der Zeit noch mehr. Erbtheilungen, Käufe, Schenkun= gen, Verstückungen änderten die Zahl der Besitzer und Güter und gaben den „Zulehen" (unbemaierte Güter) und „walzen= den Grundstücken" ihren Ursprung.

Der „Hof" war die volle Einheit des Gutsbesitzes sowohl des Frei= oder Hofbauern, als auch des Urbar= oder Herr= schaftsgutes. In vielen salzburgischen Bezirken galt die „Hube" als Hälfte eines Hofes. Im Zillerthal hatte ein „Lagellehen" die Bedeutung eines halben Hofes. Auch „Dreiviertellehen" kommen vor. Der Viertelhof heißt gewöhnlich schlechtweg „Le= hen". Es gab auch „Achtellehen". Auf die ursprüngliche Hof= einheit weisen die „Doppelhuben" Lungaus zurück.

Mühle und Schmiede, Wirthshaus und Badstube waren die „vier ehaften Orte" eines größeren Dorfes oder Mark= tes im spätern Mittelalter. In Märkten kam noch das „Chauf= recht" (Krämerei) hinzu. Die Zahl dieser ehaften Orte durfte nicht verändert werden, der Weg zu ihnen mußte frei blei= ben (war im Bann), auch durften sie nicht anderswohin ver= legt werden.

Auch die Kirche, das Haus Gottes, hatte ihren Hof, den Kirch= oder (eingefriedeten) „Friedhof"; der Pfarrer saß auf dem zu seinem Unterhalt gewidmeten Gute, dem „Widem", daher die vielen Widem- oder Wimm-, Widengüter, deren Namen fast in allen alten Pfarrbezirken noch fortbestehen, obwohl die meisten dieser Güter sich in Laienhänden befin=den, z. B. Ober=Wimm, Wimm und Hipping (Seekirchen), Kernwibm, Feindlwibm (Mattsee), Pfarrhofswidem Hallein, Wibm (Koppel), Gut Widdum am Schuß im Abfalter (Salz=burg), Vorder=, Hinterwinm (Abnet), u. s. w. in allen Gauen.

Die später in der Dorfmark angesiedelten Handwerker, Taglöhner und sonstige „arme Leute" konnten nur auf einem zum Hausbau geeigneten Plätzchen eines Gutes oder auf der gemeinen Frei mit Billigung des Herrn oder Eigenthümers ihre Wohnung errichten. Nur an wenigen Orten hatten sie Holzantheile oder Holzbezugsrechte erworben. Sie heißen deß=halb „Häusler", „Kleinhäusler", „Leerhäusler", „Söldner", (von ahd. Salida, Wohnung), „Reutler" oder auch „Geuschler" (Lungau, vom slav. kascha Hütte).

X.

Freiheit und Knechtschaft.

Die „gute alte Zeit" kannte ein gleiches Recht für Alle nicht; das bairische Recht und die übrigen deutschen Gesetz=bücher unterscheiden strenge zwischen Freien und Unfreien.

Die Freien waren entweder „Vollfreie", „Edle", oder „Gemeinfreie", auch „schöffenbar Freie" genannt. Hauptunter=schiede waren der größere Grundbesitz und gewisse Adelsvor=rechte, z. B. bestimmte Dienste beim Herzog oder König zu verrichten, feste Häuser oder Burgen zu besitzen, im Kriege zu Pferde zu dienen, adelige Lehen zu nehmen u. dgl. Da die Gemeinfreien den Lasten und Wechselfällen der vielen Kriege, in die sie auf eigene Kosten ziehen mußten, weniger gewachsen waren, anderntheils auch in den Zeiten, wo häufig Gewalt für Recht ging, sich selbst nicht mehr zu schützen ver=mochten, so sanken sie in Folge der Verarmung, oder weil sie selbst sich in den Schutz der Mächtigeren begaben, häufig in den Stand der ganz oder theilweise Unfreien herab.

Grundbedingung des freien Mannes war die „Gewere", d. i. das Recht und die Kraft, sich und die Seinigen, seine Habe und Gut selbst zu schützen und seinen sonstigen Pflichten nachzukommen, d. i. „in seiner eigenen Gewere zu sein".[*)] Der Freie hatte das Recht der Fehde, der Nothwehr, der Blutrache, der Eidhelfer vor Gericht, er war heer- und dingpflichtig (d. i. er mußte bei dem „Dinge", d. i. der Gerichtsversammlung erscheinen) und reichte dem Könige Geschenke. Er schaltete nach eigener Wahl mit seinem Grund und Boden, vertrat seine Gattin mit ihrer beweglichen Habe, bedurfte aber in Betreff ihres unbeweglichen Gutes deren Einwilligung. Desgleichen vertrat er den alten, schwachen Vater, der gleich den Kindern, in den Schutz, das „Mundium" des Sohnes kam. Sein „Wergeld", d. i. die Strafe oder Entschädigung, wenn er frevelhaft getödtet wurde, betrug 160 Silberschillinge (nach dem Geldwerthe der karolinger Zeit verglichen mit dem heutigen, bei 860 Gulden).

In der Gewerschaft wurzelte auch das Schutz(Asyl)recht, nach welchem ein Flüchtling nach gewissen Verbrechen, die er begangen, unter dem Schutze des Freien stand, in dessen Gewere er sich begeben. Hatte ein solcher Uebelthäter die Dachtraufe, Thürschwelle, die Marken seines Hauses und Hofes (dessen „Freiung") erreicht, so konnte er nur nach Verhandlung mit diesem aus dessen Gewere heraus und zu Haft gebracht werden.

Solcher Freiungen gab es in Salzburg z. B. im einstigen Haunsperger Hof, in den Bürgershäusern (salzburger Stadtrecht) zu Salzburg und Radstadt, auf dem Domfreithof, bei den Pfarrhöfen, z. B. in Abtenau, auf dem Edelhofe zu Otmaring bei Teisendorf und sicherlich noch an vielen anderen Orten, die nicht urkundlich erwähnt werden.

Von der Gewere hatten auch die „Gewerhäuser" (Bauerngüter) im pongauischen Mühlbachthale unter dem Stifte Chiemsee ihren Namen. Es erinnern ferner daran die domstiftischen „Rauchsunterthanen, weil diese übrigens „eigenen Rauch" hatten, d. i. ihre Güter mit eigenem Rücken besaßen und nur gewissen Verpflichtungen an das Domstift unterworfen waren.

---

*) Gewere hieß auch die rechtmäßige Herrschaft des freien Mannes über ein Grundstück und die darauf befindlichen Sachen und Menschen. Es bedeutet auch die Rechtsfähigkeit in Bezug auf Sachen, z. B. Grundstücke.

Zwischen den Freien und Eigenleuten standen die „Hörigen", d. i. zwar persönlich Freie, die aber, wenn sie Güter besaßen, grundhörig waren, jedenfalls aber eines Schutz- oder Mundherren bedurften, der sie in ihren Rechtsgeschäften vertrat und dafür von ihnen gewisse Reichnisse fordern durfte, der aber auch manche derselben zeitweilig zu niedern Diensten (knechtliche Arbeit) anhalten konnte.

Hieher gehören die „Freigelassenen", „Freisassen", „Barschalken" und „Leibzinser".

Die „Freigelassenen", „Liten", „Frilazzen" (daher wohl der Ortsname Freilassing) erhielten gegen Reichung eines Schillings (solidus) eine Urkunde über ihre Freiheit. In ältern Zeiten erfolgten die Freilassungen als Liebeswerk nicht selten in der Kirche bei feierlichen Gelegenheiten, oder bei dem Tode ihrer Herren durch letztwillige Anordnung, bei Güterübergaben oder Schenkungen an die Kirche. Die Freigelassenen besaßen nicht selten Eigenthum oder Bauernlehen, waren aber dafür zu anständigen Dienstleistungen (Heeresfolge, Landfahne, Reiter-, Botendienst, Verwendung als Schaffner, Schreiber u. dgl.) verpflichtet. Denn nach damaligen Begriffen war die Bauernarbeit entehrend, da sie nur „Knechte" verrichteten. Deshalb war auch Knechtesarbeit nach bairischem Gesetz am Tage des Herrn verboten. Die Freigelassenen nahmen ursprünglich am Dinge nicht Theil, was sich aber später änderte.

Von den Freigelassenen sind die salzburgischen „Freisazzen" kaum zu unterscheiden. Es waren persönlich freie Bauern oder Söldner, entweder „von auswendig" eingewandert, oder die sich hatten in das „Freybuch" einschreiben lassen und deshalb keinen Leibzins zahlten. Sie saßen sämmtlich auf erzstiftlichem Urbar und waren keinem Vogte als dem Pfleger und Kellner unterworfen, die ihretwegen erforderlichen Falles im Tage dreimal „zu Hilfe gemuet sein", oder „den Satl darumb auflegen" sollten. Es waren größtentheils ehemalige Grafschafts- und Vogtleute, die nach dem Aussterben der großen Vasallen nicht mehr fremden Vögten unterstanden (verliehen wurden) und daher auch innerhalb des Stiftlandes und Urbars ihren Ansitz wechseln konnten. Um die Zeit der Schlacht bei Mühldorf (1322) gibt es schon alte und neue Freisassen im Salzburgischen und ihre Zahl beläuft sich auf nahe 2370 (Steuerbüchlein in der Centralregistratur), gewiß mehr als ein Drittheil des damaligen Bauernstandes. Merkwürdig ist, daß ihre Weiber und Kinder bisweilen wieder als Hörige angesehen wurden.

Die „Barschalken" (von bar oder war, d. i. Krieg und Schalk, b. i. Knecht, also Kriegsknechte), waren persönlich freie Leute, aber wenigstens zu gewissen Zeiten verpflichtet, Knechts-dienste zu thun. Mit ihnen besetzten z. B. die Klöster und Fronhofsinhaber neu erworbene Güter, auf welchen sich keine grundhörigen Knechte befanden. Die Barschalken waren heeres-pflichtig, abgabenpflichtig, wenn sie auf Gütern saßen, ding-pflichtig und durften sich der Eidhelfer bedienen. Ihre Ehen mit Freien waren anfangs verboten, später folgte der Sohn dem Stande des Vaters, die Tochter dem der Mutter.

Die „Leibzinser" waren ursprünglich Freie, die sich aber gegen 2, 3, 4, 5, 8, 10 Denare (Pfenninge) jährlichen Leib-zinses (Schutzgeld) in den Schutz der Kirche, d. i. eines Bi-schofes, Abtes, Domstiftes u. s. w. oder auch eines weltlichen Fronherrn begaben, oder von ihrem bisherigen Muntherrn unter obiger Bedingung übergeben wurden. Nicht selten wa-ren sie auch Knechte, die, um ihr Loos zu verbessern und ihre Leistungen auf eine feste Summe zurückzuführen, von ihren Herren anderwärts als Leibzinser vergabt wurden. Sie stan-den den Barschalken nahe, waren aber zu keiner Knechtesar-beit verpflichtet. Leibzinser gab es noch zu Anfang dieses Jahrhunderts namentlich in Berchtesgaden, im Brichsenthale und in anderen Gegenden Salzburgs. Manche Knechte lösten sich selbst aus ihrer Dienstbarkeit und wurden Leibzinser; aber schon im 13. Jahrhundert verstand man auch den Leib-zins zu kapitalisiren und mit barem Geld abzulösen. Die Zahl der Leibzinser war sehr groß. In den JJ. 1130—40 begaben sich sogar zwölf regensburger Bürgersleute gegen einen Leibzins von je 3 Pfennigen in die Mundschaft und Atzung (præbenda) des salzburger Domstiftes.

Barschalken, Leibzinser, Freisassen, in noch größerer Menge aber die Vogtleute der zahlreichen Fronhöfe des Stiftlandes setzten in unseren Gegenden den Bauernstand zusammen. Völlige Freibauern — freieigene Güter, gab es nur mehr sehr wenige.

Die „Unfreien," „Leibeigenen," „Eigenleute", „Knechte", „Schälke" (und „Dirnen" diu, dieh) waren in ältesten Zeiten aus den Kriegsgefangenen entstanden. Auch Freie, die genöthigt waren, Knechtesarbeit zu verrichten, um ihren Lebensunterhalt zu gewinnen oder Schulden abzudienen, die sie sonst nicht bezahlen konnten, sanken in diesen Stand hinab. Die Unfreien hatten keine Ehre, kein Recht, somit keine giltige Ehe und keinen Besitz ohne Willen des Herrn. Sie waren Sachen und wurden ihrem Herrn nach dem Kaufwerthe vergütet, konnten von demselben mit oder ohne ihre Weiber, Kinder, ihre etwaige Habe verschenkt, verkauft oder vertauscht werden, wie zahlreiche Urkunden der Schenkungs-, Tausch- und Verhandlungsbücher salzburgischer Stifter barthun. Eigenleute des Königs, Herzogs, der Kirche und der Gemeinfreien unterschieden sich im Preise, auch die Geschicklichkeit und Brauchbarkeit, z. B. als Schneider (puer parisiacus im 8. Jahrhundert, also damals schon Modeschneider aus Paris), Glasbläser, Koch, Tafeldecker, Brauer u. s. w. bewirkte erhebliche Unterschiede im Kauf- oder Tauschwerthe.

Die Unfreien waren die Arbeitskräfte ihrer Herren und unterschieden sich in dieser Beziehung wohl nur durch größere Geistesgaben von den Thieren. Wie gering man selbst diese anschlug, ergibt sich aus dem Umstande, daß die ursprünglichen Knechtsnamen der Mundart „Schroll" (keltisch dreoll), „Trutsch" (kelt. druadh) und „Trottel" (kelt. drotla), allmälig in die Bedeutungen ungeschlacht, dumm, schwach- oder blödsinnig übergingen.

Unfreie konnten mit Bewilligung ihrer Herren Eigenthum erwerben, es verschenken, oder sich damit loskaufen, wie dieß bei leibeigenen Gewerbsleuten nicht selten der Fall war.

Wenn Unfreie ohne Wissen oder Willen ihrer Herren mit Unfreien anderer Herren Kinder gewannen, so wurden diese zwischen beiden Herren gewöhnlich getheilt. Heirathete ein Unfreier eine Freie, so war er in ältester Zeit des Todes, später gestattete man der Frau ein Paar Jahre Bedenkzeit, nach welchen die Ehe gelöst werden konnte, im widrigen Falle folgte die Frau ihrem Manne in die Knechtschaft. Es kamen aber auch Fälle vor, wo die Frau den Knecht loskaufte.

Im Verlaufe der Zeiten änderte sich das Zahlenverhältniß der Stände, indem die Knechte und Hörigen durch die Fortschritte der Gesittung nach und nach verschwanden, wozu hauptsächlich das Erlöschen der großen Fronhöfe, die Landesherrlichkeit der Fürsten und der erbrechtliche Besitz der Bauerngüter beitrugen.

An die Stelle der verschiedenen Abstufungen persönlicher Freiheit trat das Staatsbürgerthum und die Idee der Gleichheit aller Staatsbürger vor dem Gesetze.

XI.

Fronhöfe.

Der Besitz des adeligen, vollfreien oder dem Adel gleich-geachteten Grundbesitzers war aus der Dorfmark durch Hecken, Zaun oder Mauer ausgeschieden und hieß „Frongut" (von ahd. frono, der Herr), „Hofgut", „Hof", später „Herrschafts-gut", „Dominikalgut". Die persönliche Eigenschaft des Ge-bieters erstreckte sich auf dessen eingefriedetes Gebiet, welches von Gerichtspersonen nicht betreten werden durfte und keine Grundabgaben entrichtete. Diese Freiheit hieß Immunität.

Der „Hof", „Herrnhof", „Salhof" begriff die für die Bedürfnisse des Herrn und zum Betriebe der Landwirthschaft erforderlichen Gebäude, Stallungen, Scheunen, Backhaus u. s. w., die meist von einer Mauer oder einem Zaune um-fangen um den Hof herum errichtet standen.

Zu einem Fronhofe gehörten außer der das Haus um-gebenden Landstrecke (Fron- oder Salland), später auch in etwas weiterem Sinne „geschlossene Hofmark" genannt, ge-wöhnlich in verschiedenen Gegenden oder Gauen eigenthüm-liche, den Bauern zu Freistift, Lehen oder Erbrecht gegebene Güter, Weiler, Dörfer sammt den darauf befindlichen Unter-thanen, Knechten, Mägden, und den darauf haftenden Gie-bigkeiten und Dienstpflichten, ferner die erbliche Benützung einer größern oder geringeren Anzahl verliehener Güter (Ritter-lehen) mit ihren Reichnissen, außerdem aber noch allerlei Gie-bigkeiten und Rechte, Zehende, Vogteigebühren, Gerichte, Zölle, Fischereirechte oder Segen, Bergwerksantheile u. dgl.

Es gab eine Zeit, in welcher nahe zwei Drittheile des Stiftlandes sich in solcher Weise im Genusse einer beschränk-ten Anzahl von Fronhofsinhabern, Landherrn oder Land-edelleuten befand. Zur Erläuterung mögen folgende Bei-spiele dienen.

Im Besitze und Nutzgenusse der Gutrater*) (des alten Geschlechtes dieses Namens, das um 1336 für Salzburg erlosch) waren:

Das Steinhaus auf dem Gutratberge mit einigen eigenen Bauerngütern,

das Haus Grafengaden, in dessen Nähe Gericht gehalten wurde, Afterlehen,

das (nachmalige) Amt Gutrat, in der Gutrater Pfarre (Niederalben) mit einigen Gütern zu Gröbig, Anif, Tachsach, Rif, Oberalben und Campanif, zusammen bei 50 Bauern, Lehengut,

das gutrater Amt innerhalb des Lueg in St. Cyriaks Pfarre und um Radstadt, in Großarl u. s. w. mit 88 Bauern, Mannschaft und Lehen,

das Amt Haus und Gröbming im Ennsthale mit 57 Urbarstücken, als Lehengut,

die gutrater Zeche in der Pfarre Hof mit 75 Bauern, Lehen,

die Vogteien in den erwähnten Orten und Bezirken und zu Schwarzach, Lehen,

die Grafschaft im Kuchelthale mit dem Sitze zu Grafengaden als Afterlehen von den Grafen zu Plain,

die Grafschaft in Pongau in gleicher Eigenschaft mit dem Sitze zu Hof (?).

Die Kuchler besaßen am Ausgange des 14. Jahrhunderts (1384) außer dem Gerichte zu Kuchl, der Vogtei zu (Stein-) Brüning, auf dem Högl und zu St. Georgen an 186 Lehenbauern, darunter 8 in Großarl, 11 in St. Veits Pfarre, 5 in der Pfarre Hof (Bischofshof), 32 in Kuchl, 5 in Saalfelden, 45 in Tachsenbach, 80 in Gastein, ungerechnet ihren sonstigen Besitz.

Die Velber in Oberpinzgau und um Kitzbühel, ziemlich dürftige Gebirgsedelleute, daher man sie der Wegelagerung zeiht, hatten inne die Thürme zu Velben, Kaprun, Velbenberg, auf dem Jochberg mit Vogteien, das Gericht zu Mittersill, 13 Güter, die zum Velberthurm gehörten, eine nicht bekannte Anzahl nach Kaprun dienstbarer Bauern, die Fischerei auf der Salzach im Oberpinzgau, 20 Güter um Mittersill,

---

*) Dieß und das folgende nach salzburgischen Lehen- und Urbarbüchern, die Grafen von Plain nach Filz.

und einen großen, den sogen. Stuhlfelder Zehent von den ganzen Dörfern Niedernsill, Uttendorf, Wilhelmsdorf und außerdem noch auf 38 Gütern.

Die aus der Alben, ein wohlhabendes und sparsames Rittergeschlecht, das viele Tausende von Gulden an den Landesfürsten, an Berchtesgaden und andere Adelsfamilien ausgeliehenes Geld besaß, hatten im 14. und 15. Jahrhundert zu Lehen das große „Amt aus der Alben" (Saalfelden) mit den Unterämtern Zell, Fusch, Glem, Markt Zell, Saalfelden, Lofer, und den Märkten Saalfelden und Lofer, die Veste zu Hieburg und das Reisgejaid daselbst, die Hofmark zu Trübenbach bei Laufen und 114 Lehenbauern fast in allen Gerichten des Landes, darunter 25 im kuchler Amte, 32 in Mittersill, 10 in Abtenau, einen ganzen und zwei halbe Höfe zu Itling, Hofstätten zu Zell und Saalfelden, Zehente von mehr als 40 Gütern, Vogteien auf 20 Häusern am Vogtenberg (Anthering) und im Gebirg u. s. w.

Die Weißpriach im Lungau besaßen den größten Lehenbesitz im Stifte, soweit Nachrichten vorhanden sind. Nicht nur hatten sie weit über 200 Bauerngüter, im Flachlande (12), Kuchelthale (20), Abtenau (6), St. Johann (25), Saalfelden (3), Rauris (5), Gastein (35), in Lungau über 100 zu Lehen, und verliehen davon wieder viele, sondern sie besaßen auch ihr Allod Weißbriach sammt stattlicher Zubehör, den Thurm zu Altmannsdorf und eine ungezählte Menge von Schwaigen, Zehenthäusern, Huben, Aeckern, Peunten, Aeckerln, Jauchen, Wiesen (ein Beweis der Zerstückelung des Grundeigenthums schon im 15. Jahrhundert) in Lungau und im benachbarten kärntischen Gebirge. Sie hatten einen Erzbischof zum Vetter.

Zu den ansehnlichsten belehnten Landedelleuten des Stiftes gehörten außer diesen noch die Goldecker, Haunsberger, Mosheimer, Straßer, Trauner, Nußdorfer, Ueberacker und Wisbeck (Wisbach bei Hallein). Die kleineren Landedelleute hießen später auch „Schildherrn".

Aber die eigentlichen großen Fronhöfe des Landes waren zunächst die geistlichen des Erzbischofes, Domklosters, St. Peters, Nonnberg, Michaelbeuern, St. Zeno und Högelwerd, dann die der Grafen von Matrei-Mittersill, von Plain und Lebenau, dann endlich die der schon ziemlich historisch nachdunkelnden Grafen des Salzburggaues, von Törring und Burghausen.

Die Verpflichtungen der (Gemeinfreien und) Fronhofs-
besitzer waren: Beherbergung und Verpflegung des Königs
auf dessen Reisen, gewisse jährliche Beisteuern an denselben
(„Beden", d. i. Bitten des Königs, denen willfahrt werden
sollte), Beherbergung und Verpflegung kaiserlicher oder königlicher Beamter (Ministerialen), Mithilfe an den öffentlichen
Brücken*), Straßen, Palästen, Kriegsdienst. Als das heutige
Staatswesen aufkam, das im frühern Mittelalter unbekannt
war, wurden auch die Landedelleute, zuerst bei außerordentlichen Gelegenheiten und unter den nachdrücklichsten Verwah-
rungen ihrer Rechte und Freiheiten, veranlaßt, Beiträge zu
leisten, die von Zeit zu Zeit sich wiederholten und ständig wurden, bis die neue Steuerbemessung alle in ihren Bereich zog.

Da die Grafschaften nach und nach in Folge kaiserlicher
Verwilligung an die geistlichen Fürsten kamen, erloschen mit
dem 13. Jahrhunderte die großen weltlichen Fronhöfe; das
geistliche Wahlfürstenthum begünstigte den landsässigen Adel
nicht, sondern nur seine jeweiligen Verwandten (Nepotis-
mus), die Lehensämter gingen allgemach an Beamte über und
so schmolz vor der geistlichen Eigenschaft des Stiftes Ansehen
und Zahl der Landedelleute kläglich zusammen. In den letzten zwei Jahrhunderten wurde die Eigenschaft eines „Landmannes" den bittweise darum einschreitenden Edelleuten vom
Fürsten „verliehen".

An der Spitze der Haus- und Hofwirthschaft stand der
„Hofmeister", unter welchem die Dienstleute ihren Geschäften oblagen. An sehr großen Fronhöfen trennten sich die Dienstleute mit ihren Vorgesetzten nach Berufszweigen und gab es
schon fast seit der Zeit der Frankenkönige auch gewisse Rang-
stufen.

Da waren zuerst die Hausdienstboten, die um die
Familie des Herrn lebten und webten in Küche und Kammer,
im Gaden und Pfiesel, Köche, Kammerdiener und Zofen, Nä-
herinnen, Spinnerinnen, Wäscherinnen u. s. w., denn der
alte Fronhof mußte seine Bedürfnisse selbst befriedigen, da
das Gewerbewesen, sowie das Dienstbotenwesen noch in der
Kindheit war.

Müller, Bäcker (Pfister), Schmiede, Zimmerleute, Ger-
ber, Schuhmacher, Brauer, Faßbinder u. dgl. waren gleich

---

*) Daher bauten an der salzburger Stadtbrücke die Fronhöfe des
Fürsten, des Domstiftes, Nonnberg, Berchtesgaden, die todte Hand des
Bürgerspitals und die Stadt, die den Zoll einhob.

den früher aufgeführten Hörige, oder Eigenleute, die unter erfahrenen Aufsehern oder Meistern das Handwerk übten. Sie waren in den Außengebäuden des Fronhofes untergebracht.

Die Pferde- und Ackerknechte, Hirten, der Säemann oder Bauknecht, der Wishai, (Einhäger oder Aufseher der Wiesen), der Holzhai, der Stabler, der Zäuner, Birscher, Schinagl u. s. w., die Jäger, Zeibler, Goldwäscher u. s. w. zählten zu den landwirthschaftlichen Dienstboten.

Die Klöster hatten eigene Kellermeister, Gastmeister, Diener im Schlaf- und Speisesaal, Feurer (calefactor), Schaffner u. s. w.

Die Pröbste und Kellner, Vögte, Burggrafen und Amtmänner (officialis), die Stall- und Kellermeister, die Schreiber, Notare und Kapläne bildeten die Anfänge des späteren Beamtenstandes, der sich bald in Hofbeamte und Landes- oder nachmalige Staatsbeamte trennte.

Die Dienstleute des höchsten Ranges waren der Kämmerer, Truchseß, Marschalk und Mundschenk, welche selbst in dem Falle des Abganges des Lehensherrn mit Tod ihre Aemter behielten. Oft zählte man zu diesen angesehensten Ministerialen auch den Hauptmann oder Gerichtsvorsitzer, den Vicedom (vice-dominus oder Statthalter), den Kanzler, Hofmeister und Burggrafen. Als Rathgeber des Herrn genossen sie Vorzüge vor den übrigen Vasallen und Dienstleuten, bekamen Lehengüter, rückten zu höhern Adelsstufen vor u. s. w.

Bei großen Fronhöfen waren die Güter der Verwaltung wegen nach Gegenden abgetheilt, jede mit eigenen Verwaltungsbeamten, z. B. außerhalb, innerhalb des Gebirges, im Chiemgau, in Kärnten, in der obern und untern (Steier-) Mark, im Ostlande. So entstanden die Kastenämter, Urbarämter, Probsteien (z. B. zu Weng bei Werfen, Hof im Pongau, Fritz, Fusch, auf den Wäldern), das Urbaramt Anif, Kelleramt Stuhlfelden, die Aemter Saldorf, über der Sale, u. s. w. Daraus gingen später die Pfleger und Pflegämter hervor.

Als Beispiel möge noch der Dienststand des Fronhofes der Grafen von Plain kurz dargelegt werden. Unter den urkundlich sicher gestellten Hofdiensten finden sich daselbst der Kaplan, Kastellan, Notar, Richter und Amtmann. Der Fürsprech (procurator) und der Fronbote (preco) gehören wohl dem Grafenamte an, während der Mundschenk, Kämmerer,

Truchseß und Falkner unmittelbar der Person des Herrn dienten.

Unter einer großen Anzahl von Dienstmannen und Le-hensleuten, die diesen Grafen in Salzburg und Oesterreich zugewandt waren, genüge es die Gutrat, Chalheimer, Berg-heimer, Hegel, Gebeninger, Hollersbacher, Pongauer, Obern-dorfer, Radecker, Vager, Salecker, Salfelder, Staufenecker und Teisenberger zu nennen, da die meisten derselben auch Vogteien, Thürme oder Vesten inne hatten, mit denen sie ihren Lehensherrn hold und gewärtig sein mußten.

Die Anordnung der Nebengebäude um das Herrnhaus und die Einfassung mit Hag, Zaun und Mauer gab dem Herrnhof einen Ausdruck der Sicherheit und Festigkeit und gewährte zugleich auch wirklichen Schutz, so daß man den Fronhof bisweilen auch „Burg" (burgum, castrum) nannte, so z. B. Purch bei Golling im 10. Jahrhundert, Ronnberg oder das Erentrubsschloß, oder das obere, St. Peter das untere feste Haus (castrum), schon im 8. Jahrhundert.

Im 10. und 11. Jahrhundert fing man an eigentliche Burgen*) (im spätern Sinne) zu bauen. Man unterschied überhaupt „Hofburgen," wo die Fürsten und Grafen Hof hielten, dann „Burgstalle" und „Thürme;" man nannte sie von ihrer Lage „Höhenburgen" oder „Hochschlösser" und „Was-serburgen." Hofburgen waren Salzburg, Werfen und Friesach, auch Mauterndorf darf dazu gezählt werden, sowie einst wohl Plain, Lebenau und Mittersill mögen hieher gerechnet wor-den sein. Burgstalle gab es im salzburger Lande eine beträcht-liche Zahl, Wasserburgen nur zwei — Steinbrüning und Abts-dorf, zum Theil auch Mattsee.

Eine Burg war entweder außen mit einem Wassergra-ben oder See, wie die eben genannten, oder mit einer Mauer, oder einer aus Pfahlwerk bestehenden Einfassung „Zingeln" umgeben, z. B. Plain, Raschenberg, Friesach. An den Zin-geln waren nicht selten thurmartige Gebäude, oder wenig-stens zur Vertheidigung des Einganges ein oder zwei niedere Thürme angebracht (Mauterndorf, Werfen, Plain, Hohen-Salzburg, Tetelheim). Zwischen den Zingeln und der innern Mauer befand sich der „Zwinger" (Hohensalzburg), ein freier Raum, der mit Stallungen, Speichern, Wirthschaftsgebäuden,

---

*) v. Maurer, Hofverfassung.

Amtswohnungen umgeben war (in Mosheim das s. g. untere Schloß), von der eigentlichen Burg jedoch durch einen Graben oder die Mauern der Burg getrennt blieb (Mosheim, Hohensalzburg). Das Ganze hieß auch die „Vorburg." Manchmal besaß eine Burg zwei bis fünf Ringmauern (Raschenberg 2, Halmberg 3 Wälle beim Eingang) und Vorburgen, in denen das Gesinde, die Vorrathshäuser, Stallungen angebracht waren. Berge vertraten häufig die Stelle der Ringmauern, die wohl auch mit Thürmen gekrönt waren (Hohensalzburg, Karlstein). Ueber die Gräben führten Zugbrücken (Hohensalzburg, Mosheim, Halmberg, Plain, Raschenberg).

Den Eingang zur innern Burg bildete ein vorspringendes, gewölbtes Thorhaus (Hohensalzburg, Mosheim, Werfen). Ueber dem Burgthor erhoben sich „Zinnen" und „Wintberge," die ein schmales Dach trugen, welches einen hinter den Zinnen hinlaufenden, gegen die Burg offenen Gang deckte, von dem aus der Feind durch die Lücken beschossen werden konnte. Dieser Gang hieß „Wehrgang", „Brustwehr", „Letzen" (Mauterndorf, Mittersill). Der Sicherheit wegen hatte die Burg gewöhnlich nur ein Thor, das Hauptthor, öfters aber ein kleines Seitenthor zu Ausfällen (Hohensalzburg, Raschenberg).

Innerhalb des Wehrganges war der „innere Zwinger" oder der „Burghof," aus welchem man durch ein hallenartiges Gebäude erst mittelst eines Fallthores „Slagetor," in den eigentlichen Burghof gelangte.

Durch Anlage der Burggebäude im Kreise, im Vierecke oder Fünfecke fiel häufig der innere Zwinger mit dem eigentlichen Burghofe zusammen. In demselben war der „Palas" (von Palätium), die Pfalz des Schloßherrn, der „Bergfrid" und meistens auch die „Kapelle."

Zum Palas stieg man auf „Greden" (Stufen, Treppen) hinan (Mosheim). Was im gewöhnlichen Hause das Vorhaus, in Salzburg das „Mushaus" war, wurde im Palas zum „Sale" (Rittersaal). Um den Palas, oder auch um das Mushaus befanden sich „Stuben" (heizbar), „Kemenaten" (Kammern), „Gaden" für Rüstzeug, Kleider, Wäsche, Vorräthe, (Mosheim, Mauterndorf, Salzburg),

Der „Bergfried" (fr. beffroi) war ein im innern Burghofe freistehender, viereckiger oder auch runder Thurm, der alle Gebäude der Burg überragte, dessen Eingang in einer Höhe von 9—12 Fuß angebracht war, der festeste Ort mit

6—9 Fuß dicken Mauern, sturmfrei, der Feuersgefahr nicht ausgesetzt, die sicherste Schatzkammer, die letzte Zufluchtsstätte.

Während die übrige Burg nur drei Stockwerke zählen durfte, hatte der Bergfried vier und enthielt Küche, Handmüh= len, Vorrathskammer, Wohngemächer, nach oben die „Warte,“ in der Tiefe das „Verließ,“ bisweilen auch einen Brunnen oder eine Kapelle. (Mauterndorf, Karlstein, Friesach, in Mosheim der abgetragene „Hochsenthurm“.)

Die Oertlichkeit, die Bedürfnisse, Umbauten, Verfall der ältesten Theile brachten in dieser baulichen Eintheilung einer Burg mancherlei Abänderungen zu wegen.

Kleinere Burgen, „Burgstalle,“ „Thürme“ bestan= den meist aus einer Ringmauer, deren Stelle oft steile Felsen vertraten (Gutrat, Saleck, Haunsberg) und der Wohnung des Inhabers, die bisweilen absatzweise auf den Felsen hinauf= gebaut war (Wartenfels) und nur beschränkte Räumlichkeiten bot (Nockstein, Velben, Kaprun, Sulzau, Tetelheim). Der „Thurm,“ (z. B. der Thurm auf der Fager zu St. Jakob) zählte, ähnlich wie der Bergfried, vier Geschoße. Aus dem ersten Stockwerke, in das man von außen hinaufstieg, und das Küche und Pfiesel (heizbares Gemach, Winterwohnung) enthielt, kam man abwärts in's Erdgeschoß mit dem Brun= nen, den Vorräthen und dem Verließ in der Tiefe. Durch eine Wendeltreppe gelangte man in das zweite Stockwerk mit dem Wohn= und Schlafzimmer der Familie. Im dritten Stockwerke war der Rittersaal, zu oberst die Warte.

Seit dem 12. Jahrhunderte durften Burgen nur mehr mit Bewilligung des Landesherrn errichtet werden. Von da an gibt es eigentlich nur mehr „Steinhäuser,“ „feste Häuser,“ oder „Burghäuser,“ die man in der Neuzeit ohne Unterschied Schlösser nennt.

Sicherheit, Festigkeit, schwere Zugänglichkeit, freie Um= sicht auf Straßen und die umliegende Landschaft, die Leich= tigkeit der Vertheidigung in Gefahr waren die Hauptfor= dernisse solcher adeliger Sitze. Vor diesen Anforderungen mußte häufig die Bequemlichkeit weichen. Welcher Abstand zwischen vielen dieser Felsennester von ehemals und den Wohnsitzen des Landadels unserer Tage! Kein Wunder, daß sich auch die „festen Ritter“ endlich in die Ebene herabsehnten.

Die Herstellung und Befestigung des Landfriedens in Deutschland machte die vielen Thürme und Bergschlösser ent=

4

behrlich. Wenn Feuer die Burg zerstörte, wenn sie in Folge
einer Belagerung verheert, oder etwa wegen Räubereien ge=
brochen wurde, fand häufig kein Aufbau mehr statt (Kal=
heim, Lichtentann).

Viele der alten Schlösser blieben bis in späte Jahrhun=
derte die Sitze landesfürstlicher Pflegämter (Radeck, Hauns=
berg, Tetelheim, Halmberg, Raschenberg, Golling, Mittersill,
Lichtenberg, Mosheim und andere). Endlich siedelten auch
diese Behörden sich mitten unter den Marktbürgern an und
die meisten noch übrigen derartigen Denkmale allgemeiner Un=
sicherheit und der Standesunterschiede wurden der Zerstörung
preisgegeben.

XII.
Das Lehenwesen.

Von den merowingischen und karolingischen Herrschern
wurde mit Zähigkeit der Plan verfolgt, die Fürsten und
Adelsfamilien (den Geburtsadel) der unterjochten deutschen
Stämme auszumerzen. Das große Reich brauchte zu seiner
Verwaltung dem König ergebene Männer, was von dem alten
Erbadel nicht galt, der die Selbstverwaltung in Händen
gehabt hatte. Die neuen Beamten wurden meist aus dem Ge=
folge des Königs genommen, ihnen ein dreifaches Wergeld
zuerkannt und zum Lohne für die Mühe ihrer Aemter das Er=
trägniß von Ländereien verliehen, die später, wie die Aemter
selbst, in der Familie der Belehnten erblich wurden. So
entstand mit dem neuen Königsadel (dem Dienst= oder
Feodaladel) das fränkisch=deutsche Lehenwesen, das auch bei
andern Völkern Nachahmung fand, z. B. in Ungarn. Die
verliehenen Güter hießen „Lehen", Feod", (fe-od Lohngut,
vom gothischen faihu Geld, Vermögen, Lohn, englisch fee),
im Gegensatze zum freieigenen, luteigenen, mit eigenem Rü=
cken und Rauch besessenen Gut, dem „Allod" (eigentlich Adal-
od, Edelgut), welches in der Sprache jener Zeit von nieman=
dem außer von Gott und dem „göttlichen Elemente der
Sonne" zu Lehen rührte.

Die große Zahl der Lehen, womit der Lehensherr die Lehenträger belehnte um sich ihrer Treue und Anhänglichkeit zu versichern, die Verhältnisse der Lehensabhängigkeit (Lehenstreue), in welchem die Vasallen oder Vassen zu ihren Herrn standen, die bedeutende Veränderung im Grundbesitz, die durch die erfolgte Erblichkeit der Lehen hervorgerufen wurde, gaben dem Lehenwesen eine Wichtigkeit für viele Jahrhunderte.

Begreiflicher Weise ist das Lehenwesen älter als das salzburger Bisthum. Schon der heil. Rupert verlieh den beiden Romanen, Ledi und Urso, in Erwartung ihrer Ergebenheit und Treue, das Hälfteerträgniß der Zelle zu Pongo (Bischofshofen) zum Lehengenuß (beneficium) und Graf Gunther im Chiemgau und andere freie Baiern schenken mit Bewilligung des Herzogs Lehengüter an die salzburgischen Stifter.

Auch die salzburger Fürsten verliehen ihren „Dienstmannen", „Ministerialen" oder „Getreuen", und da sie selbst aus sehr verschiedenen Familien stammten, ihren jeweiligen Anverwandten oft sehr ansehnliche Lehenschaften, worüber der inländische seßhafte Adel bisweilen Beschwerde führte.

Die Grafen und Fürsten waren berechtigt und verpflichtet, vier Dienste an ihrem Fronhofe zu Lehen zu geben, das Marschall-, Mundschenk-, Kämmerer- und Truchseßamt. Die Herzoge von Oesterreich, Steier, Kärnten und Baiern waren vom Stifte damit belehnt, und hatten Stellvertrer, die diese Dienste als erbliche Afterlehen inne hatten.

Die Verpflichtung der adeligen Lehenträger bestand im Allgemeinen im Kriegsdienste, wozu nicht blos der Feldzug oder die Heeresfolge, sondern auch die Begleitung des Herrn (Gefolgschaft) bei dessen Reisen und Unternehmungen, und der Wacht- und Vertheidigungsdienst, sowie der eigentliche Hofdienst im Herrenhause gehörten.

Die Inhaber der salzburgischen „Schützenlehen" in Kärnten hatten die Pflicht, der Veste, zu welcher sie zu Lehen gingen, im Kriege als Schützen zu dienen.

Da nun aber, wenigstens die salzburger Edelleute, nicht selten von verschiedenen Herren (Oesterreich, Baiern) Lehen annahmen, so kamen sie bei verschiedenen Gelegenheiten mit ihrer Lehenspflicht und „Treue" stark in's Gedränge.

Von der Verpflichtung, dem Lehensherrn mit den Waffen und zu Pferde zu dienen, was vorausgehende Einübung erforderte, schreibt sich das „Ritterwesen" her.

4*

Wie das Lehenwesen die Grundlage der dienstlichen Unter=
ordnung an den Fronhöfen und zur Zeit der Landeshoheit
bildete, so lieferte das Ritterwesen mit seiner Vorschule in
den Waffenübungen, den Feierlichkeiten bei Verleihung der
Ritterschaft, den Vorschriften über das Benehmen gegen den
Lehenherrn und dessen Familie, insbesondere die Frauen, und
seinen sonstigen Gebräuchen, den wesentlichen Inhalt und die
Form der damaligen fast ausschließlich auch auf das Waffen=
handwerk gerichteten adeligen Erziehung und Bildung.

Das Lehenwesen erlitt in Salzburg die erste Erschütte=
rung durch den Uebergang der Grafschaften (kaiserliche Ge=
richtslehen) an den Landesherrn.

Die Fürsten fingen an, die Dienste und Aemter pacht=
weise gegen gewisse Bezüge auf Lebenszeit hindan zu geben,
oder wohl auch bei ihren Getreuen gemachte Darlehen mit
Amtseinkünften zu verzinsen und zurückzuzahlen. Dadurch
trat das Lehengut überhaupt außer der engen Verbindung
mit dem Fronhofs= oder Landesdienste und nur die Verleihung
von Jagdbezirken, Fischwaiden u. dgl. an Pfleger, Kellner,
Richter, erinnerte noch daran.

In Folge der Erblichkeit der Lehen wurden selbe auch
käuflich und die Belehnung mit denselben zur Nebensache.

Als aus den Landesfürstenthümern mit dem westfälischen
Frieden die deutschen Kleinstaaten hervorgingen, erheischte die
Führung der Staatsämter schon eine gewisse Vorbildung
durch Schulen und stufenweise Ausbildung. Dies erforderte
eine sorgsamere Auswahl der Personen, die man berief und
so trat nun der Dienst der Staatsbeamten theils an die
Stelle des frühern Lehendienstes, theils des Fronhofdienstes.

Das Lehenwesen hing jetzt nur mit den höheren Hof=
diensten zusammen und war ürigens blos eine lockere Form
des adeligen Grundbesitzes, ein Band zwischen Fürsten und
Landadel, das in Salzburg in jüngster Zeit völlig gelöst
wurde.

Die Zahl der Ritterlehen war in Salzburg bei Beginn
des 19. Jahrhunderts gering, unmittelbar vor Aufhebung
des Lehenbandes bestanden nur noch 29 Lehencomplexe.

Durch das Sinken des Lehenwesens ward dem Ritter=
thum ein Theil seiner stofflichen Grundlage, durch die Ver=
änderungen im Kriegswesen, Pulver, Büchsen, und die stehen=
den Heere der zureichende Grund seines Bestandes überhaupt

entzogen und es fristete sich als eine in der Zeit wesentlich nicht mehr gegründete Gesellschaftsform durch Aufrechthaltung der Aeußerlichkeiten.

Schon in dem Umstande, daß Erzbischof Friedrich III. am Tage vor der Schlacht bei Mühldorf über hundert salzburgische Edelknechte zu Rittern schlug, erblickte man ein bedeutsames Zeichen der Zeit, noch abfälliger fiel das Urtheil über das Ritterwesen der spätern Zeit aus. Als Beleg möge ein Mitglied derselben Ritterschaft, der biedere Jakob von Haunsperg zu Vahenlueg dienen, der sich in seinem handschriftlichen Adelsbuch der Trauner (1588) also vernehmen läßt:

„Sunsten, wie ich bericht bin, waren vor Jahren viererlei Ritter

die ersten, so die fürnembsten waren, nennt man die streitbaren Ritter, die in Schlacht und Sturm darzue khamben. Das waren wohl rechte Ritter.

Die andern waren heillig Ritter, so das heillig Grab besuchten, der waren in großer Anzahl und wers vermocht, zug dahin.

Die dritten nennt man Tever- (Tiber) Ritter, die khamen darzue, wann sy mit einem Khaiser gen Rom zogen, die schlug man vor Jahren auf der Tiberpruggen zu Rittern und also genennt werden.

Die vierten nennt man Halbritter, das sein die gewesen, so die Khaiser vmb ire treue Dienst und in annderweg zu Ritter geschlagen, die waren gar gemein. Jetzt derzeit will man auch nit vill von inen halten, weill man vmb das Gelt darzue khommen mag. Doch will ich das den rechten Rittern nicht zur Verkhimmerung gesagt haben."

Die innige Verquickung kirchlicher, höfischer und standesbewußter Gesinnung und des gesellschaftlichen Zielpunktes der Ritterschaft, ihr Liebeleben mit eingeschlossen, ist in dem bekannten Wahlspruche ausgedrückt:

Gott meine Seele,
Meinen Leib dem König,
Mein Herz den Damen,
Die Ehre für mich.

Außer den Ritterlehen gab es auch „Bauernlehen", die von den mancherlei Diensten, die dem Herrn zu leisten waren, benannt wurden, so die „Wachtlehen" bei den größeren Burgen, z. B. Mittersill, die „Wit- und Zimmerlehen" daselbst, die „Sinnlehen" im Pongau (vom gothischen sinnan, gehen*), auf denen die Verpflichtung lag, Botendienste zu verrichten, oder mit einem „eisernen Pferde" (b. i. welches stets in Bereitschaft stehen mußte) zu reiten, wohin der Herr befahl, auf eine Entfernung, die bis 20 Meilen betragen konnte. Die Träger der „Feuer=, Rauch= oder Rußlehen" hatten an den Orten, wo der Lehensherr übernachtete, (z. B. Werfen), oder Mittagstafel hielt, das Holz in die Küche und für die Oefen zu liefern, auch das Aufzünden des Herbfeuers und das Nachlegen des Holzes, sowie das Bad in Bliembach zu besorgen, die „Samhöfe" oder „Samhuben" stellten die Pferde zur Beförderung der Frachten und Leistung von Vorspannen. Auch der „Schüsselacker", die „Burg"=, „Gerichts"= und „Kü=chenlehen", sowie andere Flur= und Güternamen deuten auf Dienstleistungen hin.

Bestand das Lehenreichniß in einer bestimmten Geld=summe, so hieß das Lehen ein „Beutellehen", deren Anzahl im Salzburgischen nicht unbedeutend war und meist alle Merk=male bäuerlichen Besitzes an sich trug.

Lehenträger konnten geistliche Personen (Aebte, Dom=herren, Pfarrer), der hohe und niedere Adel und selbst rittermäßige Personen aus den Städtebürgern sein. Aus solchen Lehenträgern bestand die alte Landesvertretung — die „Landschaft".

XIII.

Das Rechtswesen.

Das altbairische Volksrecht wurde vielleicht schon 635 unter König Dagobert, jedenfalls um 728 unter Karl dem Hammer, somit unter fränkischer Einflußnahme aufgezeichnet.

Dem gesammten deutschen Rechte ist eigenthümlich, daß jeder nur von seinen Standesgenossen gerichtet werden kann, der Adelige von den Adeligen im Hofgerichte, der Gemein=

---

*) Koch-Sternfeld muthmaßte, — sie hätten vom slavischen seno, Heu, den Namen!

freie von den Freien im Gaugerichte, der Unfreie von den
Unfreien des Herrenhofes im Hofrechte oder Zwinggerichte.

Vom Könige oder dessen Stellvertreter dem Herzoge ging
die Gerichtsbarkeit aus. Statt der Herzoge bestanden zur Karolingerzeit die Sendgerichte, aus Grafen, Bischöfen und
Aebten zusammengesetzt. So war Erzbischof Arn 802 zu
Mattighofen, Erzbischof Ditmar 906 zu Raffelstätten im
Traungau Mitglied eines solchen Gerichtshofes. Später traten
die Pfalzgrafen als Oberrichter in den verschiedenen Her-
zogthümern an die Spitze des Gerichtswesens.

Dem Gaugerichte saß der Gaugraf vor, der das
„Ding hegte", d. i. den Gerichtshof an seinen bestimmten
abgegrenzten Ort berief. Die Beisitzer, anderwärts „Schöffen"
genannt, oder das „erbar Geding", „fanden das Urtheil",
die außer den Schranken herumstehenden Gaugenossen, die zu
erscheinen verpflichtet waren, billigten oder „schalten" das
Urtheil. In letzterem Falle fand Berufung an das Obergericht
statt. Die Beisitzer saßen auf Bänken herum; von den Schranken, die den Gerichtsplatz einfriedeten, hieß später das Gericht auch die „Schranne".

Schon unter Bischof Arn geschieht wiederholt solcher
Gaugerichte im Salzburgischen Erwähnung. Da die Romanen
nach ihren Gesetzen und Gewohnheiten lebten, auch eine andere Sprache redeten, so müssen auch Romanen zuweilen im
Ding gesessen sein*).

Die gerichtlichen Gauversammlungen schieden sich in
„ungebotene Dinge", deren Tage im Vorhinein bekannt waren (meist zwei- oder dreimal im Jahre, im Frühjahr, zur
Sommersonnenwende und im Herbst), und in „gebotene",
deren Tag meist sechs Wochen vorher „fürgeboten", d. i. angesagt wurde. Zu den ungebotenen Dingen mußte jeder an-
sässige Gaugenosse erscheinen, es hinderte ihn denn „ehafte
Not", d. i. ein gesetzlich begründeter Umstand.

Die Dinge fanden statt unter freiem Himmel, bisweilen
unter einer bedeckten Halle, der „Gerichtslaube", z. B. in
Mittersill, bei scheinender Sonne, auf Anhöhen, unter Bäu-
men, vor den Kirchthüren, und dauerten bis vor Sonnen-

---

*) Isti Romani de Fischaha voluerunt illam silvam iuxta Fi-
schaha habere in proprio; sed Arn archiepiscopus per ipsos pagen-
ses viros nobiles attestantes duobus vicibus conquisivit s. Petro
ad Salzpurg. Br. Nott. Keinz p. 45, 3—6.

untergang, so daß der Richter noch nach Hause gelangen konnte. Davon kam der Name „Taiding", d. i. Tagding. Die Gerichtsorte hießen auch „Mallstätten" (mallum).

Mord, Raub, Brandlegung, Nothzucht (Notnunft), Frie= densbruch wurden mit Enthauptung bestraft, der Diebstahl mit dem Strange.

Die Hinrichtung lag dem Nachrichter oder „Fronpoten" ob, der auch „Scherge" genannt wurde. Er war ursprünglich ein Beisitzer, daher Freier und wurde vom Richter und dem Geding gekoren, mußte dem Könige Huld schwören und einen Grundbesitz von ½—3 Huben inne haben. Die „Schergen= huben", „=lehen" oder „=höfe" (Schörghofer), dann die Guts= namen: beim Schorn, oder Scharn (von scarjo der Scherge), Scher(gen)haslach, Scher(ge)ntann, Scharsicht oder Scherfeucht erinnern noch daran. Ohne Zweifel waren diese Fichten und Tannen die Bäume, an welche der Scherge die Diebe hängte.

Alle übrigen Vergehen galten als persönliche Beschädi= gungen und konnten, selbst der Todschlag, durch Geldbußen „Wergeld" gesühnt werden, von welchen der Richter Antheile bezog. Dieses Einkommen des Richteramtes wurde in spätern Zeiten Gegenstand der Belehnung, des Kaufes u. s. w.

Gaugerichte oder Grafschaften (die über Leben und Tod richteten) waren zu Mitterfill für Oberpinzgau, zu Tach= senbach für Niederpinzgau, zu (Bischofs=)Hofen oder Werfen für Pongau, zu Kuchl für den obern Salzburggau, zu Plain und Lebenau (früher zu Törring und Burghausen) für den untern Salzburggau; die Grafschaften im Ennsthale, zu Frie= sach auf dem Krapfelde und zu Tackenbrunn, endlich zu Pettau und Leibniz lagen außerhalb des Mutterlandes.

Dem Hofrechte der Unfreien saß gewöhnlich ein ange= sehener Dienstmann, der Burggraf, Fronvogt u. dgl. vor.

Als die Grafschaften an die Landesherren übergingen (13. Jahrhundert), wurden die todeswürdigen Verbrechen im Namen derselben durch den von ihm aufgestellten „Haupt= mann" in der Schranne abgeurtheilt (Hauptmannshändel); alle übrigen Rechtshändel um Eigenthum, Geldschuld, Ent= werung (Besitzstörung), Erbrechts=, Verlassenschaftshändel, Zuerkennung von Leistungen u. dgl. vor die „Landgerichte", „Landschrannen", „Landtaidinge" gewiesen.

Wie bei den „Gaudingen", so waren alle im Gerichts= bezirke Ansässigen bei diesen „Landtaidingen" zu erscheinen schuldig. Auch diese „Dinge" unterschieden sich in ungebotene, die zu gewissen gesetzlichen Zeiten stattfanden — „Ehafttaidinge" — und gebotene. Der Tag der letztern wurde durch die Rugmänner in ihren Bezirken (Rügaten, Obmannschaften) angesagt „gerugt".

Dem Landtaibing saß der von dem Erzbischof als Landesfürsten bestellte „Landrichter" mit dem Stabe in der Hand vor*), das „Geding" oder „Recht" auf Bänken herum, der „Umstand", d. i. die übrigen Grundbesitzer des Schrannenbezirkes, stand außerhalb der Schranken. Der Landrichter wurde anfänglich aus dem im Gerichte ansäßigen Dienstadel genommen, denn er mußte das ortsübliche Recht kennen; das Geding bestand aus Ortsbürgern und Vertretern der Bauerschaft nach Bezirken. Ankläger und Beklagter konnten sich des Fürsprechs (procurator) bedienen, der die Gerichtsbräuche und Rechtsbehelfe zu beobachten und zu benützen wußte.

Die Sitzung begann gegen Mittag mit der Frage, ob der Fronbote das Geding verkündet und geboten habe. Wer nicht erschien, zahlte Buße, „ward gepezzert".

Dann „legte der Richter die Sache an das ehrbar Geding", d. i. er trug den Rechtsfall der Schranne zur Entscheidung vor. Der Geklagte wurde dreimal aufgefordert, sich vor der Schranne zu verantworten. Erschien er nicht, oder verlangte niemand in seinem Namen Vertagung, so war er sachfällig. Ward auf Beibringung von Beweisen erkannt, so wurde ein neuer Gerichtstag anberaumt (was oft geschah), an welchem die Zeugen gehört und die Beweismittel vorgebracht werden sollten.

Fehlte der Zeugenbeweis, so konnte der Zweikampf — das Gottesurtheil, Ordal, zugelassen werden. Man glaubte nämlich, Gott könne nur der gerechten Sache den Sieg verleihen und dadurch entdecke sich die Wahrheit. Die „Kampfwiese" zu Henndorf in der Nähe der alten Mallstätte, der „Streitbühel" bei Reichenhall, die „Streitwiese" bei Surheim u. a. a. O. erinnern noch daran. In ältern Zeiten waren auch die Gottesurtheile des feurigen Eisens, der sieben glühenden Pflugscharen, des siedenden Wassers, die Wasserprobe, Kreuzprobe, oder die am wenigsten bedenkliche der Barbara- oder Lucienzweige, die in Weihwasser gesteckt wurden, üblich.

---

*) Daher rührt die Benennung: Die fünf Gerichtsstäbe Pongau's als Unterabtheilungen der alten Grafschaft.

Die Inpfandnahme des streitigen Gutes durch den Richter und Fronboten, die Uebergabe eines liegenden Gutes mit
dem Gerichtsstabe, die Ausfertigung des Gerichtsbriefes durch
den Landrichter, oder aber die Achterklärung des vor dem Gerichte nicht erschienenen Beklagten u. s. w. beschlossen das
Gerichtsverfahren.   Wer im Banne (Ausschließung von der
Kirche), oder in der Acht (Ausschließung von dem weltlichen
Rechte) war, wurde einer Anzahl Rechte verlustig. Der „pa-
nige Mann" konnte weder Richter, noch Zeuge, noch im Gedinge sein, durfte aber als Beklagter erscheinen; der Geäch-
tete verlor auch dieses Recht.

Wenn das alte Volksrecht für Freie nur die zwei Todes-
arten des Enthauptens und des Stranges kannte, so wurden
dagegen, seit die Fürsten die Landeshoheit gewannen und endlich Staatsoberhäupter wurden, die Strafen der Verbrecher
in steigendem Maße grausamer.

Schon das unter fürstlicher Mitwirkung zu Stande ge-
kommene salzburger Stadtrecht von 1368 kennt das „Versie-
den" oder „Verbrennen" der Falschmünzer, der bekehrten und
wieder abgefallenen Juden, derjenigen, die eine Veste oder
einen Thurm des Erzstiftes verkauften oder verriethen. Mein-
eidigen wurde „die Zunge durch den Nack gezogen".

Statt des Wergeldes und der Geldbussen kamen die in
ihren Beträgen genau bestimmten „Gerichtswändel" auf. Das
„groß Wandel" betrug 24 Gulden rheinisch.

Bei der zunehmenden Schwäche der obersten Reichsgewalt
und den zahllosen Gerichtsbarkeiten der großen, kleinen und
kleinsten Reichsstände war an ein einheitliches, kraftvolles
Gerichtswesen gar nicht zu denken. So lebte denn das Recht
zur Selbsthilfe, das Fehderecht, fort und äußerte sich nicht
etwa blos in kriegerischen Ueberfällen, Zerstörungen, Mord
und Brand durch die Mächtigen, sondern auch in den niedern Kreisen der Bürger durch zahllose kleine Privatfehden.
Mittels derselben verschaffte man sich selber Gerechtigkeit,
half sich zu seinem Recht, oder auch zu dem, was man so
nannte. Dieß geschah durch Versagung des Geleites und ge-
fängliche Einziehung. Wer die Grenzen des Landes, oder Gerichtes überschritt, dem er angehörte, bedurfte, da der Fremde
eigentlich für rechtlos galt, wenn er daselbst nicht Freiung
genoß, des Geleites der fremden Machthaber. Diese wollten
darum „begrüßt" sein. Für weitere Handelsreisen war die

Beschaffung oder Sicherstellung entweder wirklichen Geleites durch Personen oder von Geleitbriefen eine Hauptangelegenheit. Da ereignete es sich nun sehr häufig, daß aus Rache, Privatfeindschaft, Eigennutz, wegen Erpressung, wegen uneinbringlichen Schulden, oder anderen derlei Ursachen, dem Reisenden und seinen Waaren das Geleite versagt, denselben „Leib und Gut verboten", d. i. darauf Beschlag gelegt und der Eigenthümer „fänklich angenommen" wurde. Nur auf „eibliches Gelöbniß" Ersatz zu leisten, oder nach wirklicher Befriedigung der gestellten Forderung in Geld oder anderm Gut erlangte man die Freiheit und die Waare die Ledigung. Nicht selten mußten sich die Städte für ihre Bürger verbürgen, um ihnen aus diesen Verlegenheiten zu helfen, und mancherlei Sendschreiben, Boten wurden in solchen Angelegenheiten gewechselt. Bisweilen machte ein Strauchritter die Sache noch kürzer, „widersagte" diesem oder jenem Pfarrer, Prälaten, Gutsbesitzer, oder schrieb ihm einen „Absagebrief", d. i. er drohte ihm mit Brandlegung oder Gefängniß, wenn nicht binnen einer gewissen Zeit eine gewisse Summe erlegt würde.

Durch die Verbreitung des römischen und des kanonischen Rechtes verfiel nach und nach im 15. und 16. Jahrhunderte das öffentliche und mündliche Verfahren mit dem deutschen Volksrechte. Im Jahre 1559 führte Kaiser Ferdinand III. eine neue Landgerichtsordnung ein; die Untersuchung wurde eine geheime und schriftliche, es wurde nach dem Vorgange der spanischen Inquisitionsprocesse die „peinliche Frage" oder „Tortur" eingeführt, die man in alten Zeiten nur bei Leibeigenen im Hofrechte angewendet hatte. Geheime Ankläger, richterliche Willkür, Kabinetsjustiz der Fürsten entsprangen daraus, den Landschrannen wurden auch die Fragen über Mein und Dein entzogen und solche Versammlungen hauptsächlich nur mehr gehalten, um gewisse alte Sicherheitsvorschriften, dorfrechtliche Bestimmungen, Ackerrechte u. dgl. oder auch neuere polizeiliche Verordnungen der Fürsten bekannt zu machen und im Gedächtniß zu erhalten.

Bezeichnend für diese Zeit sind die alten „Rechtthürme" und „Hechsenthürme" und die Strafen des Schindens, Zwickens mit glühenden Zangen, die Ausstellung am Pranger, das Stäupen, Eselreiten, die Geige und Brechel, die Strohkränze, die eiserne Jungfrau auf Hohensalzburg. Für Wildschützen wurden schon unter Erzbischof Ortolf eigenthümliche Todesstrafen ersonnen, Michael Künburg ließ sie wie Hirsche

anziehen und von Hunden zu Tod hetzen, andere auf
Hirsche anschmieden und zu Tod jagen. Das Verbrennen von
Hechsen und Juden in Schaaren wurde auch zu Salzburg
geübt.

Gegen Ende des vorigen Jahrhunderts (die „Carolina"
galt noch wenigstens grundsätzlich unter Hieronymus), als
die erstarkende Kultur und der bewußte Forschungsgeist der
Völker Anstalten machten den vormundschaftlichen Geist in
Staat und Kirche zu schwächen, und dabei von Erfolgen begleitet waren, verwandelten sich endlich und allmälig diese
Martern und Feuerzeichen des „Absolutismus" in kulturgeschichtliche Altertümer. Mit der Vereinfachung und der sel-
teneren Anwendung der Todesstrafe, den öffentlichen Gerichts-
sitzungen, dem Anklageverfahren, Schwurgerichten u. s. w.
knüpft somit das Rechtswesen wieder ungefähr dort an, wo es
beim Emporkommen des Absolutismus stehen geblieben war.

Jeder Gerichtsbezirk, der unter der Landeshoheit des
Erzbischofes stand, hatte, wie angedeutet wurde, sein ausge-
bildetes und sorgsam gepflegtes Recht „ehaftes Recht," das
sich auf eine größere oder geringere Menge von Gegenständen des bürgerlichen und bäuerlichen Lebens, mit Ausnahme
der Verbrechen, erstreckte, und es kam daher der Sachsen-
oder Schwabenspiegel in Salzburg nicht in Anwendung. Diese
Rechtsbestimmungen wurden meist einmal im Jahre in öffentlicher Gerichtssitzung, in der Weise, wie bei andern „Dingen"
durch Landrichter und Geding mit Frage und Antwort „gewiesen." Daher heißen die Aufschreibungen dieses Rechtes in
den Taidingsbüchern „Weistümer" und es ist kein Zweifel,
daß dadurch überhaupt der Sinn für Recht und Ordnung
gestärkt wurde. Noch in den ersten Jahren des laufenden Jahrhunderts wurden an einzelnen Orten solche Taidinge gehalten. Auch andere Rechtsbestimmungen als das „Freisassen-
recht," die „Vogtrechte," „Urbarrechte," die „Stiftrechte" der
Fischer, die „Schiffrechte" zu Laufen, die „Markt- und Hof-
marksfreiungen" oder „—öffnungen" waren mit Rücksicht auf
die jährliche Veröffentlichung in Frage und Antwort abgefaßt.

Die Rechtsunsicherheit des Mittelalters sowie die Geltung vielfacher Rechte auf kleinen Landstrecken, die Stärke
des Einzelbewußtseins überhaupt bewirkte eine viel schär-
fere Sonderung des Besitzes, der Dorfmarken, Fluren u. s. w.
und die Gränzbestimmungen und Instandhaltung der
„Marken" gewannen dadurch erhöhte Bedeutung.

Der „Tropffall," „Trupfstal," die Dachtraufe bildete des Hauses Gränze und Freiung. Dreierlei Zäune, der „Bann- oder Ehezaun," der „Feld-, Schied-, Fried- oder Mitterzaun," der „Gemach- und Peuntzaun," trennten die Fluren, Grund- stücke, begränzten das Dorf; ja selbst Märkte und Städte, z. B. Salzburg „enhalb Ach" lagen im „Fried des Burg- Zaunes." Der „Herhag" und der „Hergraben" waren ge- wöhnlich Gerichtsgränzen. Die Gutsnamen Schied. Recht- schied, Schiedbach, Schiedhof (Schütthof), Schaidberg, Schaid- reut, Schiedgarten (Schüttgarten), bezeichneten Gränzen. Der Ziller (von Ziel) schied das Erzstift von seinem Nachbar im Zillerthale, das Zillbächlein (Czilarn) bei Niedersill trennte Ober- und Unterpinzgau, ein anderer Zillbach trennte die alten Gerichte Bergheim und Anthering, die große Linde beim Gute Zill ob Hallein war eine Marke zwischen Salzburg und Berchtesgaden, die Güter Zill in Gaißau und Zillreut am Spumberg hatten vielleicht ähnliche Bedeutung.

Man schied, „wie ein Ei wälzt," oder „wie Kugel walgt," „wie die Wasserseig sagt," daher hießen die Gerichts- gränzen auch das „Kugelmarch" oder die „Kugelwaid." Ber- geshöhen, Felsen, Moore, Bäche, Zäune, Hecken, Hage, Bäume, Gruben, Straßen, Kirchwege, Gräben, Estersäulen, Heiligen- bilder, Marksteine mit Abzeichen, im Walde mit Zeichen ver- sehene Bäume, „zwislete Fichten" u. s. w. bezeichneten den Verlauf der Marken. Längs einer großen Strecke zwischen Salzburg und Berchtesgaden lief der „Landzaun," mit „Fall- thoren" und „Landstigeln" versehen. Die „Anthaupten" oder „Landhappen" (am Jettenberg, in Rauris), der „Landeck- kopf" auf der Gränze von Windischmatrei, die „Landabwehr" auf dem Tauern zwischen Lungau und Ennsthal sind Berg- höhen an Gränzen. In der Mündung des Dielbaches in den Abersee und im Ausflusse dieses Sees bei Strobl standen Steinsäulen; die gerade Linie zwischen beiden lief über den See, wurde der „Seidenfaden" genannt und stellte die Lan- des- und Fischereigränze zwischen Salzburg und dem Kloster Mansee vor u. dgl. m.

XIV.

Das Genossenschaftswesen.

Im Unterschied der Stände gruppirte sich die mittelalterliche Gesellschaft nach angebornen Rechten, im Lehenwesen erhielten die erworbenen Verhältnisse zwischen Herrn und Dienern eine Richtschnur, in dem Genossenschaftswesen erblicken wir eine treibende, fortschrittliche Kraft gegenüber den beharrenden Gewalten, den verkörperten Grundsatz der Selbsthilfe, die Fügung und Ordnung größerer, kleinerer und kleinster Gesellschaftskreise für jeweilige Bedürfnisse und Zwecke. Die Genossenschaften sind darum ein wichtiges Kulturmerkmal und in ihrem Verhältnisse zur Herrschergewalt ein Maßstab des vormundschaftlichen Geistes.

Das Genossenschaftswesen fand in allen Ständen Verbreitung.

· Die „Mark-" und „Dorfgenossenschaften," bei uns unter dem Namen „Zechen," Obmannschaften," „Rieden," auch „Rotten," „Hauptmannschaften," „Viertel," in Berchtesgaden geradezu „Gnotschaften" benannt, übrigens in allen Gauen und Aemtern des Landes vorfindig, verfolgten die Zwecke gemeinsamen Schutzes bei allgemeiner Gefahr, z. B. durch Streifung gegen Gesindel, die Tragung gemeinsamer Bürden, z. B. Straßen- Brückenbau, Wiederherstellung der Rinnsale von Bächen und Flüssen nach Verheerungen, Anbau und Benützung oder Rodung einer Wildniß, Au, Alpe, eines Waldes, gegenseitige Unterstützung nach Brand- und Wasserschäden, Pflege der Verarmten, in frühester Zeit auch Pflege von Gastfreundschaft. Die Sitte der „Einlege" der Armen, der Zufuhr von Baustoffen für die durch Brand Verunglückten, die gemeinsamen Alprechte, die gemeinsamen Arbeiten am Zauchbache, an der Salzach schon in früheren Jahrhunderten weisen auf diese Genossenschaften zurück.

Die Gesammtheit salzburgischer Lehenträger tritt als Genossenschaft auf, wenn sie einen Gerichtshof bildet, dem sich in Lehensachen selbst der Erzbischof unterwirft, wenn derselbe die ersten dieser Genossenschaft um Rath frägt, wenn diese gemeinsame Schritte zur Abwehr von Gefahren thut, beim Landesfürsten Beschwerden führt u. s. w.

Für die Erbauung und Erhaltung der salzburger Stadt-Brücke bestand eine Genossenschaft von sieben Herrenhöfen (s. XI. Fronhöfe, 45).

Im 12. Jahrhundert traten zum Behufe der Erbauung eines großen Mühlgrabens und Führung desselben durch die Felsen des Mönchsberges das Domkloster und St. Peter zu einer Genossenschaft zusammen, der später auch der Erzbischof beitrat. Dieser Genossenschaft der drei „Albenherrnhöfe" wird die Leitung des Albengrabens vom hangenden Stein bis zur Stadt verdankt.

Schon vor dem 13. Jahrhundert entstand die Laufner Schiffergilde. Deßgleichen traten die Handwerker in den Städten zu Zünften zusammen, die Salzgewerken zu Hall (Reichenhall) bildeten eine Genossenschaft, die Altbürger zu Salzburg eine Zeche.

Die „Bestehholzer und Kleuzer" zu Hallein einten sich zu dem Zwecke, die für die Verpackung des Salzes nöthigen Holzvorräthe anzukaufen und zu verarbeiten.

Für den Salzverschleiß zu Land hatte sich ebendort die Hausgenossenschaft der „vier Bruckhäuser" gebildet (1430, 1515 urkundlich), die bei Kauf und Verkauf alle für eines und eines für alle einstanden.

Im Jahre 1472 gründeten die Gewerksgenossen Chunrad Schaisberger, Chunrad Grunbald, Leonhard Mülich, Philipp Perhaup, Chunrad Enslehner und Chunrad Ranftl das Hammerwerk Flachau.

Die Gewerken in Gastein und Rauris, der „leudner Handel" genannt, bauten genossenschaftlich die Straßen aus ihren Thälern, errichteten den Holzrechen und die älteste Schmelzhütte zu Lend. Ungefähr in dieselbe Zeit fällt die Errichtung der ältesten Bergwerks-Bruderladen.

Aus der Gesellschaft der Stachelschützen, die im Nonnthale die Schützenwiese zu ihren Uebungen besaß, entwickelte sich die salzburger Schützengesellschaft.

Das Eisenwerk zu Hammerau, am Röhrenbach bei Anger und zu Achthal verdankt einer Gewerkengenossenschaft im Jahre 1557 seinen Ursprung.

Zur Gründung und Bestellung der Lehrkräfte an der Universität Salzburg entstand 1622 auf Anregung des Erzbischofes eine Genossenschaft der Benediktinerklöster Baierns, Salzburgs und Oesterreichs, die bis zur Auflösung der Universität Salzburg fortdauerte.

Um das Jahr 1642 gründete oder erneuerte Bartholomäus Holzhausen, zuerst Canonikus zu Titmaning, dann Pfarrer zu St. Johann im Leogenthal (Tirol) die Genossenschaft der gemeinsam lebenden Geistlichen oder Brüder vom gemeinsamen Leben, die nach ihm Bartholomäer genannt wurden.

Im Jahre 1359 gingen zwanzig salzburgische Ritter ein Bündniß ein zu gegenseitigem Schutze wider jeden, der sie angreifen würde. Sie schwuren einander ihre Vesten zu öffnen und zu vertheidigen, dem Erzbischofe (Ortolf), wenn er einen der Jhrigen angriffe, nicht Gefolgschaft zu leisten und bestellten aus sieben der Jhrigen ein Schiedsgericht für alle Streitigkeiten unter sich oder mit Andern (Adelsbündniß).

In dem Jahre 1403 schlossen die „Ritter und Knecht und Stet" des Stiftes Salzburg „mit Treuen und Aiden" eine „Ainung," um dem neuen Fürsten eine Wahlkapitulation vorzulegen und sich gewisse Schritte vorzubehalten — „Jgelbund." Im Jahre 1429 wurde unter Hinzutritt einer Anzahl „Mitlandsleute" dieser Bund dahin erweitert, alle Jahre zu St. Ruprechtstag im Herbst in Salzburg zusammen zu kommen und zu besprechen, „was Landts-Notdurft oder Beswärung wär," und damit vor den Fürsten zu treten.

Die bewaffnete Ainung der Gewerken und Bauern im Bauernkriege des Jahres 1525, und letzterer allein im Jahre 1526 wegen der bekannten zwölf Artikel sind in Aller Erinnerung.

Die Einung der Bauern zu Schwarzach im Jahre 1731 wegen des Religionsbekenntnisses, sowie die darauf folgende Auswanderung sind gleichfalls bekannt.

Diese Einungen des Adels, der Bürger und Bauern gegen den Landesfürsten geben Zeugniß von den Widerstandsversuchen gegen den steigenden Absolutismus. Während zweier Jahrhunderte ist nun, mit Ausnahme einiger geistlicher Bruberschaften, das Entstehen keiner einzigen neuen Genossenschaft zu verzeichnen, ja es werden die bestehenden nach allen Richtungen bevormundet, z. B. den Zünften aller Verkehr untereinander und mit denen auf dem Lande untersagt, die geringste Regung als Auflehnung gegen die von Gott gesetzte Obrigkeit bezeichnet, bis endlich die Selbstunthätigkeit und Polizeifurcht so zunahmen, daß Vereine und Genossenschaften, weil sie im Leben der Gesellschaft nun einmal nicht entbehrt werden können, von obenher angeregt und gegründet werden mußten.

In den Jahren 1811 und 12 entstanden unter bairischer Regierung und Einflußnahme der „landwirthschaftliche Verein" als Zweig eines das ganze Königreich umfassenden, in gleicher Weise die „wechselseitige Brandschadenversicherung," und, ebenfalls nach dem Vorbilde ähnlicher bairischer Gesellschaften der Verein des „Museums" zu geselliger Unterhaltung, dem sich die freie Lesegesellschaft anschloß, endlich im Jahre 1815 eine Gesellschaft (meist adeliger Frauen) „zur Beförderung des Guten und Nützlichen." Von diesen entschlief der erstgenannte in Folge eintretender Erschwerungen in Folge der Regierungs-Veränderung im Jahre 1816, der letztgenannte wegen Mangel an Theilnahme.

Abermaliger Stillstand bezeichnete die Zeit bis zum Jahre 1841, welches mit der Gründung des „Dommusik-Vereines und Mozarteums" die Reihe der neuen Vereinsbildungen eröffnet. Im Jahre 1844 erfolgte unter sehr lockeren Formen eines Vereines die Errichtung des „städtischen Museums," welchem bald der „Kunst-" (zum Ankauf und zur Verlosung von Gemälden u. s. w.), der „Gewerbe-" und der „landwirthschaftliche Verein" nachfolgten.

Von jetzt an nimmt das neue Vereinswesen einen Aufschwung, der das ganze frühere Genossenschaftswesen weit hinter sich läßt. Die Vereinsbildung wird nun als wirkliches Bedürfniß der Gesellschaft anerkannt und erleichtert und die beträchtliche Zahl, sowie die mannigfaltigen Zwecke der neuen Vereine unterscheiden diese zwei Jahrzehnte von allen frühern Jahrhunderten. Das Entstehen und Erlöschen der Vereine, die Zahl ihrer Mitglieder, die Art ihrer Selbstverwaltung geben nun ein annäherndes Bild von den Bedürfnissen der Bevölkerung, von der Stärke der in ihr herrschenden Antriebe, von dem Grade ihrer Reife zur Selbsthilfe, somit auch von der Gesittungsstufe, die sie einnimmt.

5

Ohne eine Statistik des Vereinswesens liefern zu wollen, genügt die Angabe, daß innerhalb den Landesgrenzen in dieser letzten Zeit über 50 Vereine entstanden und daß die Bevölkerung zugleich an einer großen Anzahl außer Landes ihren Sitz habenden Theil nimmt.

Von dem halben Hundert Vereinen entstanden 12 als als Unterstützungsgesellschaften, 10 für Zwecke der Volkswirthschaft, als: Aktienvereine von Bädern, Stegen, Sparkassen, Feuerwehren, 10—12 für kirchliche und politische Zwecke, die sich nun häufig verschwistern, 8—10 für geistige und körperliche Ausbildung, als: Gesang-, Turn-, Schnellschreib- und Lesegesellschaften, 3 für fachwissenschaftliche Fortbildung und 1 für Landeskunde.

Wenn auch die Beurtheilung der Gegenwart zum Theil der Kulturgeschichte entrückt ist, so sprechen solche Thatsachen doch selbst.

XV.

Die milden Orte.

Schon die erste Kirchenversammlung, die der neue Erzbischof Arn nach Reisbach in Niederbaiern ausschrieb, beschäftigte sich mit der Armenpflege. „Die bischöfe sollen nach allem ihren vermögen ob wittib vnd waisen, blinden, lamen vnd armen lewten halten. Man sol niemand betlen lassen, ain yeglich statt vnd gegend sol ir armen lewt aushalten" lauteten in späterer Aufschreibung die daselbst vereinbarten Bestimmungen. Die Armenversorgung durch die Dorf- oder Markgenossenschaften und ihre Nachfolgerinnen, die Gemeinden ist dadurch im Grundsatze geschichtlich nachgewiesen. Sie wurde durch die „Einlege", wie früher erwähnt, von der Gemeinde, durch die „Einleibung" von der Sippe (Verwandtschaft) geleistet.

Die Pflicht der „Gastfreundschaft" war nach altdeutschem Volksbrauch ein Mittel für das Fortkommen nicht etwa blos armer Reisender zu einer Zeit, wo es noch keine Gasthäuser und sehr wenig Geld gab. Sie wurde von den Klöstern in

beträchtlichem Umfange geübt, auf dem Lande von den Dorf=
genossenschaften. Da jedoch im 11. und 12. Jahrhunderte nur
wenig Freie mehr anzutreffen waren und von den Holden
und Eigenleuten die Beherbergung nicht gefordert werden
konnte, so entstand für die Herrn die Pflicht der Fürsorge
für Reisende, wozu glücklicher Weise die Erzbischöfe in ihrer
kirchlichen Stellung eine verstärkte Aufforderung finden muß=
ten. Die nächste Ursache, daß dieser Pflicht durch die That
entsprochen wurde, waren die zahlreichen Pilgerfahrten jener
Zeit nach Rom oder zum heiligen Grabe. Die Errichtung
von Herbergen oder Spitälern (Hospitien, Hospitälern) an
den beschwerlichen Uebergängen der Alpen fand deshalb plan=
mäßig und in ziemlich umfassender Weise statt.

Demnach gründete vor dem Jahre 1112 Erzbischof Kon=
rad I. in Salzburg das „Hospital zum heiligen Johann dem
Täufer", welches auch das „größere" Hospital genannt und
nach dem Jahre 1122 dem Kloster St. Peter übergeben
wurde.

Um die Jahre 1130—38 stiftete derselbe Erzbischof das
„Spital zu Friesach" und nach seiner Rückkehr nach Salz=
burg das „Spital zum heil. Johann dem Evangelisten" um
1143, welches er dem Domkloster übergab.

Im Jahre 1187 gründete der salzburger Edle Siboto
von Surberg das „Spital zu Zell im Zillerthale", während
um 1142 mit Rücksicht auf die vielen Pilgrime nach Italien
auch zu Neustift bei Brichsen eine priesterliche Anstalt mit
verwandtem Zwecke entstanden war.

Um 1160 entstand das Spital am Semering, Bischof
Otto von Bamberg und Erzbischof Adalbert errichteten 1190
gemeinsam das Spital am Pyrn.

Das „Spital unter dem (radstäbter) Tauern" wird schon
1198 mit einem Salzreichniße beschenkt, 1191 wird das
„Spital bei Ortenburg" gegründet, im Jahre 1239 stiftet
endlich der Patriarch von Aglei das Spital zu St. Anton
am Uebergange über den Loibl.

Wenn nun gleich keine sicheren Jahreszahlen beigebracht
werden können, so dürfte doch der Irrthum nicht groß sein,
wenn man annimmt, auch das „Spital zu St. Preimbs"
(Primus) in Gastein, sowie das „Spital im Velberthale",
die beide an besuchten Sampsaden liegen, möchten um die=
selbe Zeit entstanden sein.

5*

Die Tauernhospitäler wurden in ursprünglicher Weise dadurch in's Leben gerufen, daß man den Inhabern günstig gelegener Bauerngüter gegen Reichung einer „Pfründe" in Getreide und Nachlaß ihrer Urbarialgaben die Pflicht auf=erlegte, arme Pilger oder Fremde zu beherbergen, ihnen den Weg zu weisen und abends mit einem Horn zu rufen u. s. w.

So wie „das Spital unter dem Tauern" wohl nichts anderes ist, als das spätere „Katharinenspital zu Radstadt", so entwickelte sich aus dem Primusspital durch des Gewerken und Wechslers Strochner Schenkung (1450—92) das „gastei=ner Badspital" und entstand um das ortenburgische die heu=tige Ortschaft Spital in Kärnten.

In gleicher Weise, wie die ursprünglichen fünf Tauern=häuser im Velberthal, deren eines noch „Spital" heißt, wur=den auch die „Tauernhäuser (Tafernen, Fremdenherbergen und Saumställe) im raurisr und krimler Achenthale", „auf dem Jochberge", und zu „Ranach" am Uebergange nach Gerlos durch die Landesfürsten mit Getreidepfründen ausgestattet.

Mit dem ursprünglichen Zwecke dieser Pilgerherbergen verband sich bei den zwei Johannspitälern zu Salzburg auch der von Armen= oder Almosenhäusern. Daß es aber an einem „gemeinsamen Spitale" für Hilflose und Sieche in der Stadt noch gebrach, sagt Erzbischof Friedrich III. in seiner Stif=tungsurkunde des nachherigen „Bürgerspitales zu Salzburg" (1327). Daraus könnte gefolgert werden, daß die Anstalt für „Sunderfieche zu Mühlen" (Sieche, die wegen ihrer Gebre=chen nicht gemeinsam, sondern abgesondert gepflegt werden sollten), bereits früher bestand, wenngleich es bekannt ist, daß der alterthümliche Name „Leprosenhaus" erst im vorigen Jahrhunderte aufkam.

Um 1400 entstand das „Bruderhaus zu Bischofshofen", um 1484 das „Barbaraspital zu Tamsweg", und 1496, nach=dem das bestehende Spital zu Salzburg für verarmte Bürger in Anspruch genommen war, mit Rücksicht auf Zunftgeist und Standesunterschied, für nicht bürgerliche Stadtangehörige das salzburger „Bruderhaus".

Soweit nun die mangelhaften Aufzeichnungen Auskunft geben, sind alle übrigen Bürgerspitäler und Bruderhäuser in den Marktflecken des Landes erst hervorgegangen aus der Mildthätigkeit des 16. und 17., oder gar erst das 18. Jahr=hunderts (?), in welchen Bergwerksbetrieb und Handelsver=

kehr im Gebirge eine gewisse Wohlhabenheit unter den Markt=
bürgern zur Folge hatten, die sich in ihren Stiftungen ab=
spiegelt. Zu den ältern Anstalten dieser Art dürften zu rech=
nen sein die Bürgerspitäler und Bruderhäuser zu Saalfelden
(ehemaliges hl. Geistspital, also sicherlich ziemlich alt), Wer=
fen, Rauris, Mauterndorf (1566), Hallein (1575), Lofer
(1583), Mittersill, Zell a. S. (1607), das sogen. Leprosen=
haus zu Hallein (1619), Hofgastein (1660), Thalgau (1668).

Wie St. Peter und das Domkloster zu den beiden St.
Johannspitälern im Verhältnisse der Pflegeaufsicht standen,
so scheint auch das Kloster Nonnberg ein kleines Spital un=
terhalten zu haben, welches um 1603 nach der Verweltli=
chung des Domklosters mit dem im Nonnthale errichteten „St.
Erhartspital" vereinigt wurde.

„Krankenhäuser" im heutigen Sinne des Wortes gab es
bis zum Ende des 17. Jahrhunderts in Salzburg nicht. Im
12. Jahrhundert und später ließen sich Kranke vom Lande in
die Stadt bringen, um da gepflegt oder geheilt zu werden.
In der Fremdenherberge, dem „Gasthause" (xenodochium)
des Klosters St. Peter lag z. B. Otto v. Luge krank (1180
—1190), desgleichen Ortolf, ein Knappe (miles) Herrn Gott=
schalks von Haunsberg (1194), beide starben daselbst.

In den großen Sterbläuften und Pestzeiten des Mittel=
alters, die auch die Stadt Salzburg heimsuchten, wo Aber=
glaube, Furcht und Verwirrung die allgemeine Noth steiger=
ten, entstand die „St. Rochus= und Sebastiansbruderschaft",
welche die armen Pestkranken in ein hölzernes Nothspital
außerhalb des Osterthores, später bei St. Sebastian auf der
Schanze schaffte und vermuthlich auch für ihre Leichen sorgte.
Eine ähnliche Gefahr zur Zeit des dreißigjährigen Krieges,
(1626) veranlaßte die Gründung des „Lazaretfondes" mittels
einer Steuerumlage, in Folge welcher das Pestspital anfangs
in einem Hause zu Geilenbach bei Marglan, später aber in
dem eigenen dazu erbauten „St. Rochusspitale" errichtet wer=
den sollte. Glücklicherweise blieb es bei der Besorgniß, und
der Fond, der seither stark anwuchs, kommt nun dem ganzen
Lande, mit veränderter Bestimmung, zu statten.

Wie das Erhartspital der Nachfolger des domkapitlischen
Spitals vom „h. Johann zu Stubenberg" ist, so trat das von
Erzbischof Johann Ernst 1695 gegründete neue „St. Jo=
hannspital" an die Stelle des alten zum heil. Johann dem
Täufer. Bei der Stiftung dieses neuen Hospitales wurde

nebst der Pilgerpflege, die jedoch bald durch die veränderten Zeitverhältniße gegenstandslos wurde, die eigentliche Krankenpflege als Zweck in's Auge gefaßt.

Soweit Nachrichten reichen, bestanden um die Mitte des vorigen Jahrhunderts in der Stadt Salzburg im Hofraume des Bruderhauses kleine ebenerdige Gemächer, in welchen man Tobsüchtige einsperrte und verpflegte. Erzbischof Hieronymus wies im Jahre 1782 namhafte Summen zum Baue einer „Irrenanstalt" an, die auch errichtet, jedoch bei dem großen Brande im Jahre 1818 zerstört wurde. Sie fand eine neue Stätte zu Mühlen und ward 1852 erweitert.

Neuere Krankenhäuser entstanden zu Gnigl, Hallein, Tamsweg, Kessendorf, Schwarzach und Versorgungshäuser zu Seeburg bei Seekirchen und Schernberg.

Um den Dürftigen die Wohlthat von Bädern zu verschaffen, die den Bemittelten in den „Fail- oder Ehebädern" der Marktflecken und Städte mindestens seit dem 13. Jahrhundert zu Gebote stand, richtete sich der Zug der Nächstenliebe auch auf die Errichtung von „Armeleut- oder Seelbädern", welche häufig als Werk der Barmherzigkeit zum Besten der Seele des Gründers durch letztwillige Anordnung gegründet wurden und davon ihren Namen trugen.

Den milden Orten sind noch beizuzählen das Leihhaus (1747), das Badspital für Soldaten zu Gastein, die wandernde Gebäranstalt (seit 1782) und mehrere für Erziehung bestimmte Häuser, so das rupertinisch-marianische Kollegium (1653), die Waisenhäuser (seit 1686), und aus jüngerer Zeit die Kinderwartanstalten (seit 1846), das Knabenrettungshaus, die Anstalt für weibliche Dienstboten u. s. w.

Wenngleich die milden Orte des Mittelalters ihren Stiftungsverbindlichkeiten hauptsächlich durch Gewährung von Dach und Fach, Lebensmitteln, Kleidern, Bädern, Krankenpflege, Wegweisung u. s. w. nachkamen, so konnten doch schon selbst jene Anstalten auch kleiner Geldspenden zur Erreichung ihrer Zwecke nicht entrathen. Es lag aber bei dem Uebergange von der Natural- zur Geldwirthschaft völlig im Sinne der Zeit, auch durch bloße Ansammlung von Geldsummen — „Fonden", die auf Zinsen ausgelegt wurden, und mittels Vertheilung der Erträgnisse neue Stiftungen zu gründen und das Land Salzburg hat in dieser Richtung manches geleistet, was der Erwähnung werth ist. Die zahlreichen Armenfonde in

Stadt und Land, aus alter und neuerer Zeit, die vielen Bru=
derladen, Lehrjungenfonde, Stipendien, Heiratsausstattungs=,
Begräbniß=, Waisenfonde, die Invaliden=, Mozarteums= und
Schullehrer=Pensionsfonde sind hiefür Beispiele (Salzburg in
den letzten fünfzig Jahren).

Durch das Aufhören staatlicher Vormundschaft hat aber
auch auf dem Felde der Nächstenliebe die Selbstthätigkeit des
Volkes neue Kraft gewonnen. Zwar sind auch heutigen Ta=
ges die hochherzigen Stifter und die wohlwollenden Erblasser
nicht gar selten, aber das Vereinswesen wirkt neben diesen
Wohlthätern nicht minder segensreich. Indem man statt der
Ansammlung von Kapitalien zu Fonden jährlich blos die
Zinsen aufbringt, entgeht man den Kosten und Gefahren
der Verwaltung, und weil man statt öfters veralteter Stif=
tungssatzungen das Bedürfniß der Gegenwart, ja selbst des
Augenblickes zu Rathe zieht, und anstatt auferlegter oft lästi=
ger Verpflichtungen und Dankesbezeugungen von Seite der
Pfründner sich auch mit dem Bewußtsein der guten That be=
gnügt, so erzielt man durch Rührigkeit, gemeinsamen Rath,
gutes Beispiel und Eingehen in die wahren Bedürfnisse stets
wachsende Erfolge. Belege sind die Unterstützungsvereine für
Studenten, Handelsbeflissene, Dienstboten, Buchdruckergehil=
fen, Kranke u. s. w.

XVI.

Oeffentliches und Familienleben.

Die adelige Gesellschaft des Mittelalters wohnte entwe=
der in der Hauptstadt am Hofe des Fürsten, oder mit ver=
schiedenen Aemtern betraut, auf den Vesten und Burgstallen
zerstreut. Huldigungen und festliche Einzüge neugewählter
Fürsten, die Anwesenheit hoher Gäste zu Salzburg, Fürsten=
zusammenkünfte daselbst, oder zu Friesach (1224), Villach
u. a. O., große kirchliche Feierlichkeiten, wie die Domweihen
im 12. und 17. Jahrhundert, die Versammlungen der Land=
schaft und andere Feste, die einzelne prachtliebende Erzbischöfe,
namentlich zur Faschingszeit veranstalteten, wobei z. B. ein
bairischer Herzog mit einem Gefolge von vierzig Mann eine

Mummenschanz gewann, gab den Landedelleuten Gelegenheit, die Reize der Geselligkeit zu genießen, waren auch den Bürgern wegen mancherlei Verkehr und Geschäft erwünscht und brachten Abwechselung in den langsamen Pulsschlag der geistlichen Fürstenstadt.

Kirchliche Umzüge mit den „Heilthümern" (Reliquien), wie bei der Domweihe, mit Darstellungen des Leidens Christi, mit sinnbildlichen Figuren, wie sie unter Marx Sittich aufkamen, oder bei welchen die Bruderschaften in Trachten von verschiedenen Farben mit Kapuzen und Abzeichen erschienen, im früheren Mittelalter je zuweilen ein Lanzenrennen und Stachelschießen, wie 1224 zu Friesach, oder ein großes Feuerwerk auf der Salzach, das die Belagerung einer Veste vorstellte, Kanonendonner von Hohensalzburg als Gruß für hohe Gäste, in späterer Zeit Scheibenschießen, Pferderennen erhöhten die Festfreude, befriedigten die Schaulust, und wurden auch, so gut es ging, auf dem Lande nachgeahmt (Pöller, Prangerstutzen, Triumphbögen, u. s. w.)

In jüngster Zeit wurde durch die Sänger-, Turner-, Veteranenfeste, durch die Wanderversammlungen der Künstler, Landwirthe, Eisenbahnleiter in anregender und erwünschter Weise das stille Familienleben der Märkte und Städte erfrischt.

Unter den Volksspielen behauptete seit alter Zeit das „Ringen" (Ranggen, Rankeln, Hosenrecken) im Pinzgau seine Anziehungskraft und Bedeutung. Zu den ältesten und besuchtesten Ringplätzen zählten der Hundsstein und die Hochfilzen in Leogang. In das graue Alterthum verliert sich das „Berchtenlaufen" zur Weihnachts- und Faschingszeit mit „schönen Berchten" (Schönbartlaufen?) und „schiechen" (grausigen) Berchtlarven und -Anzügen, das „Sternsingen", „Sommer- und Winterspiel" u. a. Laune, Volkswitz und Muthwillen wirkten bei den „Faschingritten" zusammen.

Geburten, Ehen, Sterbfälle, die drei wichtigen Abschnitte des Familienlebens, werden allenthalben von Gebräuchen begleitet, die der Kulturgeschichte angehören, deren ausführliche Angabe jedoch weit die Grenzen dieser Schrift überschreiten würde, so daß nur einiges berührt werden kann.

So das „Weisat", ein Kindstaufgeschenk an die Mutter, das Ankündigen der Geburt eines Bürgersohnes zu Hallein durch die Thürmer vom Rathhausthurme, das Gasselgehen, die Hochzeitszüge, und die großen Hochzittafeln von bisweilen

mehr als 260 Personen, so daß Verordnungen gegen solchen
Aufwand erlassen wurden, das Brautstehlen, die Hochzeiten
in mehreren Gasthäusern zugleich, das Versperren des Weges
zur Kirche, der alterthümliche Klageanzug in Pinzgau um
Verstorbene, die Todtenschmäuse, u. s. w.

In der Schließung der Eheverträge findet selbst noch im
17. und 18. Jahrhundert auf dem Lande die alte deutsche
Rechtsanschauung ihre Anwendung. Nach derselben brachte
die Braut dem Bräutigam eine gewisse Summe als „Heiratgut", nebst einer angemessenen „Ausfertigung" an fahren-
der Habe, darunter eine Kuh, in's Haus. Der Bräutigam
erwiederte dieß durch die „Widerlage" in gleichem Betrage.
Die „Morgengabe" erfolgte nach dem ersten Beilager und
war eigentlich der Preis der Jungferschaft, der von dem
Ehemanne seiner jungen Frau, aber auch von einer Witwe
an ihren bis dahin noch unverheirateten Mann entrichtet
wurde. Die Morgengabe belief sich gewöhnlich auf ein Dritt-
theil der Widerlage und die „Besserung", eine Ergänzung
zur Morgengabe, auf die Hälfte dieser. Der Bräutigam war
schuldig, nach dem „Handschlag" oder Eheversprechen seiner
Braut „Hüllröckl und Gürtl, Schuhe und Strümpfe" zuzu-
stellen.

Der gewöhnliche Betrag des Heiratgutes im 15. und
16. Jahrhundert auf dem Lande war 100 fl., Wiederlage
100 fl., Morgengabe 33 fl., Besserung 15 fl., somit betrug
der ganze „Heiratstitl" 248 fl. für ein „widerfallendes Gut",
d. i. für jenen Theil, der auf das Gut heiratete.

Als Frau Walpurg Kaiser, Wittwe des erzbischöflichen
Kanzlers Hieronymus Balbung, Herrn Burkhart Trauner heirathete (1534), betrugen Heiratgut und Widerlage je 1000 fl.,
die Morgengabe 500 fl., womit der Bräutigam verfügen
konnte nach Willkür, „wie freier Morgengabe Recht ist". Das
Heiratgut soll zu 5 vom 100 verzinst werden, die Wiederlage
war auf Lehengüter angewiesen und sollte der Frau lebens-
länglich bleiben, falls Trauner vor ihr ohne Erben stürbe.
Die Frau erhielt als „Beysitz und Wittwenstuhl" die traune-
rische Behausung in der Stadt und von der fahrenden Habe
des Mannes (nach städtischem Recht (?) wie es zuerst in den
flandrischen Städten aufkam) die Hälfte, und sollten Kinder
da sein, das Drittel. Stirbt die Frau, so soll der Wittwer
statt der fahrenden Habe von den Verwandten der Frau mit
400 fl. vergnügt werden und genießt das Heiratgut, so lange

er lebt. Alles Uebrige, was die Frau besitzt, bleibt ihr eigenes freies lediges Gut.

Aehnliche Bestimmungen galten, wenn Lehensleute des Erzstifts ihre Kinder verheirateten; es wurden häufig Heiratgut und Widerlage mit des Fürsten Bewilligung auf Lehengütern angewiesen und nur die Morgengabe (80—200 fl.) in barem Gelde ausgezahlt. Minderjährigen Kindern ließ der Fürst gewöhnlich den Lehengenuß, bis sie großjährig wurden und selbst die Lehen antreten konnten. Fälle von Unweltläufigkeit unter den Kindern adeliger Familien scheinen häufig vorgekommen zu sein, desgleichen Heiraten älterer Erbtöchter.

Der „Hausrat" der ritterlichen und bürgerlichen Wohnungen war nach Verschiedenheit des Reichthums und Geschmackes mehr oder weniger vollständig oder ärmlich, gewählt oder plump. Im Gesellschaftszimmer (Saal) liefen in frühen Zeiten breite Bänke oder Maueransätze herum, worauf Golter (culcitra, eine Art Matraße) und Plumiten (Federkissen) lagen, auf denen die Gäste saßen. Bei beschränktem Raume, größerer Zahl von Gästen, wenn die „Spannbetten" (mit untergestellten Schragen) nicht ausreichten, übernachteten die Gäste wohl auch im Saale. Statt der Kästen gab es in früher Zeit nur Kleidertruhen. Aber bald kamen an Tischen, Stühlen, Bänken und Schreinen Schnitzarbeiten auf. Zur Einrichtung des Prunkzimmers wählte man gerne das wohlriechende, dem Wurmfraße nicht unterworfene Zirbenholz.

Eng, finster und winklig war häufig die Bürgerwohnung, und früh schon findet sich die Häuserverstückung urkundlich in den Städten (Herbergen).

Den Betten widmete man gewöhnlich große Sorgfalt. Zu dem mächtigen Viergestell des „zwiespännigen Himmelbettes" führten nicht selten ein Paar Stufen empor. Stroh oder Strohsack, Golter, Plumit, Ohrkissen, Leilachen und Deckelachen (Hülle) setzten es zusammen.

Der Bauer schlug in ältester Zeit vier Pfähle in den Boden seiner Hütte, spannte zwischen dieselben ein großes Fell und deckte sich mit einem Kotzen zu.

Man schlief nackt in den Betten, eine Sitte, die im Gebirge heute noch nicht völlig verschwunden sein dürfte.

Die Küchengeräthe unterschieden sich nicht sehr von den heutigen. Die Teller waren in älterer Zeit von Holz (Eßbretter), später kam das Zinn, am Ende des 18. Jahrhunderts Steingut und Porzellan in Gebrauch. Im 16.—18.

Jahrhundert gab es in Salzburg ziemlich viel Majolika=Ge=
schirr aus Welschland. Becher aus Holz (Bitschen), Krüge
von Zinn und Steingut, „Köpfe" (eine Art Becher) aus Sil=
ber oder Zinn, Kannen, Pokale, Humpen vervollständigten die
Hauseinrichtungen, zeigten eine Mannigfaltigkeit von For=
men und legten Zeugniß ab, daß der regnerische Himmel zur
Löschung des Durstes doch eigentlich nur wenig beitrug.

An gewöhnlichen Tagen waren die Speisen sehr einfach
zubereitet und bestanden meist aus gesalzenem oder geräu=
chertem Fleische, Hülsenfrüchten, Fischen, Krebsen, Kohl,
Kraut, Käse, Eierspeisen*), Mehlspeisen. Da die Gabeln erst
im 16. Jahrhunderte aufkamen, so war es nöthig, während
des Essens öfters das Handwasser mit Handtüchern herum zu
reichen. Bei feierlichen Gelegenheiten, Hochzeiten, an hohen
Festen, bei werthen Gästen kamen freilich eine Menge von
Gängen, verschiedene Fleischsorten, süße Brühen, stark ge=
würzte Leckerbissen, auch künstlich und bisweilen unanständig
geformtes Backwerk auf den Tisch.

Der volksthümliche Gerstensaft, der in Salzburg schon im
13. Jahrhundert mit Hopfen (hubilus, humbalus) bereitet
wurde, blieb das am häufigsten genossene Getränk. Wein zu
trinken vermochte eigentlich ·nur der Bemittelte, da man den=
selben weit herführte und gerne süße Sorten aus Welschland
trank. Nichts desto weniger sagt der Chronist Jordan: „Den
Wein bringt man auff Wasser und Landt überflüssig aus
allen andern Landen herzue, alß nemblich vom Rhein, Neck=
her, aus dem Elsaß, Frankhen, Oesterreich (Osterwein), Steier
(Marchwein), Hungern, auß dem Welschlandt, Friaull, Ther=
rant (Tarent), Rainfall (Reifel), Muscatell, Malvasier (aus
Napoli di Malvasia), Romanier (aus Napoli di Romania
in Griechenland), Rosatzer, Farnätscher (vernaccia) und an=
dere Wein, rott und weiß, aus Khrain Wipacher, aus Hy=
sterreich, Velbtliner, auß dem Etschland Traminer und Höpff=
wein". Außerdem wurden noch Praschlet, Eggwein, Chriechel
(griechischer), Chiro (Chios?), Pinöll eingeführt.

Hose, Leibrock und Mantel waren von jeher die Haupt=
bestandtheile der Kleidung, allerdings nach wechselnder Mode.
Ursprünglich bestand die Hose aus getrennten Theilen für
jeden Fuß (daher: ein Paar Hosen), die bisweilen auch ver=
schiedene Farben hatten, und reichte bis an oder über die

---

*) Im Lapidarstyl nicht selten: „Ein gelb Essen, war lind zu
essen".

Knie (G'säßhosen). Die Unterschenkel bedeckte man im Winter
mit wollenen Binden. Dann kamen lange Hosen auf, Stiefel,
Strümpfe, auch Schnabelschuhe, die ein Paar Jahrhunderte
üblich waren, u. dgl. Aus dem immer kürzer geschnittenen
Leibrock wurde das „Wamms", beim weiblichen Geschlechte
das „Röckl", welches nur mehr die obere Hälfte des Körpers
bedeckte.

Leinene Unterkleider, Hemden sind ziemlich alt. Des
Bauers Sommerkleidung bestand häufig aus Rupfen, besonders bei der Arbeit. Das Leder ward zuerst für Schuhe verwendet, das irchene (hircinum) für Hosen, Lederwämse, das
schwere Leder für Panzer. Pelze gab es in großer Menge
und von allerlei Thieren. Die salzburgischen Zollregister des
Mittelalters verzeichnen Harm- (Hermelin, Wiesel), Bech-,
Nörtzlein-*), Luchs-, Marder-, Fuchs-, Elteßein-, Otter-, Pi-
ber-, Ayhhorn-, Hesein-, Grätzhein-, Pilchen-, Katzenbälge
für das „Kürsengewant". An Schaffellen, Bärenhäuten, Gem-
sen-, Hirsch-, Rehdecken fehlte es nicht, da sie im Lande selbst
zur Genüge zubereitet wurden.

In Wollstoffen fand der heimische „Loden" die verbrei-
tetste Anwendung und findet sich schon im 12. Jahrhundert
unter den Abgaben von den Gütern. Für weibliche Kleidung
war der „Raß" am längsten im Gebrauche. Der Bürger-
und Ritterstand kleidete sich in Schamlot, Buckeram, Serge,
Scharlach, Sei, Damask.

Unter den Seidenstoffen waren Pfellel, Balbekin, Purpur,
Zindal die kostbarsten.

Wie zur Ritterzeit gewisse Kleiderfarben eine sinnbildliche
Bedeutung hatten, und die Farben der Dame des Herzens
oft auch von ihrem Ritter getragen wurden, so kleidete sich
die Bürgerschaft der Stadt Salzburg im Jahre 1519 beim
Einzuge des Erzbischofs Matthäus ihm zu Ehren in dessen
Farben „roth und weiß, mit fliegenden aufgereckten Fendlein,
desgleichen hundert Jungknaben, auch in roth und weiß
gekleidet, mit lang hülzen halb roth und weiß gefärbten
Pfällen".

Der alte Ritter Jakob von Haunsberg, fürstlicher Rath
und Pfleger zu G'main, schildert, vielleicht nicht ganz un-
parteiisch, die Bauern, welche in hellen Haufen in die Stadt

---

*) „Nörz" oder Wasserwiesel, Menk, Krebsotter, Vison lutreola.

rückten, um denselben Erzbischof in der Vestung zu belagern, wie folgt: „1525 kamen die Bauern in die Stadt, ein schlechts, unangenembs und ungerüsts röttl, in lodenen Röcken, darüber ein rostigs Vorder= oder Hintertheil von Harnisch, und ein rostigs alts Spießl, auch auswendig ein Plöchheubl über den Hut gehabt, lödene Hosen, sein ihnen über die Schuech ausgestiegen".

Hut und Rock zu tragen war freien Mannes Vorrecht und es wird dieser Sitte der salzburgischen Bauerschaft von gleichzeitigen Chronisten ausdrücklich gedacht*). Kurzer Rock und Federbarret kennzeichnete den Adeligen. Die Bauern trugen „Schweinspieß und lange Messer", was später verboten wurde. Ueber die Modesucht wurde zu allen Zeiten geklagt: „Das Volkh in der Gemain ist ziemblicher Maß hochfertig, haben gern köstliche Chlaider, mit Silber, Samat und Seiden geziert, damit wirdt das geldt verschwendt. Vnd so offt ain neue Manier inn Chlaidung oder sonssten auffkhombt, so vermaint ain ieder, er miesst der erst sein vnd biß haben".

Dem hochfürstlichen Geheimschreiber (tabularius) Jordan mißfällt auch der Rechtssinn oder die Rechthaberei der Bauern und er tadelt sie, wiewohl die Farben etwas stark auftragend, in den Worten: „Es ist auch ein grimmig unerträglich Volckh, zürnen vnd greinen leichtlich, ligen tag vnnd nacht mit einander vor Gericht vnnd in dem langen velbt, vnnd ist khainer, der dem andern etwas wöll nachsehen, als dann die ganz welt gesinnt ist; seindt etwas unfreundtlich, jedoch ein grosser Vnterschidt vnter den Stetten vnd dem Landtvolckh, aber doch trinckhens alle gern, vermainen es müg kain handel weder gericht noch geschlicht werden, man sey dann beim Wein".

Die Adeligen bedienten sich wohl auch ihrer Freiheit und die Fälle, daß ein Junker den andern in der Stadt, auf dem Lande, selbst in des Erzbischofes Residenz niederstach, sind nicht so selten. Ein Törringer schoß während des Gottesdienstes vom Chore der Klosterkirche zu Baumburg „auf Blaßeln und Anten" und „Wilhelm Haunsberger († 1536) hett Erzbischofen Leonharden, von wegen er ihm die Unbilligkeit gehandelt, gern ein unversehenen Reuttersdienst erzaigt, darzue ihm die behambischen Herrn gern wern verholffen gewesen,

---

*) „Graw Röck sieht man sie tragen,
Die Knie gand durch die Hosen".

aber Herzogs Wilhelm Kanzler Lösch hats verrathen; er mußt
das Land meiden . . .".

Die Erziehung beschränkte sich auf die Erlernung des
Vaterunser, des Glaubens und der Beichtformel; Lesen
und Schreiben waren „pfäffische Künste" und im 12. Jahr=
hundert so selten, daß ein Laie, der sie übte (literali scientia
instructus), damit sich vollauf seinen Lebensunterhalt zu ver=
dienen vermochte.

Die jungen Adeligen lernten das Waffenhandwerk und,
wenn es ihnen glückte, den Hofdienst, lebten von dem Ertrag
ihrer Lehengüter, vertrieben ihre Zeit „mit hezen, jagen und
paissen und es reitt dem Bischoff kainer gen Hoff, dann
wellicher Dienst und Soldt hat". Auf die großen Turniere
schickten übrigens nur die ältesten und in den günstigsten
Vermögensverhältnissen befindlichen Adelsfamilien ihre Ver=
treter, wie die aus der Alben
          Auch die von der Alben
          Thurnieren allenthalben;
die Goldecker sehr selten,
          Tritt mich nit,
          Ich leid sein nit;
die Haunsberger, Kuchler,
          Die Kuchler auch dergleich
          Wären wohl würdig ein Reich
          Zu besitzen durch ihre Ehr;
die Noppinger,
          Die guten von Nopping seind vergangen,
          Daß ihr keiner lebt auf Erd;
die Nußdorfer
          Ein Geschlecht, heißen die Nußdorffer,
          Mit großer Frommkeit hergebracht,
          Als lang ich je hab gedacht;
die Törring zum Stein, Thurn, Ueberacker und andere.

Mit dem Aufblühen der Sprachwissenschaften, des Latei=
nischen, Griechischen, Hebräischen in Deutschland und dem
Häufigerwerden der Volksschulen in Folge der mächtigen An=
triebe durch die Reformation machte auch die Erziehung Fort=
schritte. Aber, wie man aus den Sitten der Geistlichen ab=
nimmt, noch lange dauerte es, bis die Kultur eine Stufe
erreichte, vor welcher man heutigen Tages wenigstens nicht
zu erröthen braucht, wenn man ältere Zeitschilderungen liest.

Die Erziehung der Mädchen betraf hauptsächlich die Ge= schicklichkeit für den Haushalt, die Kleiderkammer, für Küche und Keller, Back= und Waschhaus; doch findet sich Lesen und Schreiben schon im 16. Jahrhundert beim weiblichen Ge= schlechte.

Nur selten verließ man die Häuslichkeit, um weite Rei= sen zu unternehmen, und wer eine Pilgerfahrt nach Rom, zum heiligen Jakob von Compostella oder in's heilige Land machte, der galt so viel wie ein verlorner Mann. Man reiste gewöhnlich — Pilgerfahrten ausgenommen, zu Pferde, da die Arben, oder, wie sie nach einem ungarischen Namen genannt wurden, Gutschen, erst im 15. Jahrhundert bekannt geworden sind. Da man sich eigener Pferde bedienen mußte, so ging es sehr langsam, woran auch sehr oft die Beschaffenheit oder Unsicherheit der Wege Schuld trug, weil in verschiedenen Gegenden allerlei Schnapphähne*), gartirende Knechte, Me= rodebrüder u. dgl. sich umtrieben. Es gab zwar im 14. Jahr= hundert schon „Tafernen" im Lande, und „Leithäuser", allein erstere hatten wohl das Gastrecht, aber nicht immer einen „Reitstall", letztere schenkten nur gewürzten oder warmen Wein (lit), bei welchem gewöhnlich Käufe, Täusche und an= dere Rechtshandlungen geschlossen wurden (Leitkauf).

Zwar mehrte sich mit der Zunahme des Verkehrs die Zahl der Gasthäuser, aber nicht immer boten dieselben für Reisende einen lockenden Aufenthaltsort und es mag erlaubt sein, hier einiges der bekannten Schilderung deutscher Gast= häuser aus der ersten Hälfte des 16. Jahrhunderts zu ent= nehmen, die der berühmte Erasmus von Rotterdam entwor= fen. Sowohl die Sicherheit und weit über jenes Zeitalter herab reichende Naturwahrheit der Zeichnung, als auch die Rolle, die das Wirthshausleben überhaupt spielte, entschul= digen diese Einschaltung. Sie lautet: Bei der Ankunft grüßt niemand, damit es nicht scheine, als ob sie viel nach Gästen fragten, denn dieß halten sie für schmutzig und niederträchtig. Nachdem du lange geschrieen, steckt endlich irgend Einer den Kopf durch das kleine Fensterchen der geheizten Stube gleich einer aus ihrem Hause hervorschauenden Schildkröte. In sol= chen geheizten Stuben wohnen sie beinahe bis zur Zeit der Sommersonnenwende. Diesen Herausschauenden muß man

---

*) Mitunter auch Ritter, daher der alte Spruch:
„Reiten und Rauben ist keine Schande,
Es thun's ja die Besten im Lande".

fragen, ob man hier einkehren könne. Schlägt er es nicht
ab, so ersiehst du daraus, daß du Platz haben kannst. Die
Frage nach dem Stall wird mit einer Handbewegung beant=
wortet. Dort kannst du nach Belieben dein Pferd nach deiner
Weise behandeln, denn kein Diener legt Hand an. Ist es
ein berühmteres Gasthaus, so zeigt dir ein Knecht den Stall
und den freilich nicht bequemen Platz für das Pferd. Denn
die bessern Plätze werden für spätere Ankömmlinge, vorzüg=
lich für Adelige aufbehalten, denn nur die Adeligen halten
sie für Menschen. Wenn du etwas tadelst oder irgend eine
Ausstellung machst, hörst du gleich die Rede: Ist es dir nicht
recht, so suche dir ein anderes Gasthaus! — Ist das Pferd
besorgt, so begibst du dich, wie du bist, in die Stube, mit
Stiefeln, Gepäck und Schmutz. Diese geheizte Stube ist allen
gemeinsam. — Kommst du um 4 Uhr Nachmittags an, so
wirst du doch nicht vor 9 Uhr speisen, denn es wird nicht
eher aufgetragen, als wenn sie Alle sehen, damit auch Allen
dieselbe Bedienung zu Theil werde. So kommen in demselben
geheizten Raume häufig 80 oder 90 Gäste zusammen, Fuß=
reisende, Reiter, Kaufleute, Schiffer, Fuhrleute, Bauern, Kna=
ben, Weiber, Gesunde, Kranke. — Etwas inzwischen zu be=
gehren, geht nicht an. Wenn keine Gäste mehr zu hoffen sind,
tritt ein alter Diener mit grauem Bart, geschornem Haupt=
haar, grämlicher Miene und schmutzigem Gewande herein,
zählt die Anwesenden und läßt den Ofen desto stärker heizen,
je mehr er gegenwärtig sieht. Der bärtige Ganymed kommt
wieder und legt auf so vielen Tischen, als er für die Zahl
von Gästen hinreichend glaubt, Tischtücher auf, grob wie Se=
geltuch. — Sobald sich alle an die Tische gesetzt, erscheint er
wieder, zählt nochmals seine Gesellschaft und setzt vor jeden
Einzelnen einen hölzernen Teller, einen Holzlöffel und ein
Trinkglas. Wieder etwas später bringt er Brod, was sich
jeder zum Zeitvertreib reinigen kann und so sitzt man wohl
eine Stunde. Endlich wird der Wein aufgesetzt von bedeuten=
der Säure. Fällt es nun einem Gaste ein, für sein Geld um
eine andere Weinsorte von anderswo her zu ersuchen, so thut
man Anfangs, als ob man es nicht hörte, oder mit einem
Gesichte, als wollte man den Gast umbringen. Wiederholt
man sein Anliegen, so erhält man den Bescheid: In diesem
Gasthofe sind schon so viele Grafen und Markgrafen einge=
kehrt und keiner hat sich noch über den Wein beschwert; steht
er dir nicht an, so suche dir ein anderes Gasthaus! — Bald
kommen mit großem Gepränge die Schüßeln. Die erste bietet
fast immer Brotstückchen mit Fleischbrühe. Dann folgt eine

andere Brühe, hierauf etwas von aufgewärmten Fleischarten oder Pöckelfleisch, oder eingesalzener Fisch. Hierauf eine Muß= art bis endlich gebratenes Fleisch oder gesottene Fische von nicht zu verachtendem Geschmacke vorgesetzt werden. Aber hier sind sie sparsam und tragen sie schnell wieder ab. Endlich erscheint der Bärtige wieder, oder gar der Gastwirth selbst, dann wird auch etwas besserer Wein gebracht. Die besser trinken, sind den Wirthen angenehmer, obgleich sie um Nichts mehr zahlen, als jene, die sehr wenig trinken. — Ist endlich der Käse abgetragen, der ihnen nur schmackhaft erscheint, wenn er stinkt oder von Würmern wimmelt, so tritt wieder der Bärtige auf mit der Speisetafel in der Hand, auf die er mit Kreide einige Kreise und Halbkreise gezeichnet hat. Diese legt er auf den Tisch hin, still und trüben Gesichts, wie Charon. Die das Geschreibe kennen, legen Einer nach dem Andern das Geld hin; dann merkt er sich diejenigen, die gezahlt haben und rechnet im Stillen nach, fehlt nichts an der Summe, so nickt er mit dem Kopfe. Wünscht ein von der Reise Ermü= deter früher zu Bette zu gehen, so heißt es, er solle warten, bis die Uebrigen sich niederlegen. Dann wird Jedem sein Nest gezeigt, denn es ist weiter nichts als ein Bett, dessen Lein= tücher schon vor geraumer Zeit zuletzt gewaschen worden".

b. Güterleben.

XVII.

Landwirthschaft.

Die Art und Weise der Benützung der vertheilten Flur= mark (IX, 34) durch Besäen, Pflügen, Ernten, Brachen, Weide= trieb vor und nach der Bauzeit war ursprünglich gemein= same Angelegenheit der Dorfgenossen und wurde im Einver= ständnisse aller Ansiedler bestimmt. Da nämlich bei der Nie= derlassung die Güte des Bodens und dessen Ertragsfähigkeit unbekannt war, so erhielt jeder Ansiedler in den verschiedenen

Lagen — Fluren — um das Dorf ein gleich großes Stück. Dafür mußte jeder sich der Bedingung unterwerfen, welche Flur besäet, oder brach gelegt u. s. w. werden sollte. Hieraus entstand die Zwei-, Drei- und Vierfelderwirthschaft, wie sie im Salzburgischen noch gebräuchlich ist. Es erinnern auch daran die Flurnamen um die geschlossenen Dörfer, z. B. Aufeld, Hinter-, Mitter-, Ober-, Unter-, Ach-, Stegfeld*).

Wie der Hof die Einheit des Grundbesitzes darstellte (LX, 36) so war die „Hofwirthschaft" Muster und Urbild des land=wirthschaftlichen Betriebes.

---

*) Wie wenig sich die Ackerverhältnisse seit fast 2000 Jahren ge= ändert haben, zeigt die berühmte Stelle bei Tacitus, Germania, 26., welche, in folgender Weise erklärt, genau den Sachverhalt wiedergibt:

Agri pro numero cultorum ab universis in vices occupantur,

Die Felder werden nach der Zahl der Ansiedler von allen im Wech= sel(wirthschaft) inne gehalten.

Anmerk. Agri sind die Felder oder Fluren, deren jede in so viele Theile — Aecker getheilt ist, als Ansiedler vorhanden sind. Die erste Flur ist z. B. heuer mit Getreide bebaut, das nächste Jahr mit Haber oder Hirse, liegt das dritte Jahr brach; die zweite Flur macht um ein Jahr später denselben Fruchtwechsel durch.

quos mox inter se secundum dignationem partiuntur; die sie nach ihrer Güte unter sich auftheilen,

Anmerk. Jeder Ansiedler bekommt seinen Antheil (Acker) in der günstigst gelegenen Flur, aber auch in dem Felde minderer Güte u. s. w.

facilitatem partiendi camporum spatia præbent, die Theilung wird erleichtert durch die Feldraine.

Anmerk. Da die Aecker jeder Flur dicht neben einander liegen, so müssen die Feldraine (im Salzburgischen Fürhäupter, Annawenden, Fürsame genannt) die Möglichkeit bieten, daß jeder Besitzer mit dem Pfluge, Erntewagen auf seinen Acker gelangen kann und sein Gespann daselbst umzuwenden vermag. Die Allen gemeinsamen Raine ersparen daher Raum, erleichtern die Theilung.

Arva per annos mutant et superest ager.

Die Fluren (die zu bestellenden Aecker) werden jährlich gewechselt und stets bleibt ein (Brach) Feld übrig.

Anmerk. Dieß ist die Erläuterung des ersten Satzes. Das Feld C, das im ersten Jahre brach lag, wird im zweiten und dritten Jahre be= baut, das Feld B wird im ersten und dritten Jahre bebaut und liegt im zweiten brach u. s. w.

Aus einer Urkunde Erzbischofs Eberhard vom J. 1159 ergibt sich, daß zu Bischofshofen Vierfelderwirthschaft betrieben wurde. Andere Ur= kunden vom Jahre 931 und dem Ende des 10. Jahrhundert bestätigen diese Flurtheilung auch für andere Gegenden (Meiller Regesten; Ju= vavia, dipl. Anhang.)

Der freie Landeigenthümer saß meist selbst auf seinem Gute oder Landsitze, der davon bisweilen auch „Sedelhof" hieß, z. B. der Sedelhof Velbern im Stubachthale. Hatte er mehrere Höfe in eigener Bewirthschaftung, so hielt er auf denselben „Maier" als Vorsteher der landwirthschaftlichen Dienstboten. Der Hof hieß auch „Stadelhof", weil daselbst die nöthigen Städel und Scheunen, Ställe und Kästen waren, um von den unterthänigen Huben und Lehen die als Dienst abzuliefernden Bodenerzeugnisse, Viehstücke u. s. w. unterzubringen, dann auch weil auf dem Hauptgute selbst die eingeheimsten Erträgnisse der Felder und Wiesen, sowie der große Viehstand umfassende Räumlichkeiten erforderten. Daher ist „Stadelhof" gleichbedeutend mit „Herrnhof".

Größere Fronhöfe betrauten gewisse Bauern mit der Einsammlung des Zehents; diese hießen „Zehner" oder „Zehentner" und deren Güter „Zehenthöfe" oder „-huben", Namen, die noch in vielen salzburgischen Ortschaften vorkommen. Oefters waren aber auch die Zehner Eigenbesitzer von Zehenten — „Zehentherrn".

Wenn der Eigenthümer eines Fronhofes die Güter nicht alle in eigener Wirthschaft behalten konnte, oder wollte, schloß er mit den Unternehmern Pachtverträge ab, die den Wirthschaftsbetrieb auf jenen Gütern sicherten.

Die Arten Theile des freieigenen Grundbesitzes (zum Theil auch des lehenbaren) zur Bewirthschaftung hinzanzugeben, waren in Salzburg im Wesentlichen folgende:

a) Auf eine bestimmte Zahl von Jahren, nach deren Ablauf der Eigenthümer mit seinem Gute wieder nach Willkür verfügen konnte — „Freistiftgüter".

b) Auf Lebenszeit des die Bewirthschaftung Unternehmenden — „Leibgedinggüter".

In älteren Zeiten bis in's 14. Jahrhundert waren hauptsächlich diese zwei Arten üblich.

c) Auf die ganze Lebensdauer einer Familie, mit deren Stammvater der Uebergabsvertrag abgeschlossen wurde — „Erbrechtgüter" (in feudum). Nach dem Erlöschen der Familie fiel in älterer Zeit das Gut an den Obereigenthümer zurück (Heimfall), wovon jedoch in jüngerer Zeit nichts mehr verlautet. Diese Güter wurden zu Erbrecht „verliehen" und hießen davon auch „Lehen", welcher Name der allgemeine für alle kleineren Bauerngüter wurde.

6*

d) Oft wurden lehenbare Bauerngüter, von ihren In=
habern abermals als Afterlehen oder auch als Beuttellehen
von der Hand geliehen „Lehengüter", „Lehenbauern", deren
Leistungen von den Erbrechtsgütern wenig unterschieden
waren.

Die Urbargüter des Erzstifts scheinen größtentheils zu
Ende des 13. oder im Anfange des 14. Jahrhunderts zu Erb=
recht verliehen worden zu sein. Berchtesgaden, welches sich in
vielen Stücken den großen geistlichen Fronhof des Stiftes
Salzburg zum Muster nahm, verwandelte im Jahre 1374 die
Freistiftgüter in erbrechtliche, „wurden zu rechtem Erbrecht
verliehen".

Der Erbrechtsverband erstreckte sich vom Grundbesitze
auch oft über eine Menge anderer Gegenstände, als: Zehente,
Weide= und Blumbesuche, Gewerbe und andere Gerechtsame.
So war z. B. ein „Hüttschlag" ein prekares Weiderecht somit
wiederruflich, während der auf dem Weidebezirk stehende Vieh=
schirm und die Alphütte urbar (erbrechtlich) verliehen waren.

Bei der Bemessung der Pachtbedingnisse galt weniger die
Größe der Lehen, als vielmehr die Zahl der Viehstücke, die
darauf gehalten werden konnten — „der Winterfutterstand"
oder das „Heimvieh", als Anhaltspunkt. Lehen mit 6—7 Kü=
hen galten als ¼ Gut, Huben zählten 12—15 Stücke, ganze
Höfe 24, 30—36 Stücke.

Der Obereigenthümer bedingte sich von dem Nutzeigen=
thümer mancherlei persönliche und sachliche Leistungen, Reich=
nisse oder Giebigkeiten, die man in drei Gruppen bringen
kann, und zwar:

a) Persönliche Leistungen, auch „Werkart", „Fron=
arbeit", „Frondienst" genannt, bestanden in „Handfronen",
als Ackern, Mähen, Kornschneiden, Dreschen, Heu= und
Getreideeinführen, Holzführen u. s. w.

b) Dienst in Ackererzeugnissen, Getreide, Hülsen=
früchten, oder in Nutzthieren, als Pferden, Kalben; dieß
wurde auch der „große Dienst" genannt. Der „Kleinbienst",
mitunter auch „Weisat", „Küchendienst" genannt, begriff
die Abgaben an Eiern, Käsen, Lämmern, Schweinen,
Schmalz u. dgl. Er wurde meist zu den drei Hochzeiten
Ostern, Pfingsten, Weihnachten entrichtet. Hühner wurden
im Fasching, Gänse zu Martini in des Fronhofs Küche
geliefert.

c) Geldgaben, unter verschiedenen Benennungen,

als „Stift", „Anlait" bei Besitzveränderungen, „Laude=
mium", „Grundzins" u. s. w.

Folgende Uebersicht aus Lungau gibt eine annähernde
Vorstellung von dem Betrage der hauptsächlichsten Dienste.
In diesem Gaue, der mit seiner ackerbaren Fläche über 3000
Fuß hoch liegt, eine Jahrestemperatur von 2½ — 4 Grad
Wärme besitzt und ungefähr 14.000 Einwohner zählte, betru=
gen die Getreidedienste im 18. Jahrhunderte an die fürstliche
Hofkammer und das Domkapitel, dann an die Herrschaften
der Grafen Künburg und Plaz, des Stiftes Nonnberg und
an einige Kirchen und Pfarrer:

Weizen	692	Metzen jährlich
Korn	4896	„
Hafer	6108	„
Gerste	846	„
Mischling	86	„
Bohnen	227	„
Summe	12855	Metzen
Hiezu an Privat= herrschaften mehr als	3000	„
Gesammtsumme	16000	Metzen jährlich.

Um das Jahr 1400 wurden an das Domkapitel allein
jährlich über 2000 Metzen Korn, andere Getreidearten nicht
gerechnet, dann 230 Schafe, 211 Schweine, 505 junge Pferde
(!) und 59 Mark 2 Talente 15 Denare in Geld entrichtet.

Größere und ältere Fronhöfe, wie Klöster, Probsteien,
befolgten einen umfassenden Wirthschaftsplan, indem sie die
verschiedenen Zweige der Viehzucht, des Ackerbaues, der Wald=
wirthschaft der Gegend anpaßten und die hiezu geeigneten
Niederlassungen gründeten oder aufrecht erhielten. Sie hatten,
wie aus der Zusammenstellung der Urbarialgüter solcher Fron=
höfe entnommen werden kann, unter der beträchtlichen Zahl
ihrer Güter an passenden Orten „Viehhöfe" für die Nach=
zucht, „Schwaighöfe" für die Milchwirthschaft, „Stierhöfe"
zur Haltung des Zuchtstieres*), „Stuttpferrache" (Pferch) oder
Zwinger), „Flie= oder Flielhöfe" (von Fliel = Flitte, der Ader=
laßschnäpper), wo das Aderlassen geübt wurde, „Kornhöfe",

---

*) Den Zuchtstier hielt häufig der Pfarrer gegen Benützung der
„Stierwiese" und Bezug des „Maizehents".

wo günstiges Land für Getreidebau lag und die auch hauptsächlich Getreide eindienen mußten. An den Seen besaßen
sie „Fischhuben" „Fischlehen", an andern Orten „Hanf-
lehen", auch „Honiglehen" gab es. Waldaufsicht und Holz-
lieferung war hauptsächlich die Pflicht der „Waldhuben",
„Forsthuben" oder „Forstlehen", und „Holzlehen", wozu
noch eigene „Jagdhuben", ja selbst „Vogelhuben" kamen,
deren Dienst aus dem Namen ersichtlich ist. Die Forst-
angelegenheiten beschäftigten das „Forstamt", welches bisweilen einen eigenen Bezirk, z. B. den Paß Lueg und sonstige Güter unter sich hatte. Die Einkünfte gewisser Güter
dienten hauptsächlich zur Bestreitung des Küchenaufwandes
und hießen davon „Kuchellehen" und die hiezu gewidmeten
Waldungen „Kuchelwälder" (Roßitte am Untersberg). Und
obgleich auf vielen Gütern die Verpflichtung ruhte Flachs zu
dienen, oder einige Ellen Leinwat oder Loden zu reichen, so gab
es doch auch hie und da bäuerliche „Spindellehen". In der Nähe
größerer Straßen mit Verkehr nach Welschland gab es „Wein-
lehen", wie z. B. um Zell am See, welche je ein oder zwei
Lagel Welschwein zu dienen hatten, und dieser Weindienst
war im Zillerthale so häufig, daß man das Lagel als Maßstab für die Größe der Güter benützte und dieselbe in ganze,
halbe u. s. w. „Lagellehen" abtheilte.

Um nun die Reihe der Güternamen zu vervollständigen,
die oft von dem Lehensherrn herrührten, so gab es auch
„Herrnhuben" (Thalgau), „Probsthuben" (Pongau, Lungau),
„Burglehen" zahlreich um Kuchl, „Gerichtslehen" (Koppel),
„Kapellenlehen" oder „—güter" z. B. die zum „Gebethaus"
(Kollegiatstift) Laufen zinsbaren. Die Kornhöfe hießen oft auch
„Mayrhöfe" oder „Maierlehen". Der Schergenlehen wurde
schon gedacht.

Seitdem die Güter in rechtes Erbrecht (X, XVII, 83) übergegangen waren, wurde der Bauer ein persönlich freier Mann,
durfte auch „freylebige aigene Güter haben und dient seinem
Herrn, der sonst kainen Gwalt über ihn hat. Sy sitzen auch
an der Landschranne, müessen Vrthl schöpffen, auch ober das
bluet richten". Seit dieser Zeit konnte der Bauer auch an-
fangen, sich ein ordentliches Haus bauen. Von jetzt an ging
er auch nicht mehr fußknechtisch ohne Rock und Hut. Im Bauernkriege machte er seine Flegeljahre durch.

Der dritte Zeitraum der Befreiung des Bauers begann
vor zwei Jahrzehnten durch die „Grundentlastung" oder

Grundrentenablösung. Dadurch wurde die Dienstbarkeit von Grund und Boden aufgehoben, der Landmann ist völlig freier Eigenthümer geworden, nachdem in Folge der Einführung des Erbrechtes die Güter allmälig und schon seit mehr als drei Jahrhunderten verkäuflich geworden waren. Die Belastung mit Unterthänigkeitsleistungen hat aufgehört und die Abgaben werden nach allgemeinen Grundsätzen bemessen. Durch die „Waldregulirung" sind auch die Eigenthumsfragen der Forste gelöst, die Einforstungsrechte theils entgeltlich aufgehoben — abgelöst, theils nach Menge und Beschaffenheit des jährlichen Bezuges fest bestimmt worden und ist es nun der Einsicht, Umsicht und Thatkraft jedes Besitzers anheim gegeben, sein Gut in der vortheilhaftesten Weise zu bewirthschaften und nach eigenem Ermessen damit zu verfügen. Dadurch ist der Bauernstand in sein Mannesalter getreten.

Diese Großjährigkeitserklärung, so spät sie auch eintrat, ist doch überraschend gekommen, denn wenn auch schon der letzte geistliche Landesfürst, Erzbischof Hieronymus mit Entschiedenheit seine Ueberzeugung aussprach, „wie nöthig dem Landmanne Verstandesbildung, Schärfung der Urtheilskraft sei, daß er zur Beurtheilung der Naturkräfte einer Menge Kenntnisse bedürfe, Zuverlässigkeit im Gebrauche der Erfahrung, Vorsicht, Muth, Klarheit gegen Vorurtheil", so füllten doch die Kriegszeiten im Anfange dieses Jahrhunderts, der dreißigjährige Stillstand darauf und die Schwankungen der letzten zwanzig Jahre einen 70jährigen Zeitraum aus, der für eine tüchtige und nutzbringende Ausbildung des Landmannes verloren ging.

Die ältesten Wohnorte finden sich an Flußufern, in sonnigen Thalgründen und Blachfeldern, in Lichtungen und auf mäßigen Höhen, an den Mündungen der Seitenthäler in's Hauptthal, auf der Sonnseite.

Mit der Zunahme der Bevölkerung und dem fortschreitenden Anbau des Landes, mittels der Anlage von Pfaden, Brücken, Stegen und Straßen rückten die Ansiedler auch in die Seitenthäler und „Winkel", in Oertlichkeiten vor, wo der Menschenfuß erst Bahn brechen, wo die Unwirthlichkeit des Bodens besiegt werden mußte. Nun wurde manche Au, Haide, Oede, mancher Anger urbar gemacht, „Luche" (Lo, Leo, Lohen), „Sillen" und „Sulzen" (von Wasseradern durchzogene Gründe) entwässert und trocken gelegt, „Topel" (Bodensunk), „Bruel" (feuchter Grund mit Gebüsch), „Grund" und „Grube" für den Wieswachs zugerichtet, Moore abgestochen und bebaut, Kalk- und Gypsbrüche eröffnet. Zahllose Orts- und Güternamen haben sich davon erhalten.

Aus der „Frei", dem Gemeinlande oder der unvertheilten Flur wurden Einfänge, „Kampe", einzelne Jauche, Weidehage, „Bifange" und „Peunten" „gebrochen", d. i. ins Sondereigenthum übergeben und zu Wiesflecken, Kraut- oder Wurzgärten, Kleefeldern gewidmet. So erhielten z. B. unter Erzbischof Michael „25 Viertllehen Bauersleut und 25 Selhäuser zu Uttendorf (Pinzgau) aus den Erlauen an der Salzach nach der Größe ihrer Güter auf je ein Viertellehen ein Joch und auf 4 Selhäuser (Sölben) auch ein Joch als „Aulusse" zugetheilt. Der Stadt Hallein wurde aber 1441 der „Höllgarten", ein herabgekommenes Gut (das Höllensteingut der Noppinger?) zur Gemeinweide überlassen, damit zum Nachtheil der die Stadt begrenzenden Bannwälder keine neuen Einfänge (Peunten) entstünden.

In den Jahren 1632—44 wurde das Itzlinger- und Schallmoos und seit dem 18. Jahrhundert das Untersberghochmoor und das Harmoos bei Abslorf trocken gelegt und der Kultur zugeführt.

Zu Ende des vorigen Jahrhunderts wurden viele Gemeinweiden in und um Dörfer verstückt und in das nützlichere Einzeleigenthum abgetreten. Die Bürgerschaft von Zell am See kaufte im vorigen Jahrzehnt die durch das Tieferlegen des Seespiegels trocken gelegten Moore zwischen See und Salzach und vertheilte sie größtentheils unter sich.

Jedoch weitaus der größte Zuwachs an ackerbaren Gründen aller Art und Sondereigenthum wurde dem Walde abgewonnen. In den verschiedenen Arten den alten bodenständigen Wald zu vertreiben, spielt ein nicht unbedeutendes Stück Kulturgeschichte. So sind die „Lusse" größtentheils alter Niederwald und nasse Auen und Erlache; in den Alpsängern, Ehenlössen, Halten und Poschachen spucken noch bisweilen die Kinder des alten Hochwaldes, der vor dem Weide- und Alpenvieh weichen mußte.

Des Waldes bemeisterte man sich mit mittelalterlicher Kampflust durch Niederbrennen (daher die Flurnamen „Brand"), methodischer durch Ausreuten „Reutgüter", (im Flachlande „Roid", auch „Ried" genannt), Schwenden oder Ausrotten des jungen Nachwuchses „Schwandtgüter", und durch Umwandlung der Maiße („maißen", verwandt mit „metzen", d. i.

hauen) in Weideland. Abtenau (es gab zwar daselbst eine „innere und äußere Abtei", d. i. zusammenhängender Kloster-bezirk) will von apanare (Apanowa), d. i. Abtreiben des Wal-des (Forstbann) hergeleitet werden; die Friß, Glem, Leogang, Urslau, die Winkel Lungaus wurden größtentheils auf diese Weise in geschichtlicher Zeit der Kultur zugeführt.

Liest man in den alten salzburgischen Urbarbüchern seiten-lange Verzeichnisse von „Neubrüchen" (novalia), so gewinnt man die Ueberzeugung, daß für unsere Landwirthschaft der Zeitraum der Eroberung neuer Strecken, des „Annexirens" vorüber ist, und daß die Zeit der ergiebigen Bewirthschaftung, der Ertragskultur längst angebrochen sein soll.

Alpen werden schon im 8. Jahrhundert am Schlenken und Schmiedenstein genannt, in der elsbeter Fager und Gaiß-au im zwölften. Ein Ueberrest der alten Gerichts- und Dorf-marken mögen die „Gemeinalpen" sein, z. B. die Winkel-moos-, Wild- und Thurnbachalpen für Reut im Winkel, Un-ken und Gefäll, die Zellachalpe (Zehnkaser) auf dem Unters-berge, die Labenberg- und Anzenbergalpen im Hintersee, der Trattberg für die Gerichtsgemeinde Golling, die Hochzinken-alpe in Abtenau mit 125 Theilnehmern, die Tappenkaralpe für die fünf Gerichtsbezirke Tachsenbach. Goldeck, St. Johann, Werfen und Radstadt in Pongau, die Margarethen- oder Ain-eckalpe in Lungau, das Naßfeld für die Gerichtsgemeinde Ga-stein, die Loferer und Reutalpen und noch andere mit ihren „Grasherrn", „Karvögten" u. s. w.

Die kleine Alpenrace des norischen Hornviehes gedachte schon der Ostgothenkönig Dietrich von Bern (Verona) durch Kreuzung mit dem größern alamanischen Schlage zu verbessern. Die Viehhöfe und Schwaigen der alten Fronhofwirthschaft wirkten verbessernd auf Zucht und Milchergiebigkeit. Im 14. Jahrhunderte gibt es schon besuchte Viehmärkte, deren Zahl sich später steigerte. Nicht selten wurden den Landesfürsten bei feierlichen Gelegenheiten Geschenke gemacht, wie z. B. „zwen falbe Riesenochsen", oder „ein mit Seide bedeckter un-geheurer Ochs" nebst Wein und Getreide, oder ein „zentner-schwerer Käslaib". In der Stadt gab es eine Käsgasse und eine Milchgasse. Die Preisevertheilungen der Neuzeit wirkten ermunternd.

Die Pferdezucht fand in dem sauren Futter der pinz-gauischen Sumpflandschaft, in dem starken Bedarfe kräftiger

Thiere für die Salzfrachten über die Berge, zum Schiffs-
zuge auf der Salzach, zum Fortschaffen der Samlasten, Erze
und Kohlen, aber auch in der Vorliebe der Fürsten für ihren
Marstall reichlichen Anlaß zur Pflege. Bei Hochzeiten bairischer Herzöge, auf den Reichstagen erschienen sie öfter mit
einem Gefolge von dritthalb hundert bis vierhundert Pferden. Die Schwarzschecken des Hofstalles und die Schleierfüchse
aus Pinzgau hatten besonderen Ruf. Marx Fugger und die
Welser machten sich verdient, da sie den Weidegang der Foh-
len auf den Alpen verbreiteten. Zu Erzbischofs Zeiten bestanden Gestüte zu Blühenbach, Rif und im Nonnthale. Auch
dieser Zweig landwirthschaftlichen Betriebes gewann durch die
Entsendung von Zuchthengsten und Preisevertheilungen unter
österreichischer Regierung.

Der Biberfang wurde auf der Salzach schon im 8.
Jahrhundert betrieben. Zu Radstadt, Puch, im Angerthale,
an der Sur bestanden Biberschwellen.

Der Bison, Wisent (bos antiquus, oder priscus, bos
bonasus) scheint, wie auch aus Ekkeharts benedictiones für
die Schweiz zu folgern ist, noch im 11. Jahrhundert, und
zwar in den Wäldern westlich von Titmaning vorgekommen
zu sein. Daselbst findet sich noch im 12. Jahundert ein Diet-
win von Wisentshart (Wisendishart).

Auf allen Seen des Erzstifts, selbst auf dem Irr- und
Attersee wurde Fischerei betrieben. Man unterschied See-
genfischer und Reuschenfischer oder Kleinträger. Jeder See
war in eine Anzahl auch räumlich geschiedener Fischrechte —
„Seegen" getheilt, die Urbargut und erbrechtlich verliehen
waren. Man theilte diese Seegen auch in halbe und Viertel
ab. In letzterm Falle zogen vier Fischerkähne an dem großen
Netze, welches auch „Seegen" (sagena) hieß. Ein eigenes
„Britelmaß" bestimmte die Größe der Maschen des Netzes,
damit die kleinen Fische entkommen konnten und die Fisch-
waid nicht „veröbet" wurde. ·

Das herrschaftliche Jagdrecht, einst ein Hauptvorrecht
der Fronhöfe und der Landeshoheit, belästigte die Ackersleute
durch häufige und große Aufgebote zu den Treibjagden, z. B.
der Bauern von vier benachbarten Landgerichten zu einer Bä-
renjagd auf dem Untersberg; das Wild richtete auf den Feldern Schaden an und jährlich mußte der Bauer zur Setzzeit der
Hasen seinen Hund prügeln, damit das Wild vor ihm sicher

wäre. Das Forſthoheitsrecht beeinträchtigte die Dorfmarken zu Gunſten der fürſtlichen Berg- und Salzwerke.

Die landwirthſchaftlichen Dienſtboten waren, wie bereits (X, 40, 41) erwähnt, in früher Zeit blos Eigenleute (servi). Im Beginne des 13. Jahrhunderts wird von Knechten und Dirnen, aber auch ſchon von Leibzinſern (censuales viri) geſprochen, wenn die Schaffner der Probſtei Berchtesgaden Arbeiten in Feld oder Wald verrichten laſſen. Da die Schälke oder Knechte endlich ausſtarben, ſo rückten die Freigelaſſenen und Leibzinſer an deren Stelle und damit hörte wohl die Bauernarbeit auf unehrlich zu ſein.

Der Vogtzwang, das Mundium, erſchwerte in hohem Grade die Heiraten und den Abgang der Hörigen nach anderer Herren Güter, was natürlich bei Eigenleuten noch weit umſtändlicher war. Es war daher gewiß ein Fortſchritt zur Verbeſſerung des Schickſales der arbeitenden Klaſſe, als Erzbiſchof Eberhard I. durch Vertrag mit dem Stifte Admont 1209 unter Annahme des Grundſatzes der Gegenſeitigkeit den Verkehr von Knechten und Zinsleuten zwiſchen den Gütern der beiden Stifte von den beſtehenden Feſſeln befreite.

Ein weiteres Hinderniß in früherer Zeit für die Bewirthſchaftung des Ackers und Waldes war die Zerſplitterung des Bodens unter eine Menge Oberherrn. Nicht ſelten traf es ſich, z. B. in der Fritz, daß ein Bauer, bis er auf ſeinen Neubruch oder in ſeinen Wald gelangen konnte, durch 4—5 Vogteiſtrecken verſchiedener Herrn (z. B. erzſtiftiſches Urbar, Admont, St. Peter, werfner Probſtamt, gutrater Amt), fahren mußte, was zu allerlei Plackereien führte.

Die Finanzerei in ſpäterer Zeit, und die eiferſüchtige Häufung obrigkeitlicher Rechte (Vielregiererei) erſann eine Menge Verordnungen und Maßregeln, die einen kräftigen und fröhlichen Betrieb gar nicht aufkommen ließen. So ſollten drei Wochen vor und nach den Viehmärkten die Metzger auf dem Gäu nicht einkaufen, kein Viehſtück ohne vorherige Schätzung verkauft werden; damit nicht zu viel Vieh, Käſe, Schmalz u. ſ. w. aus dem Lande gehe, ſollte an den Päſſen Aufſicht gepflogen werden und wurden Licenzſcheine u. ſ. w. ertheilt. Wer ſich auf die Alpen begab, um etwa nach verkäuflichem Vieh, Wolle u. ſ. w. Kundſchaft einzuziehen, war ſchon des ſtrenge verbotenen Vorkaufes verdächtig, u. dgl. m.

Aber auch das Ständeweſen und die gegenſeitige Eifer-

sucht, sowie die Besorgniß, der Bauernstand möchte zu kräftig
werden, hinderte das Gute. Als der Landesfürst Hieronymus
wiederholt die Verwendung verfügbarer Geldsummen zur Em=
porbringung des Ackerbaues und der Viehzucht empfahl, rieth
die Landschaft „von so mühsamen, weit aussehenden Plänen"
ab, das Geld wurde dafür kapitalisirt und verschwand in der
wiener Bank.

Auch die kirchliche Aufsicht des 18. Jahrhunderts erstreckte
sich auf das Dienstbotenwesen und ertheilte gesiegelte Bewilli=
gungsbriefe für die Sendinnen — „Sendinnenwapplung"
von den Bauern spottweise genannt. Schon der alte Botani=
ker Franz de Paula Schrank scherzt darüber, daß eine alte
— Viehmagd ohne weiters die Erlaubniß erhielt, die blühende
Maid aber, wenn sie gen Alm zog, sich und ihr liebes Kuh=
vieh vom Pater Missionär benediciren lassen mußte.

Nach den Giebigkeitsverzeichnissen der Klöster werden im
13. Jahrhundert Weizen im Salzburggau, allgemein Korn
und Hafer, auch öfters Gerste (mittellat. bracium, bladum) ge=
baut. Rüben, Bohnen, Erbsen, Hirse, Hanf und Lein werden
häufig erwähnt. Geraume Zeit bezogen Baierns churfürstliche
Hausfrauen Lein oder Flachs aus dem Salzburgischen. Im
vorigen Jahrhunderte verbreitete sich der Kleebau, erst im ge=
genwärtigen wurden die Erdäpfel (Wienerrüben, Flötzbirnen)
allgemein. Die Ausfuhr von Gyps in andere Landschaften zu
Zwecken der Landwirthschaft ist mindestens anderthalb Jahr=
hunderte in Gang.

In Mitten der vier Städte Salzburg, Hallein, Reichen=
hall und Laufen und der fürstlichen Hofhaltung Berchtesgaden
entstand, durch das Bedürfniß hervorgerufen, um die Dörfer
Marglan, Wals, Siezenheim und Liefering als landwirth=
schaftlicher Nebenerwerb der Bäuerinnen die Gemüsezucht,
die heutigen Tages auch entfernten Badeorten Erzeugnisse
liefert. Die Zierpflanzen und Gewürzkräuter solcher Gemüse=
gärten erinnern an Vorschriften, die Karl der Große für seine
Hofwirthschaften gab.

Aus den salzburgischen Ortsnamen weht noch frische
Waldluft. Nicht nur ersieht man daraus, daß Albern oder
Weiden, Espen, Birken, Erlen, Fichten und Tachsen, Lerchen
und Tannen, dann Zirben in Fülle wuchsen, sondern auch
Eichen, Buchen, Eschen und Linden.

Die ältesten Obstbäume aber sind Aepfel= und Birn=

bäume, die „Kürsen", Schlehen, Elsen, der Hasel= und Hollun=
derstrauch. Auch allerlei Beeren wurden an Waldabhängen
und Haiden gesammelt, getrocknet oder sonst zubereitet, oder
daraus Branntwein gebrannt. Zirbennüsse und Kletzen, später
auch Zibeben und kleine Weinbeeren aus dem Süden dienten
fürs Weihnachtsbrot; Enzianwurzeln, Wachholderbeeren (Krana=
wit d. i. Beerenholz), Kalmus aus den Sümpfen Pinzgau's,
Vogelbeeren u. s. w. gaben gesuchte Branntweinsorten. In
alten Taidingen wird schon für den Schutz der „Pelzbäume"
gesorgt, Erzbischof Matthäus ließ am Festungsberg, Erzbischof
Ernst im „Freudensal" eine Menge Pelzbäume von auswärts
setzen. Im Gebirge traten zu Ende des vorigen und im lau=
fenden Jahrhunderte die Bauern Lackner, Schranz, Schwarz
mit Lehrbüchlein oder Pfropfgärten auf, allein Mangel an
Betriebsamkeit, Nachtfröste, Schneedruck, kalte Winde hindern
das Gedeihen.

Im 11. und 12. Jahrhundert waren die südlichen Ab=
hänge des Mönchs= und Rainberges mit R e b e n bepflanzt.
Bei Fischach am Gützen (loco Gutse), zu Hausen bei Lam=
poting am waginger See, zwischen Tengling und Haus im
Norden desselben gab es um jene Zeit ebenfalls „Weinberge"
und im Thale um Högelwörd wird über ein Dutzend Wein=
berge erwähnt. Erzbischof Matthäus ließ am Schloßberge
abermals einen Weingarten anlegen und auf der Veste zu
Werfen so wie auf einem östlichen Abhange bei Hallein schei=
nen gleichfalls Versuche im Weinbau gemacht worden zu sein.
Allein, weil der erleichterte Verkehr die Zufuhr selbst aus
fernen Weingegenden erlaubte, so vertauschte man stets nicht
ungern das vaterländische Gewächs mit fremdem Erzeugniß
und schon im 12. Jahrhundert besitzen salzburgische Stifter,
Domherren, Pfarrer, in Oesterreich um Arnsdorf, Krems, an
der Als bei Wien, und in Untersteier Weingärten*). Probst
Gundaker (1184—94) vom Domstift, Conrad Paternoster, ein
angesehener Bürger von Reichenhall und Udalschalk, Pfarrer
zu Laufen widmeten Weinberge am Weinzierlberge bei Krems
und am Berge Kobolt, damit an allen Freitagen und den Ge=
dächtnißtagen der Stifter den Domherrn, Domfrauen, Laien=
brüdern und Schülern je zu zweien ein anständiger Becher
Weins zur liebevollen Erinnerung an die Stifter gereicht
werden könne. „Wolle Jemand diese Stiftung mindern oder

---

*) Damals war das Gypsen (ipsarura) der Weinberge schon ge=
bräuchlich.

gar eingehen lassen, ohne Ersatz zu leisten, so gedenke er, daß er dem Zorne des allmächtigen Gottes nicht entrinnen werde".

Mit dem Weinbau hat die Bienenzucht das gemein, daß beide schon in frühester Zeit der Beschaffung gottesdienst- licher Bedürfnisse ihre Pflege verdankten. Wir sehen daher die salzburgischen Stifter im Zeidlergau, einer waldreichen Gegend zwischen Salzach, Inn und Alz, wo die Zeidler, wie auch um Nürnberg u. a. O. unter gewissen Erwerbsvorrechten ihre Vorräthe sammelten, mehrfach begütert. Im Chiemgaue wer- den schon im Jahre 959 Zeidler der St. Rupertskirche zu Salz- burg geschenkt und zu St. Johann im Pongau, noch jetzt durch würzigen Honig bekannt, bestanden im 13. Jahrhundert einzelne Zeidler. Alte salzburgische Weistümer beantworten Fragen über wandernde Bienenschwärme, woraus hervorgeht, daß man sich nicht mehr damit begnügte, den Waldbienen Honig zu nehmen (zu zeideln) und in den Waldbäumen Woh- nungen anzuweisen, sondern bereits die Schwärme einfieng.

Seit einem Vierteljahrhundert besteht eine Landwirth- schaftsgesellschaft, welche eine Zeitschrift herausgibt und Aus- stellungen veranstaltet.

Das Bauernhaus war in ältesten Zeiten auf ein Ge- schoß beschränkt, (rund?), stand auf Holzsäulen, ohne Grund- vesten, daher man es untergraben konnte, umschloß nur einen einzigen Raum, welcher über sich das Dach hatte, wie noch heutigen Tages die Alphütte. Das Dach ragte über die Wände des Geschosses vor und wurde am Rande auch bisweilen von Säulen gestützt. Die Thüröffnung war aus drei Balken ge- zimmert (trisenbili, Trischgwil, d. i. Thürschwelle), etwa nach Art der Stollenmundlöcher in den Bergwerken. Die Thüre bestand zuerst aus Flechtwerk von Weiden u. s. w.

Die Hauptverbesserung erfuhr das Bauernhaus, als das Colonat und der Zeitpacht in Erbrecht und Erbpacht oder erbliches Nutzeigenthum überging. Von da an lohnte es sich, dauerhafte Häuser herzustellen, wohl zuerst nach Art der Block- häuser und Keuschen im Lungau. Stadel oder Scheune, Korn- boden oder Speicher, Schüttkasten, Back- und Badstube (Bre- chelbad), sowie die Stallung oder das Viehhösel standen auf größeren Gütern zerstreut oder im Viereck um den Hofraum herum, wie man dieß noch hie und da in den altsalzburgi- schen Gerichtsbezirken Waging, Teisendorf, Titmaning bis an die bairische Traun zu sehen Gelegenheit hat. Alles umschloß der Zwinger oder Hofzaun. In alter Zeit wohnte der hörige und leibeigene Bauer sicherlich mit dem Viehe in einem finstern Raume.

Allmälig kam Regel in den Hausbau. Vorerst ruhte das Haus auf einer Stufe, der „Greb"; durch die Hausthür trat man in den Küchenraum, von da in die (heizbare) „Stube", rechts in das „Kammerl", nach rückwärts auf den Flötz. Die „Mägdekammer", das „Bubenkammerl", das „Firstkammerl", das „Wärmekammerl", die „feiernde Kammer" erhielten ihren Platz. Es lief an der Stirnseite, oder an zwei Seiten des Hauses über dem Erdgeschoße ein „Gang" herum zu allerlei Bequemlichkeit.

Kleine Häuser enthielten dagegen nur „eine Feuer- und Futterbehausung", oder ein Wohnhaus und Viehhöfl", ein „Häusl und Zimmerl" (gezimmerten Raum, d. i. Stall und Stabel) oder eine „Bewohnung und Zimmer" oder eine „Behausung und Hofzimmer mit Stabl und Stallung unter einem First".

Bezeichnend für den Salzburggau, Pongau und Pinzgau sind die niedern Hausgiebel, die weit vorspringenden, meist steinbeschwerten Schindeldächer, die herumlaufenden hölzernen Gänge. Fenstereinfassung, die Docken der Stiegen, die Holzverzierungen der Gänge und Glockenthürmchen finden sich von einem gewissen zierlichen Formreichthum im Pinzgau. Das lungauer Bauernhaus dagegen ist viel tiefer als breit, hat einen steilen Giebel mit Bretterbach, die Fenster sind noch kleiner als im Pongau und Pinzgau und bisweilen sogar im Dreieck oder sonst nicht in wagrechter Linie angebracht (slavisch).

Der ursprüngliche Holzbau wurde spät und allmälig durch theilweisen Steinbau ersetzt. Im Lungau, wo der Holzbau noch häufig ist, sichert der abgesondert stehende gemauerte „Kasten" nebst den Fruchtvorräthen auch die übrige werthvolle fahrende Habe des Besitzers. Auch dieß ist eine uralte Einrichtung, die in die Karolingerzeit zurückreicht. (Formul. Bignon. Cap. 13).

In neuerer Zeit baute man wieder mit mehr Raumersparung Wohnhaus und Scheune, Stall, Tenne und Schüttkasten in Zusammenhang unter einem Dache.

Wie lange es dauerte, bis der Rauch des Herdfeuers und Ofens seinen Abzug durch eine Oeffnung des Daches

(Rauchfang) erhielt, die zuerſt in einem weiten, vierſeitigen
hölzernen Schacht beſtand, beweiſen die noch gar nicht ſelte-
nen „Rauchhäuſer" in Großarl, Rauris, Wald und Hinter-
waldberg, Ranach (neugebaut) u. a. D., die den Rauch, wie
die Alphütte, durch Spalten und Ritzen entweichen laſſen.

Bis in den Anfang dieſes Jahrhunderts beſtand auf einzelnen Gütern die alte Sitte gemeinſamer Wirthſchaft von Eltern und Kindern, im 13., 14., 15. Jahrhunderte auch zweier,
dreier gemeinſamer Beſitzer (Communhauſungen, Gemeine,
Communes, um 1300, 1330, 1350, 1377 und ſpäter urkundlich). Erſt ſpät baute ſich der abtretende Vater im Bereiche des Hauſes das „Austraghäuschen", um die junge
Wirthſchaft nicht zu beirren.

XVIII.

Städte und Märkte.

Nach einer alten Kirchenſatzung ordnete das Capitulare
(königlich fränkiſche Verordnung) Vernense im Jahre 755
an, daß Biſchöfe nur in Städten ſein ſollten. Im Jahre
799 und 800 heißt die ſpätere Stadt Salzburg noch mona-
sterium publicum, was man etwa mit „Kloſterhof" oder
„Kloſterdorf" überſetzen dürfte; im Jahre 803, dann 861,
881, 892, 930, 959 u. ſ. w. wird ſie aber ſchon Stadt (metropolis, civitas, urbs) genannt. Mit der Umwandelung des
Bisthums in das Erzbisthum entſtand demnach die Stadt
Salzburg.

Auf dem Bezirke der zerſtörten Römerſtadt Juvavum, deren Bewohner wahrſcheinlich nur zerſtreut, nicht getödtet worden
waren, entſtanden die beiden Klöſter und Fronhöfe St. Peter
und Nonnberg. Das Gaugericht, zu welchem noch Biſchof Arn
wiederholt ſeine Zuflucht nahm (XII, 55), richtete über die
Freien, das Zwinggericht oder Hofrecht des Abtbiſchofes (und
der Abtiſſin?) über die Leute in ſeiner Gewalt. Da es bloß
Freie und Unfreie gab, war für den dritten Stand — der
Bürger — noch nicht Raum.

Als die drei Erzbisthümer Köln, Magdeburg, Salzburg, die Immunität (XI) erhielten, änderte sich die Lage (800). Die Hofhaltung des Erzbischofes zog Ansiedelungen von landsässigem Adel, Kaufleuten, Handwerkern, nach sich, die für den Glanz und das Bedürfniß der Residenz unentbehrlich waren, und sich wechselweise bedingten. Die adeligen Dienstmannen des Erzbischofes und die Kaufleute waren aber freie, die nicht unter dem Hofrecht stehen konnten, sondern, sobald sie zu einem Gemeinwesen erwuchsen, eine Gemeinde bildeten, die Kraft der Immunität oder Gerichtsfreiheit, nicht unter dem kaiserlichen Vogt, sondern unter des Erzbischofs Burggrafen stand. Darum erscheint wohl das „obere Schloß oder das „Ehrentrudskastell" (890) in bedeutsamer Weise als Besitztitel eines ganzen Landstriches vom Nonnberge flußaufwärts bis zum gollinger Schwarzbache und als das Sinnbild der weltlichen Herrschaft des Erzbischofes. Die unter dem Schutze dieser Burg Wohnenden hießen davon „Bürger" (burgenses, cives, urbani) und bestanden aus freien Dienstmannen und Landsassen und Kaufleuten.

Diese Stadtbürger bildeten unter sich eine Genossenschaft oder „Zeche", um ihre gemeinsamen Angelegenheiten zu besorgen, nämlich, um die Rechte ihres Eigenthums, wirkliches und aus Nutzeigenthum hervorgegangenes, zu vertreten, um den Gerichtsstand ihrer Geburt anzusprechen, um ihren Genossen bei Fehden behilflich zu sein, für einen der Ihrigen etwa das Wergeld zu zahlen u. s. w.

Die Entwicklung der städtischen Freiheiten folgte nun so, daß allmälig der Burggraf in den Hintergrund gedrängt wurde, und seine Amtsgeschäfte, mit Ausnahme der Schloßhauptmannschaft, den Vertretern der Bürgerschaft zufielen (im 13. Jahrhundert).

An der Spitze der Zeche stand der „Zechmeister", an der Spitze des städtischen Gerichtes der vom Fürsten ernannte „Richter", ihm zur Seite die „Genannten". Die Brüder der Zeche hießen später, sobald die Zunftbürger erscheinen, „die alten und angesehenen Bürger" (seniores et veneratiores cives, Reichenhall), die „Altbürger", in spätern Jahrhunderten die „Geschlechter". Nicht selten waren Edelleute unter ihnen, die als Stadtrichter oder Bürgermeister bestellt oder gewählt waren, Lehenschaften inne hatten; unter ihnen waren Kaufleute, Münzmeister, Wechsler, durch sie wurden die städtischen Aemter besetzt — Rathsbürger; sie galten

7

noch im 18. Jahrhundert als die eigentlichen Vertreter der Stadt.

„Die Stadt (Rathsbürger) und die Gemein (Zunftbürger)
Will nur den Dietrichstein!"

hieß es auf einem Maueranschlag bei der Wahl des Erzbischofes Andreas Jakob im J. 1747.

Die Hörigen und Eigenleute des Fronhofes
waren dem Ehezwange (Verheiratung nur mit Personen, die
unter gleichem Hofrecht standen), dem „Besthaupt" (Todfalls-
abgabe des zweitbesten Stückes Vieh, des besten Kleides) und
andern Zinsungen unterworfen, sie stellten in alten Zeiten
den Hauptstock der Handwerker dar und waren in „In-
nungen" (Einungen) getheilt, welche gemeinsam am Fronhofe gewisse Leistungen zu verrichten hatten. Um das 13.
Jahrhundert errangen sie größtentheils die Freiheit theils
durch Loskauf, theils durch Zuzug von Außen. „Stadtluft
macht frei" hieß nämlich der alte Grundsatz, nach welchem
auch Hörige auswärtiger Herrn, die in die Stadt oder deren
Bezirk gezogen waren, wenn sie binnen Jahr und Tag nicht
zurückgefordert wurden, als Freie in der Stadt bleiben durften.

Als mit dem Wachsthum der Stadt der Gewerbebetrieb
zunahm und sie den Banden der Hörigkeit entwachsen waren,
vereinigten sie sich zu „Zünften" oder Genossenschaften freier
Handwerker, sowohl um ihre Erwerbsangelegenheiten, die
Erlernung und Ausübung des Handwerks selbst in die Hand
zu nehmen, als auch um gemeinsam den Pflichten bei Vertheidigung der Stadt nachzukommen und Antheil an der
Stadtverwaltung zu gewinnen. In der Stadt Salzburg muß
die Bildung der Zünfte im letzten Viertel des 13. Jahrhunderts eine vollendete Thatsache gewesen sein, die sich jedoch
nicht ohne Kampf vollzogen hatte, wie aus einer Stelle des
Sühnebriefes Erzbischofs Rudolf mit der Bürgerschaft (1287)
zu entnehmen ist.

Den Zunftbürgern, der „Gemein", oder den „Gemeinen"
gelang es, durch Abgeordnete den „äußern Rath" zu bilden,
ihre Mitwirkung bei der Stadtverwaltung erstreckte sich außer
der Stadtvertheidigung hauptsächlich auf Abwehr der Feuersgefahr, Brunnleitungen, Stadtfuhrwerk, auf Kastenamt und
Schranne, Stadtwage und Lötschen, welcher Geschäftsbereich
noch in diesem Jahrhundert den Inbegriff der „gemeinen
Stadt" bildete.

Die persönlichen Dienste, die sie in älterer Zeit am Fronhofe gegen Zehrung zu leisten hatten und aus der Zeit der Hörigkeit stammten, waren mit geringen Abweichungen fast in allen Bischofsstädten die gleichen. So mußten die Kürschner die Felle und Pelze für den Hofhalt bereiten und in Stand halten (Pelzhütte) *), die Schmiede die Hufeisen, Nägel, das Eisenwerk liefern, Sattler und Schwertfeger hielten des Erzbischofs, Bizthums, Marschalls, Truchsessen und Schenken Sattelzeug und Wehr sauber, die Zimmerleute fragten alle Montag an, was es für Arbeit gebe, andere sorgten für Becher, Trinkgeschirr, für das Jagdzeug, die Schenkwirthe (in Salzburg) mußten am Aschermittwoche das geheime Gemach reinigen lassen u. s. w. Sie unterstanden früher rücksichtlich dieser Leistungen dem Burggrafen, später dem Kammermeister. Als die Geldwirthschaft aufkam, zahlten sie außer den Burgrechtspfenningen ihre Steuern und die Hofhaltung entschädigte die Dienstleistungen in Geld.

Die Bürger von Salzburg erwarben nach und nach folgende Rechte und Begünstigungen:

Sie standen unter dem Stadtrichter, unter einem eigenen Gerichte, das aus Standesgenossen bestand, sie durften nicht vor fremdes Gericht (kaiserliches Gericht zu Rottweil) gezogen werden, Fremde durften gegen sie nicht Zeugniß geben, die Bürger vertraten ihre Knechte vor Gericht und übten Asylrecht (X).

In einem gewissen Umkreise um die Stadt durfte keine Weinschenke, Kaufmannschaft, Gewandschneiderei (Handel mit Schnittwaaren), oder anderes Gewerbe betrieben werden.

Sie genossen gewisse Vorrechte in ihrem Handel längs der Donau hinab, durften in Ofen auf der Messe Handel treiben, Weine bei Linz vorbeiführen, ohne sie daselbst abzulagern, hatten das Recht gewisse Straßen in Oesterreich, Steiermark, Kärnthen einzuschlagen und wurden auf selben den Einheimischen fast gleich gehalten.

Sie hatten das Recht der Jahr- und Wochenmärkte und des täglichen Kaufes und Verkaufes.

Sie hielten eine Salz- und Eisenniederlage, hatten das

---

*) Erzbischof Sigmund von Bollenstorf war der Stifter der „Kürschnermahlzeit" bei Hof, welche am Tag nach dem Feste Ruperti im Herbst den Kürschnern und deren Frauen nach gehaltenem Hochamte und Opfergang in der Domkirche gegeben wurde.

Recht des Salzzolles, hoben Brückenzoll und Umgeld ein, waren Mauthner, Mühlenaufseher (vludermagister), bezogen die Gebühren von der Stadtwage (Fronwage), und verwalteten die Angelegenheiten ihrer Stadt.

Sie hatten das Recht Vormünder zu setzen, Verträge und sonstige Briefereien (Urkunden) der Bürger aufzunehmen, Inventuren vorzukehren und Ganthandlungen zu schlichten.

Sie bezogen Umgeldsantheile von Meth, Bier und Wein, den Getreideschilling, die Pflastermauth, das Mauthniederlagsgefäll, den Marktpfennig und einen Theil der Bäcker-, Metzger-, Feuer- und Zimentirungsstrafen.

Sie beschauten Wage und Maß, schlichteten die Streitigkeiten bei Kauf und Verkauf und bezogen Gebühren von fremden Handelsleuten zur Marktzeit.

Sie siegelten mit rothem Wachs, durften und mußten Wehr und Waffen haben, besetzten in gefährlicher Zeit die Stadtthürme und einige Thürme auf dem Mönchsberg und mußten zur jährlichen Musterung erscheinen.

Nebst dem Rechte des Gewerbebetriebes bildeten diese Bestimmungen das „Stadtrecht", und so entstand zwischen den höheren Dienstmannen des Erzbischofs — dem Adel — und zwischen Hofhörigen, Leibeigenen und Zinsleuten „der dritte Stand", der Bürgerstand.

Die höchste Gewalt in der Stadt übte in ältester Zeit der „Vogt" (advocatus), der im Namen des Kaisers den „Blutbann" hatte, d. i. über Leben und Tod richtete, später der „Hauptmann" im Namen des Landesfürsten. Der Burggraf sorgte für die Sicherheit der Stadt, später der „Schloßhauptmann", der „Richter" oder „Schultheiß" (Reichenhall) mit den Beisitzern (Schöffen) richtete über Mein und Dein. Die Bürgermeister kommen urkundlich im 14. Jahrhundert vor, der älteste bekannte ist Peter Veiertag 1416.*)

Im J. 996 erhielt Erzbischof Hartwik für sich und seine Nachfolger das „Markt-", „Zoll-" und „Münzrecht", die in Salzburg ausgeübt werden sollten.

Das Marktrecht beförderte so sehr den Zufluß von Fremden, das bürgerliche Gewerbe und den Verkehr, daß viele erst von dessen Verleihung den Beginn des Stadtrechtes berechnen.

---

*) Nachdem die Zünfte in die Bürgerschaft eintraten, wurde wahrscheinlich der Stadtvorsteher Bürgermeister genannt.

Der Zoll war eine Abgabe für die dem Handel und Verkehr dargebotene Förderung — eine Gebühr. Er wurde in seiner dreifachen Eigenschaft als Markt-, Weg- und Brückenzoll, später auch als Durchfuhrzoll eingehoben.

Zoll- und Münzrecht ließ der Erzbischof durch Altbürger ausüben, welche „Zöllner" (telonearii), „Bruckner" oder „Bruckmeister" (de ponte), „Mauthner" (mutarius), „Thorschreiber" (de porta), „Münzer" (monetarius) hießen. Der Burggraf öffnete und schloß feierlich die Jahrmärkte, — die Jahrmarktsfreiung, durch Ausstecken einer Fahne (in einigen Märkten eines Strohwisches) unter dem Klange der großen Domglocke.

Obwohl im 14. und 15. Jahrhundert die Fronhofs-Bezirke St.-Peters und Nonnbergs sich noch unterscheiden ließen, so war um diese Zeit das städtische Gemeinwesen doch schon längst zur Einheit erwachsen.

Den Schutz der Stadt gewährte in ältester Zeit die Lage zwischen den Bergen und das Erentrubskastell, im 11.—14. Jahrhunderte die Vesten auf der Mönchs- und Imberge, sowie die Planken oder der Wehrzaun um den rechten Stadttheil, die Thürme an der Mönchsbergscharte und die Stadtmauer mit Thürmen. Zur Zeit des dreißigjährigen Krieges erhielt die Stadt ihren Schanzengürtel, wie sie ihn bis ins sechste Jahrzehnt dieses Jahrhunderts getragen hat.

Mancherlei Umstände hinderten ein fröhliches Gedeihen städtischen und bürgerlichen Wesens. Ihrer Lage nach ein Verkehrsplatz dritten Ranges war die Stadt von jeher gewöhnt die fürstliche Hofhaltung als das Hauptmittel ihres Gedeihens zu betrachten, was selbstständigem Unternehmungsgeiste und bürgerlicher Kraft Eintrag thut. Hinderlich war auch schon in frühen Zeiten der zahlreiche Dienstadel und das Junkerelement, das unter den Altbürgern ziemlich vertreten war. Mit Neid blickte der landsässige Adel des 12. und 13. Jahrhunderts auf die Entwickelung der Stadt und fand zahlreiche Gelegenheiten durch Straßenraub (Heinz von Stein, Seibot von Tetelheim, Heinrich der Törringer, Conrad der Kalheimer), Brandlegung (durch die Grafen von Plain 1167 auf Befehl Kaisers Friedrichs I., weil Erzbischof Conrad II. auf römischer Seite stand) und in anderer Weise Schaden zu stiften. Bald nachher lähmte der Kampf zwischen Zünften und Geschlechtern die Kräfte der Bürger. Die Verheerungen des Landes in Folge des Kampfes zwischen

Kaiser und Pabst, da die Erzbischöfe mit Ausnahme Eber=
harbs II. zum Pabste hielten, konnten nur schädlich wirken.
Auf bairischer Seite begann schon im 12. Jahrhundert ein
Zoll= und Verkehrskrieg gegen die Handelsbewegung der
Stadt, der sich nicht blos mit Zerstörung von Brücken, Ver=
bot von Niederlagen und Errichtung von Mauthhäusern
begnügte. Das Fehdewesen endlich verursachte eine Unzahl
Behinderungen des freien Verkehrs der Personen und Waa=
ren und zog die Gesammtbürgerschaft in den Angelegenheiten
der Einzelnen häufig in lästige Mitleidenschaft.

Zwar erhielt im Jahre 1481 die Stadt von Kaiser
Friedrich III. nebst andern trefflichen Rechten und Handels=
vortheilen die Freiheit, „einen geschwornen Rath mit einem
Bürgermeister, gleich andern des h. römischen Reichs Städten
zu küren", allein dieß Vorrecht, das sich in jenem der Städte=
freiheit schon ungünstigen Zeitalter nur mit großer Kraftanwen=
dung hätte aufrecht erhalten lassen, ging schon im J. 1511
durch einen Handstreich Erzbischofs Leonhard, der die volle
fürstliche Macht wieder herstellte, verloren. Der s. g. latei=
nische Krieg, d. i. der Versuch den Anschlägen der von den
Grundsätzen des römischen Rechtes erfüllten Doctoren und
Räthe des Erzbischofs gegen den ärmlichen Rest von Stadt=
freiheiten zu widerstehen und die nicht ganz theilnahmlose
Haltung der Bürgerschaft während des Bauernaufstandes
waren die letzten schwachen Zuckungen von Freiheitssinn zu
einer Zeit, wo der vormundschaftliche Geist (Absolutismus)
allenthalben bereits in raschen Schritten seiner Höhe zueilte.
Demselben fielen auch auf kirchlichem Gebiete wiederholt
wohlhabende aber protestantische Bürger zum Opfer, indem
sie nach dem Grundsatze, daß der Landesherr auch die Reli=
gion seiner Unterthanen zu bestimmen habe, genöthigt waren
entweder katholisch zu werden oder auszuwandern. So gerieth
für drei Jahrhunderte das städtische Wesen in Stillstand,
der beschränkte Lebenslauf der Bürger führte eine Art von
Erstarrung herbei, von lebendigem Bürgersinn finden sich
allerdings einzelne Beispiele, aber Almosen geben und nehmen
galten nun in den unteren Klassen, ersteres als Hauptver=
dienst, letzteres als oft versuchtes Mittel des Fortkommens.
Bei der meist lebenswierigen Dauer der städtischen Aemter
wurde selbst die Anregung, wie sie öfters wiederholte Wahlen
verschaffen, vermieden. Ließ sich ausnahmsweise bürgerlicher
Muth blicken, so zogen sich alle andern scheu vor dem Kecken
zurück oder verfolgten ihn wohl gar, weil er es gewagt
hatte, ohne Rücksicht seine Meinung zu sagen.

Erst die freisinnigen Reformen seit dem Jahre 1848, die sich in Oesterreich, nicht ohne Rückschläge, vollziehen, brachen mit dem spätmittelalterlichen Vormundschaftswesen auf staatlichem Gebiete und gaben der ganzen Gemeinde als Genossenschaft freier Bürger das alte deutsche Recht der Selbstverwaltung zurück.

Sitten und gesellschaftliches Bürgerleben waren in Salzburg meistens sehr einfach. Im 16. und 17. Jahrhundert herrschte jedoch großer Aufwand bei Hochzeiten — Geschlechterhochzeiten, die oft über die Kräfte von gemeinen Bürgern nachgeahmt wurden. Was Wunder, daß auch die Jahrtage der Zünfte bisweilen zu tobenden Gelagen wurden und die städtischen „Rumorknechte" als Friedensboten zu erscheinen genöthigt waren. Die Stadtjunker und Geschlechter aber zechten sich abschließend auf der „Trinkstube".

In ältester Zeit war die Stadt auf den Umfang der alten Römerstadt (Dompfarre) beschränkt. Allmälig setzte sich an der Straße nach Baiern die „Trabegazze" (Getreidegasse) an, aber noch im 14. Jahrhunderte lag das Bürgerspital sammt Blasiuskirche außerhalb der Stadt. In der Richtung des Verkehrs mit der Ostmark entstand um das 12. Jahrhundert der rechtsuferige Stadttheil, vom Osterthore im Bogen längs des Königsgäßchens herab zum Andrä- und Vitals- (Lederer) Thore geschlossen. Den Gebäudezuwachs bis zum 15. und von da bis zum 17. Jahrhundert bezeichnen einerseits die Thürme bei der Bürgerspitalkirche, am Bacherhause im Gries und der Thurm am Tränkthor (Löchelbogen), über welche hinaus bis zum Klausenthor und an das Salzachufer sich der jüngere Ansatz verbreitet. Auf dem rechten Ufer entsprechen diesen Wachsthumsperioden bis zum 15. Jahrhundert die Bergstraße mit dem Bergstraßenthor (Lobronbogen) und im 17. Jahrhundert die Ausdehnung bis zum Ruperts- (Linzer-) und Virgils- (Mirabell-) Thor.

Der Salzach wurde am Gries ziemlich viel Boden abgewonnen. Vor dem Erentraubs- (Kajetaner-) Thor und am Wartelstein lagen „Paradeise", eine Art Entschädigung dafür, daß man der Stadt durch Mauern und Schanzen eine Zwangsjacke angelegt hatte. Die Stadtbezirke vor den Thoren, mit Ausnahme von „Mühlen" und „Nonnthal", gewannen erst vom 16—18. Jahrhundert einigen Häuserzuwachs.

Wahrscheinlich schon im 10. Jahrhundert entstand der

Mühlgraben (später mit der Albe in Verbindung gesetzt), der zu „Mühlen" eine st. petrische, hofurbarische, domstiftische und nonnbergische Stiftsmühle trieb, im 12. Jahrhundert legten St. Peter und Domkloster den Mühlgraben „die Albe" vom Untersbergmoore durch den Mönchsberg an, im 14. Jahrhundert entstand der „Bürgerspitalarm" dieser Wasserleitung.

Die Brunnenleitung vom Gerhardsberg (Gersperg) und Kühberg ist wohl über 400 Jahre alt, das erste städtische Brunnhaus 1549 im Gries gebaut worden, eine Wasserleitung vom Untersberg aus zum Hofbrunnen wurde unter Guidobald 1654—68 ausgeführt, später durch eine von Hellbrunn aus ersetzt. Es gab städtische laufende und Stadtleierbrunnen (13), die auf die Gasse mündeten.

Die Stadtbeleuchtung im 17. Jahrhundert wurde durch aufgestellte eiserne Pechpfannen bewerkstelligt, die wohl nur einige Zeit vor und nach dem Zeichen der „Bierglocke" Dienste leisten konnten.

Ueber die Straßenpflasterung mit Salzachkies, die Erzbischof Wolf Dietrich um das Jahr 1600 allgemein einführte, während sie streckenweise schon früher bestand, klagt noch im vorigen Jahrhunderte der „reisende Franzose" (1783, s. XXVII).

Bis ins 14. Jahrhundert herrschte bei den Bürgershäusern der Holzbau vor, (die Häuser wurden „gezimbert"), daher wohl auch die vielen verheerenden Brände, so daß von alter Bauweise kein Bürgershaus mehr besteht. Aus früher Zeit her erhoben sich in der Stadt an mehreren adeligen Wohnungen gemauerte Thürme. Durch die Errichtung von Gebäuden auf dem ehemaligen st. petrischen Frongarten und die Baulust des Erzbischofes Wolf Dietrich, der über 25 Häuser niederreißen ließ, gewann die Stadt im Wesentlichen ihr späteres Aussehen. Um diese Zeit zählte man in der Stadt noch einige zwanzig Edelhöfe. Die Juden lebten bis zu ihrer Austreibung in der nach ihnen benannten Gasse.

Wo das Bürgershaus im Besitze einer einzigen Familie war, schied es sich im Allgemeinen in ein Border- und Hinterhaus, zwischen welchen der Hofraum und der Verbindungsgang lagen. Im Vorderhaus war im Erdgeschoße gewöhnlich das Geschäftsgewölbe sammt Vorrathsräumen, im ersten Stockwerke ein geräumiges Vorhaus, an welchem die Wohn- und Schlafzimmer, öfters mit Alkoven, angebracht waren. Das Hinterhaus war kleiner und enthielt Küche, Mägde-

kammer, ein Fremdenzimmer, eine Rumpel= oder Kleider=
kammer u. dgl.

> Auch sint in der stat auf vnd nider
> Vil schöner hewser hin vnd wider
> welche erpawet sint von quader
> inwendig getesselt mit flader
> in die hech aufpawt mit drey geden
> mit vil gwelben vnd eysren leden
> mit kalten kelern vnd mit prunen
> auch kumet in die stat gerunnen
> Ein pach den heiset man die Alben
> die man kan schwellen allenthalben
> in prüenſten vnd in fewers not.

> Ein Lobspruch auf die stat Salzburg
> 1549.

Die Grabendächer mit Feuermauern, und die an der
altersgrauen Stirnseite des Hauses aus Mauerlücken hervor=
stehenden Dachrinnen vervollständigten den äußern Eindruck,
der im Ganzen einen Uebergang zu südlicher Bauweise andeutet.

Im 12. und zu Anfang des 13. Jahrhunderts laufen
neben den Personennamen mit oder ohne Zusatz ihres Ge=
burts= oder Heimatsortes bereits Geschlechtsnamen um. Da
gibt es in Salzburg neben den Atnatern, Anteringern, Gol=
sern, Haberlandnern, Surheimern, Taitingern, Pabingern,
Fagerern, Teisingern, Zaisbergern u. s. w. schon Bürger=
namen wie Lusenäre, Käsedoph, Sawermilch, Vinger, Vocelin,
Chrophel, Fuß, Steinhart, Blum, Gramel, Muselhart, Fli=
rat, Pluomal, Gruzzart, Brennär, Ropel, Frumpiz, Klächil,
Parhand, Pazagel, Sezzenagel, Tunzeläre, Schremph, Zächs=
fleisch, Zuchswert, Zozel, Zoph, Zweck, Zungil, Puze, Swei=
nichen, der Rothe, der Weiße, der Schwarze, der Kahle,
der Blinde u. s. w.

Um dieselbe Zeit werden folgende Gewerbe und Be=
schäftigungen genannt: Goldschmid, Münzer, Hallinger (Salz=
gewerke), Baumeister, Kalkbrenner (calcifex, cementarius?),
Ziegelbrenner, Bäcker, Fleischer (carnifex), Bräuer (praxa=
tor), Koch, Fischer, Wirth (mansionarius), Getreidemesser
(multermezze), Kaufleute, Händler (negociator), Sattler,
Schildmacher, Tuchscherer (panniclarius, Walter?), Kürsch=
ner (pellifex), Wagner, Schmiede, Zimmerleute, Lederer,
Aerzte, Glockengießer (campanarius), Maler (die fünf Maler
Gezo, Pezili, Rudprecht, Gerhoch und Magnus stehen viel=

leicht mit der Ausschmückung der Domkirche in Zusammenhang), Leier- (lyrator) und Zitherspieler (cytharista),
Pfeifer u. a.

Die übrigen S t ä d t e und M ä r k t e (oppidum) entstanden an solchen Orten, wo in dem Burgfried einer Veste
oder eines Thurmes, oder auf einem Fronhofsgebiet zu den
Beschäftigungen des Ackerbaues, der Viehzucht und Wald-
wirthschaft etwas Gewerbebetrieb oder einige Handelsbewegung hinzukam, zu deren ungehinderter Ausübung persönliche
Freiheit erforderlich oder förderlich war, wo ferners die Erzeugnisse des Handwerks oder Gewerbsartikel für den öffentlichen Markt vorräthig gehalten wurden, wo endlich ein gesetzlich
gesichertes Absatzgebiet die Gewerbe schützte (Bannmärkte).

Kaufrecht, Gastung, Niederlagen oder Lötschen (loggia),
Marktfreiheit und Gebühren von fremden Verkäufern, dann
Schmiede, Mühle und Bad (Ehepat) fanden sich überall in
den Landstädten und Märkten. Die erstgenannten zählte
man zu den eigentlichen Marktrechten.

Da aber oft in den Märkten Landschrannen (XIII, 56) gehalten wurden, so nannte man bisweilen auch solche Orte Märkte,
wo keine bürgerlichen Marktvorrechte bestanden, jedoch
Schrannen zusammentraten, z. B. Oberalben. Die Schrannen
mußten mit freien Männern als Beisitzern besetzt werden,
und diese fanden sich in größerer Zahl in den Märkten.
Diese Schöffen (zu Reichenhall scabini) ordneten als freie
Leute auch ihre Marktverwaltung und darin bestand der
andere Theil der Marktfreiheit. An Orten, wo bereinst
Landschrannen sich versammelten, z. B. Petting, Anthering,
Hendorf, Altenmarkt, Großarl, oder wo das Kauf-, Schenk-
und Gastrecht aus gleicher Ursache erlosch (Rauris), kehrte
daher nach Eingehen der Schranne die alte Dorfeigenschaft
wieder zurück. Dagegen war der Gewerbebetrieb in Seekirchen stark genug, um ungeachtet der frühzeitigen Aufhebung des Gerichtes die Markteigenschaft zu sichern. Die
Selbstverwaltung der Märkte beschränkte sich fast ausnahmlos
auf die Gebarung der Einnahmen und Ausgaben, nur
Straßwalchen, St. Michael und Tamsweg hatten sich eine
Marktgerichtsbarkeit bis in die neue Zeit bewahrt.

Die älteste Stadt der Umgebung nach Salzburg dürfte
R e i c h e n h a l l sein, wo das Salzwesen mit seinen Gewerken,
Hellingern, Arbeitern, Handwerkern und der Schranne alle
Rechte einer Landstadt hervorrief. Im Jahre 1153 gibt es

dort schon Altbürger, also eine Art Richerzeche, wie in Salzburg, im Gegensatze zu den Zünften.

Da Mühldorf im Jahre 954 bereits eine Landstadt (oppidum) genannt wird, wo eine Salznieberlage und besuchte Handelsstraße über den Inn vorhanden waren, so kann Reichenhall sicherlich nicht jünger sein.

Laufen wird unter Erzbischof Balduin (1041—60) schon eine Stadt (urbs) genannt.

Titmaning, ebenfalls mit einer Salznieberlage, mit Schiffahrt und Verkehr nach Wasserburg und Mühldorf und einer alten Schranne, kann kaum jünger sein, als Laufen.

Friesach erhielt Markt und Münze um 1015, um 1077 die Veste und wird 1095 ausdrücklich Stadt genannt.

Unter den übrigen erzstiftlichen Städten und Marktflecken werden 890 Traismauer (auch aus dem Nibelungenlied bekannt) an der Donau, desgleichen Pettau in der untern (Steier=) Mark Marktflecken oder Landstadt (civitas) genannt. Zum Theil im vorerwähnten Jahre, zum Theil im Jahre 970 erhält Salzburg auch den Marktflecken (civitas) Leibniz an der Sulm (zuip). *)

Um 1166 wird zum Schutze des obersten Ennsthales Radstadt (Rastat) erbaut, dessen Stadtrecht dem salzburgischen entlehnt ist.

Endlich bald nach dem Jahre 1200, unter dem treukaiserlichen staatsklugen Eberhard II., entsteht zur Sicherheit des daselbst seit kurzen Jahren aufblühenden Salzwesens Hallein, früher „Mühlbach" genannt, eine Stadt, deren Bürger noch unter des genannten Erzbischofs Regierung mit den geistlichen Herrnhöfen, die dort Salzgewerken waren, mancherlei Reibungen zu befahren hatten und deshalb mit Acht und Kirchenbann bedroht wurden.

Städte und Märkte haben gleichen Ursprung, letztere sind unentwickelte Stadtkeime, denen nichts fehlt, als die erforderliche Menschenzahl und die Umstände des Emporkommens.

---

*) Von den übrigen salzburgischen Städten: Gmünd, Sachsenburg, St. Andrä, Rain, sowie den Märkten Landsberg, Lichtenwald, Hüttenberg, ist nur bekannt, daß sie im 13. Jahrhunderte diese Eigenschaft schon besaßen.

Wie die „obere Veste" der Rechtstitel des Burgrechtes von
Salzburg war, so wird schon am Ende des 8. Jahrhunderts
eines Schlosses bei Laufen (castellum ad Louffi) gedacht.
Pettau lag im Bereiche der Burg, Mühldorf hatte ein Schloß
in der Nähe, Titmaning seine Veste, und Radstadt entstand
im Burgfried der Dienstmannen gleichen Namens, die schon
60 Jahre vor Erbauung der Stadt genannt werden. Reichenhall deckte die Hallburg auf dem Grutenberge, Friesach
die Veste auf dem Petersberge, und Hallein die Hallburg auf
dem Georgsberge (1262 zerstört), statt der später die Thürme
Schoßrisen und Sulzenstein Schutz leisteten.

Der alte Markt Kuchl lag im Burgfrieden der Kuchler
(auf dem Georgsberge?), zu Golling erhob sich ein Schloß
gleichen Namens, die Veste zu Werfen hat mit Friesach und
Hohensalzburg gleiches Alter (1077).

Im Jahre 1242 wird Werfen mit Laufen, Titmaning,
Mühldorf in eine Reihe gestellt. Tachsenbach überragte das
Burgstall gleichen Namens an der Salzach und Mittersill
dürfte schon zur Zeit der Matreiergrafen sich des Marktrechtes
erfreut haben, da die Bürger von Matrei und Mittersill im
Handel und Wandel sich gleich standen. Zell hatte einen alten
Vogtthurm, ober Salfelden lag Lichtenberg und der Loferer
Thurm nicht weit vom Markte. Ober St. Michael in Lun-
au lag das Pflegschloß Weißburg, bei Mauterndorf ragt die
Veste gleichen Namens empor und fraglich ist es, ob nicht
vor Erbauung der Leonhardskirche bei Tamsweg daselbst das
Geschlecht der „Lungauer" saß. Bischofshofen überragte der
Thurm auf dem Götschenberg, ein Zweig der alten „Pongauer" besaß Plankenau bei St. Johann, und Goldeck deckte
die Veste gleichen Namens. Der Fronhof der bairischen Herzoge scheint dem Markte Hof in Gastein den Ursprung gegeben zu haben und das schutzlose Altenmarkt (schon 1300
antiquum forum) dürfte darum seine Marktrechte an Radstadt haben abgeben müssen. Zu Werfen, Bischofshofen,
St. Johann, Großarl und St. Veit waren nach Aufhören
des Grafenbannes die fünf Gerichtsstäbe (Schrannen) Pongau's.

Daß das uralte Straßwalchen, wo auch Höchfeld Gericht
hielt, schon in früher Zeit Markt und Schranne besaß, ist
zweifellos. Im Gegensatze dazu entstand (um 1500) Neumarkt.

Dem Markte Seekirchen wurde diese Eigenschaft 1424

beſtättigt, welche Abtenau erſt um 1500 erhielt, Rauris um 1550 noch inne hatte und Wagrain erſt 1592 empfing. Oberalben wird 1420 urkundlich Markt genannt.

Die nun bairiſchen Märkte Waging und Teiſendorf, dann Hopfgarten, Windiſch-Matrei und Zell im Zillerthale waren Gerichtsſitze.

Die meiſten ſpäteren Marktrechtsverleihungen ſind wohl nur als Beſtätigungen vor Alters erworbener Rechte auf- zufaſſen. *)

XIX.

Strassen, Verkehr.

Von den drei großen Völker verbindenden Straßenzügen in den Oſtalpen, dem Thalweg der Donau, der Brenner- ſtraße und der Linie Heimburg (Wien)-Trieſt ziemlich weit entfernt und auf dem Gebirgskamme reitend, der das obere und mittlere Donaubecken trennt, mußte Salzburg die Ver- bindungen mit jenen Pulsadern des Verkehrs aufſuchen und pflegen.

Nach Regensburg, der älteſten Hauptſtadt des Baier- landes, und Nürnberg führte die Straße über Waging an die Alz bis Garching und Wald, dann bei Mühldorf über den Inn; die Brücken über beide Flüſſe waren ſalzburgiſch.

Nach München, der ſpätern Hauptſtadt Baierns, und Augsburg, ſowie längs des Chiemſees in das Innthal wies der Weg über Teiſendorf, Lauter, die „Hallerbruck" nach Traunſtein.

---

*) Zum Vergleiche des Alters der Städte dienen folgende Jahres- zahlen: Im Jahre 898 erhält Heimo, königlicher Dienſtmann, deſſen Frau Miltrub in Salfelden begütert war, die Erlaubniß, im Banne des öſtlichen Gränzgrafen Aribo eine Stadt zu bauen (Heimburg?). Wels wird 1128, Krems um 1130, Wien 1132, St. Pölten 1159, Jubenburg 1164, Graz 1189, Enns 1191, Wiener-Neuſtadt 1194 eine Stadt genannt.

Wie die erstgenannte Straße an Mühldorf, Wald, Tetel=
heim schützende Punkte besaß, so die zweite an Surberg und
Raschenberg.   Seitdem sich aber Baiern „lauernd vor des
Erzstifts Pforten gelegt", waren beide Richtungen vielfachen
Hindernissen, Umwegen, Gefährden ausgesetzt.

. Linz mit dem Landungsplatze, von welchen viele Güter
den Landweg nach Salzburg einschlugen,   Wien in der Ost=
mark, später der Sitz des Kaisers, bezeichneten die Linie des
östlichen lebhaften Personen= und Waarenverkehrs und die
Salzburger erfreuten sich auf diesen Strecken mancher Vor=
theile und Begünstigungen.   Die Böklabrücke war dem Stifte
Salzburg übergeben und zu Gunsten der Traunbrücke wur=
den kirchliche Indulgenzen verliehen, doch verursachte die
dreifache Gränze (Baiern, Oesterreich, Salzburg) zu Straß=
walchen mancherlei Weiterungen.

Mit Italien, dem Kulturlande des Mittelalters, mit
Rom, dem Sitze des geistlichen Oberherrn, konnte die amt=
liche und geschäftliche Verbindung nur durch Besiegung von
vielerlei Hindernissen, mehrerer Bergübergänge, Gebiete
verschiedener Herrn, Entfernung, fremde Sprache, Witterungs=
unfälle, Wegelagerung u. s. w. stattfinden.   Durch die Zu=
sammenlegung des Herzogthums Kärnten, der Grafschaft
Görz, Friauls in die Hand der österreichischen Herzoge wurde
Erleichterung möglich.

Außer diesem äußeren Verkehr fand der innere
seine Nahrung in der amtlichen Verbindung mit den zahl=
reichen Besitzungen und Lehengütern in Oesterreich,
Steiermark, Kärnten und dem heutigen Tirol, mit den
Pfarrern, Erzpriestern und Bischöfen der Kirchenprovinz, die
im Allgemeinem vom Inn bis an die ungarische Grenze,
und von den österreichischen Alpen und Wien bis an die
Drau und darüber reichte.

So gehörten nebst andern im heutigen Oesterreich Arns=
dorf, Traismauer, Güter in der Wachau, zu Loiben, um Stein
an der Ips, zu Holenburg, Ternberg und Schwarzenbach in
der Grenzgrafschaft Pütten, Colonisten an der Leitha und der
kirchliche Bezirk Wienerneustadt mit 22 Pfarreien nach
Salzburg.

In Steiermark befanden sich Güter und Lehen zu Haus,
Neuhaus, Gröbming, Liezen, Admont und weiter abwärts
im Ennsthale; im Murgebiete zu Pöls, Leibniz, Landsberg,

Straßgang; an der Drau Pettau, Friedau, Polsterau, Sausal; an der Rab, Lafniz und Safniz mancherlei Besitz; an der Sau Lichtenwald, Reichenburg, Reichenstein, Rain u. a. O., endlich die (damals kleinen) Kirchsprengel Seckau und La-vant, da alles übrige unmittelbar unter dem Erzbisthum stand.

In Kärnten zu Rauchenkatsch, Lind, Stall, Sachsenburg. Feldberg, Gmünd, Drauburg, eine Menge an der Glan, Gurk und Görtschitz und im Lavantthale; insbesondere Frie-sach, Maria Sal, Osterwitz, Hüttenberg, St. Andrä, Lava-münde u. s. w. die Diöcese Gurk und der größere Antheil des salzburger Sprengels.

Im heutigen Tirol Kropfsberg mit Zillerthal, Hopf-garten mit Brichsenthal, Waithering, Windischmatrei.

In Baiern Besitzungen um Mühldorf, am Chiemsee, im Vogelwald an der Traun, um Schneitsee, Altenbuch, das Bisthum Chiemsee und die Erzbiaconate Baumburg, Gars und Chiemsee.

Der Verkehr nach Steiermark und Kärnten folgte meist altromanischen Straßenzügen, die im bessern Zustande sich befanden, daher auch als Kulturwege benützt wurden, — über Kuchl, Radstadt, den Tauern, durch Lungau, die Mur entlang nach Neumarkt, dann Friesach und auf das Zolfeld und Maria Sal, von da dem Drauthale nach bis Pettau, Friedau.

Die Verbindung mit Oberkärnten wurde mittels der einst romanischen Straße von Mauterndorf an die Mur mit der Abweichung über St. Michael und den Katschberg her-gestellt, jenseits dessen wieder in die alte Straße nach Gmünd und Spital eingelenkt ward.

Der Alpensteig über den Velbertauern, gleichfalls aus romanischer Zeit, verband Windischmatrei, Stall, Kals, Lienz, die Grafschaft Matrei-Mittersill dieß- und jenseits des Tau-ern, wurde dann zu einer Samstraße erweitert und fand schon im 13. Jahrhundert seine Fortsetzung über den Turn-tauern nach Kitzbühel und dem bairischen Oberland.

In das Brichsenthal führte die Straße über Reichenhall und Lofer, in das Zillerthal wies der einem Tauern gleich-geachtete Uebergang aus dem Pinzgau über Ranach in die Gerlos (Gerlais) den nächsten Weg.

Unter „Tauern" verstand man nicht die gesammte Hauptalpenkette, sondern nur die Uebergangspunkte an den geeigneten Einsattelungen des Alpenkammes, die Alpenthore, so der schlachter und der krimler Tauern, der velber, kalser (Stubachthal), fuscher, rauriser oder heiligenbluter, der malnizer und Korntauern aus Gastein, der radstädter und rothenmanner Tauern. Die meisten derselben hatten und haben nur die Bedeutung eines Fußpfades und Samweges zwischen den Orten und Thälern dieß= und jenseits der Hauptalpen. Der Name wurde auch auf Uebergänge in den salzburger Alpen übertragen, so der Gotzen= und Fundenseetauern in Berchtesgaden, der Turntauern.

Merkwürdig ist, daß der in Allem einem Tauern gleichkommende Uebergang aus dem Großarlthale nicht so hieß. Arl und Tauern sind nämlich Wechselbegriffe, indem Arl (von a-rula, worin k. rhwyll steckt) ebenfalls einen Uebergang andeutet, wie man dieß aus dem Ortsnamen „Arleck" (Uebergang nach Gastein), „Arlhöhe", „Arlwald", „Arlscharte", „Arlstein" (Uebergang vom Strubberg nach Abtenau und in Werfen, Steuergemeinde Winkel), Arlschwaig, Arlgehgut, Arlhofgut, Arlgut (Bluntau, am Uebergange über den Schneibstein), Oberarl, Arlmühle, Urlkopf, Urlberg (Lofer=Weithering), ferners Arlberg (Uebergang ins Rheinthal) zur Genüge entnehmen kann.

Der „Tauernhäuser" auf den wichtigeren dieser Uebergänge geschah schon (XV) Erwähnung.

Der Einzelverkehr in den Hochgebirgen sucht allerdings auch noch andere Uebergänge, „Felsenthore" und „Scharten" auf, wie z. B. die Buchau=, Elend= (d. i. aliilend in ein anderes Land führend), Pfandel=, Tauern=, Blühenbach=, Tramer=, Oedenwinkel=, Zirknitzscharte u. a. Das Hoch=, Weit=, Höllthor; das fuscher, kapruner, sulzbacher, mühlbacher Thörl u. s. w.

Man unterschied überhaupt „Rennwege", auch „Rennsteige" oder „Rennstraßen" genannt, die unsren heutigen Post= oder Heerstraßen entsprechen (z. B. „an der Rennstraßen bei Mauterndorf"), „Gasteige" (eigentlich „Gäusteige"), größtentheils die alten Kirchwege oder Gangsteige, und unsern Ortsstraßen entsprechend, und „Sampfade" oder „Samsteige" auf denen mittels Sampferden die Lasten (Sam) befördert wurden. Doch kamen begreiflich auch auf Rennstraßen und Gasteigen Samfrachten vor.

Die ältesten Straßen laufen in den größeren Fluß=
thälern, an der Sonnseite, über Anhöhen, um jene trockener,
daher auch fester und sicherer zu erhalten. Wo es unver=
meidlich war, eine feuchte Niederung zu durchsetzen, wurden
Prügelwege angelegt, die man noch hie und da in abgele=
genen Thalwinkeln, bei Holzstraßen in Wäldern, z. B. in der
Fager, am Högel, bei Unken, in Anwendung findet.

Da das Mittelalter den Begriff des Staates im heutigen
Sinne nicht kannte, so waren die Straßen, mit Ausnahme
derer, die durch die Frei oder das Gemeinland liefen, Eigen=
thum dessen, der sie gebaut oder errichtet hatte und daher
auch, insbesondere für kostspieligere Strecken, Stege, Brü=
cken einen Zoll einhob. Dieß erklärt den erbärmlichen Zu=
stand der Straßen und die geringen Ladungen, die befördert
werden konnten (s. XXIII). Allerdings vereinigten sich
große Fronhöfe bisweilen zu gemeinsamer Erhaltung von
Straßen und Brücken, die ihren Gebieten zu Nutz kamen,
wie z. B. die berchtesgadner Straße, die salzburger Stadt=
brücke, aber die entgegengesetzten Fälle, in denen Brücken
absichtlich zerstört und der Frachtenzug genöthigt wurde, einen
weiten Umweg zu machen, z. B. von Salzburg über Tit=
maning, Burghausen nach Mühldorf sind bei dem mittel=
alterlichen Sondergeiste vielleicht die häufigeren.

Für Benützung oder zur Instandhaltung von Brücken
leisteten unter mancherlei Namen die Betheiligten Beiträge.
So bezog St. Peter den „Brückenhaber" für die Weißbach=
brücke bei Reichenhall, auch die „Zinsbrücke" bei Tamsweg
hat davon den Namen. Die Erhaltung der Staufenbrücke,
ursprünglich in der Grafschaft Plain, dann erzstiftisch, wurde
den bairischen Herzogen zugeschoben, weil ihre Salzfrachten
von Hall sich in jener Richtung bewegten. Seit uralter Zeit
war die Bühelbrücke bei Wals nonnbergisch, denn sie führte
zu den Stiftsgütern über die Saale am Högel, Ainring
u. s. w. Dagegen war die Saalbrücke bei Salzburghofen erz=
stiftisch. Die Ueberfahrt bei Siezenheim ist heut zu Tage
noch in Privathänden.

Von ihrer Benützung nannte man die Straßen „Salz=
straßen", z. B. die von Reichenhall nach Teisendorf und
Salzburghofen ziehenden, „Eisenstraßen", dergleichen die von
Salzburg an den Abersee nach Obersteier sich fortsetzende,
„Samstraßen, z. B. von Berchtesgaden über den Hirschbühel,
von Mittersill nach Kitzbühel u. s. w., „Eselsteige" (zur

8

Salzfracht benützt), wie der Weg von Hallein durchs Wiesthal über Ebenau nach Straßwalchen.

Die Frachtmittel waren Menschen, die entweder
die Lasten trugen, wie die „Doßer" oder „Doser" (von
dossuarius, der auf dem Rücken trägt, Krachsenträger), an
welche die Doßengüter in Gneis, Unterlangenberg, Taugl
noch erinnern, oder mittels Handwagen, Karren, Krateln
(crates, von dem aufgesetzten geflochtenen Behälter), Schlitten
zogen, oder Pferde, Ochsen, Esel, welche gleichfalls die Lasten
zogen oder trugen. Mit „Ganzwägen" zu vier Pferden
(schon im Nibelungenlied erwähnt, die „Viertelvorspannen"
heutigen Tages sind also das Bruchstück der alten Einheit),
„Plahenwägen", „bairischen", „österreichischen" und „March-
wägen" wurden die größeren Lasten verführt. Im Schloße zu
Mosheim, zu Zell im Pinzgau, zu Ramseiden, Pirtendorf,
Neukirchen und in den Tauernhäusern gab es „Samställe"*)
oder „Samhütten" zur Einstellung oder Vermiethung der
Sampferde. Auch bei Nußdorf in der Nähe von Söllheim
erinnert ein „Samgut" an die Vorspannen über den Nebel.
An andern steilen oder beschwerlichen Straßenstrecken, z. B.
am Strubberg der Abtenauerstraße gab es auch „Vorspan-
ner", „Eslreiter", „Roßberger", „Strubreiter" u. dgl.

Auswärtiger Verkehr fand statt in Wein (XVI),
Getreide aus Baiern und dem Innviertel, Oel, Kaufmannswaaren, Spezereien aus Italien. z. B. Feigen, Korinthen,
Weinbeeren, Limoni, „Kapri, Aneis, Schwamen, Khimbl,
Porherndl, Schwebl, Alaun, Gumy, Theriackhus, Seni-
blätter, Pfeffer, Zimatrern, Gaffer (Kampfer), Nägel, Im-
ber, Mandl, Reisch, Terpentin, Seife, Zitwer, Kalmus" u. a.
meist über Venedig; Tücher aus Welschland (!), Florenz,
Pern (Verona), aber auch aus „Engelland, Pehaim, Wien
und Gräß"; „Parchant" von Wien, Steyer, Kirchdorf; Glas,
mit Ausnahme des gewöhnlichen „Waldglases" aus den
Glashütten in den Wäldern, aus Venedig; irdene Waaren,
Häfen, Kacheln aus Hafnerzell und Zwispallen.

Dagegen wurden ausgeführt Salz, eingelagerte Kauf-
mannsgüter, Holzwaaren, Eisen, Messing in späterer Zeit,
Kupfer, Strümpfe, Stecknadeln (Klufen), Schusser, Gyps.
Ins Gebirge und nach Tirol ging Mehl und Brod, ersteres

---

*) Die „Reitställe" bei den größeren Tafernen waren für den
Bedarf der Reisenden zu Pferde berechnet.

wurde häufig in noch weitere Ferne verführt. Der Umsatz
war nicht unbedeutend, was sich aus dem Vorhandensein der
„Sackträger" und einer Auf= und Abladergenossenschaft er=
gibt. Diese Starken der Mauthhalle „Gropper" (von groppo,
ein Pack, Gelbpacket) genannt, bestehen wohl seit der Zeit
des lebhaften Handels mit Welschland.

Wie sonst in Deutschland, waren auch in Salzburg
Ein= und Ausfuhrverbote Mittel der Handelspolitik
der Regierung. Kalksteine, Kalk, Schindeln, Salpeter, Thal=
gauerläden u. dgl. Landeserzeugnisse auszuführen ward er=
schwert, damit diese Gegenstände wohlfeil im Lande blieben.
Man wollte auch die landesfürstlichen Gewerbsbetriebe gegen
auswärtige Mitbewerbung schützen. Dadurch sank aber das
selbstständige Leben des Verkehrs und jede gewerbliche Unter=
nehmung nahm den Sperrzoll in Anspruch.

Bei der Zerrissenheit und Kleinheit der Landesgebiete
und Herrschaften häuften sich die Mäuthe, Zölle, Lötschen=
gebühren u. s. w. So gab es salzburgische Mäuthe zu
Werfen, Gmündt in Kärnten, Friesach, Neumarkt in Ober=
steier, Titmaning, Laufen, Teisendorf, zu Hallein und Salz=
burg (Stadtmauth und Pfundmauth). Diesen Mäuthen standen
andere gegenüber zu Baumburg, Burghausen, Lauter, Maut=
hausen, Straßwalchen u. s. w. Das Domkapitel hatte eine
Mauth zu Mauterndorf.

Neue Straßenbauten und Verbesserungen fan=
den erst statt, als die Bergwerke im Gebirge einen lebhaf=
teren Verkehr hervorgerufen hatten, somit im 16. Jahr=
hundert unter Erzbischof Leonhard, der die Straße über den
radstädter Tauern erweitern ließ, unter Erzbischof Matthäus
für die Klammstraße nach Gastein, unter Khuen=Belasy für
dieselbe und die loferer Straße. Im Jahre 1623 wurde
die Straße von Laufen ins Innviertel angelegt, 1765—67
der Durchbruch des Mönchsberges ausgeführt, 1772 die
Straße durch das Wiesthal, in den Jahren 1787, 88, 90
die abtenauer und thalgauer Straße erbaut.

Zum Schutze und zur Beaufsichtigung der Straßen
dienten in älterer Zeit die in der Nähe befindlichen Burgen,
Thürme, deren viele schon erwähnt worden sind (XI). Für
die Salzstraße sind noch nachzutragen Karlstein, Staufeneck,
Plain, Grafengaden und Gutrat.

Thal= und Straßensperren — „Pässe", „Clausen",

8*

„Täber" oder „Tabor" genannt, spielten früher eine nicht unbedeutende Rolle als Mauthorte und Vertheibigungsanstalten. Dergleichen waren die Pässe Lueg an der Salzach, Gschütt und Mandling im Osten, der Paß auf dem radstabter Tauern, die Pässe Klauseck, Kenbelbruck und Stranach auf der lungauer Grenze, Thurn, Griesen, Strub, Loferstein, Hirschbühel, Steinbach im Pinzgau. Aber auch der Mordgraben bei Mattsee, die Schanzen bei Straßwalchen, der Lueg am Abersee, die Thalsperre bei Glaneck, „der Hallthurm und hangende Stein, der Kniebis (Kniepaß) bei Unken, Ranach gegen Zillerthal wurden bisweilen bei unruhigen Zeiten zu Zwecken der Landesvertheidigung benützt. Abwehr und Vertheidigung lag in der Eigenthümlichkeit des Landes und seiner Herrn. Wurden doch auch die Zugänge zur Stadt durch Pässe am Stein= und Klausenthor und durch Thürme vertheidigt.

XX.

Gewerbfleiss.

Daß im Alterthum am halleiner Dürnberg ein Salzwerk bestand, machen die daselbst ausgegrabenen Fundstücke sehr wahrscheinlich. Auch im pongauer Mühlbachthale scheint man auf Erz gebaut zu haben.

Ob man zur Römerzeit Goldwäschen betrieb, oder schon in anderer Weise Gold ausbeutete, ist ungewiß, wenn gleich aus Ortsnamen (Gastein, Gastuna, Cas-dun?, Karteis Carutusa?, Gabaunern Gadunura?, Arapenhöhe Ara-penn?) gefolgert werden möchte, daß Gastein, Rauris und Großarl wenigstens in den hintern Theilen Bewohner hatten.

Die ältesten urkundlichen Spuren von gewerblichem Betriebe im Stiftslande stammen aus dem 8. und 10. Jahrhunderte. Zu Ruperts Zeit wird nämlich in Pongau das Goldwaschen betrieben, und eine zwar etwas verderbte Stelle einer St. Peterer Handschrift weist auf einen Salzschöpfbrunnen, oberhalb Gamp bei Hallein. Etwas später

wird dem Stifte bei Gamanaron (Gammar und Obbach) um
Neumarkt und Hüttenberg in Karentanien ein Eisen-
schmelzwerk (flatus ferri) geschenkt. Um 1180 werden
im falkensteinischen Cödex unter den Abgaben aus Pongau
zwölf Maße (massa ferri) Eisen aufgeführt. Im 12. und
13. Jahrhundert geschieht verschiedener Bergzehnte und Fronrechte in der Pfarre Guttaring bei Friesach und auch in
Abtenau Erwähnung. Ueberhaupt läßt sich aus den erhaltenen Spuren an mehreren Orten im Zederhaus-, Rothgül-
den-, Mühlbachthale und Gastein erkennen, daß schon vor
Bekanntwerden des Schießpulvers Erze durch Schrammarbeit
gefördert wurden. Auch der Stollenbau der Albenwasserlei-
tung durch den Mönchsberg fällt in die erste Hälfte des 12.
Jahrhunderts.

Im 14. Jahrhundert bestanden, wie es scheint, mit
Erfolg betriebene Goldwäschereien im werfner Probst-
amt in der alten St. Veitspfarre zu Gutenbühel, Lotter-
moos, Purgstein, Entfelden, Schattau, Haslach, Bohenpra,
Vruar, u. s. w., zusammen an 27 Orten, im werfner Amt
St. Cyriakspfarre mit Friz an 50 Orten, darunter in
Pluntau, Aschau, Plaid, Pirpaum, Windbühel, Arnolts-
bühel, Laubühel, Tuel, Grindstein, Gasteig, Tageneck, Hor-
pruth u. s. w. selbst in der Dorfmark Hof zwei. Die Goldsaige galt damals 12 Denare (XXIII).

Die Entwickelung der Städte und Märkte, die größere
Zahl freier Leute und zu Wohlhabenheit gelangter Bürger,
die Kirchenbauten, der Handel vermittelten und verbreiteten
die Kenntnisse verschiedener Länder, beförderten den Unternehmungsgeist, das Beispiel des seit 1190 zu Hallein wieder
aufgelebten Bergbaues veranlaßte zahlreiche Schürfungen
und bergmännischen Betrieb.

Als das Gasteinerthal zu Ende des 13. Jahrhunderts
an das Erzstift überging, waren noch Loden und Käse die einzigen Erzeugnisse. Aber schon um das Jahr 1347 werden
ausführliche Berg-, Fron- und Wechselordnungen erlassen, die
belangreiche Gefälle voraussetzen. Von nun an wurden durch
40 Jahre (1344—1384) die Goldbergwerke daselbst an
Einzelne oder Genossenschaften verpachtet, später entrichteten
die Wechsler und Bergrichter die Fronrechte von den einzelnen Gruben. Im Jahre 1420 fand Hans Plahofer (also
bereits ein Gewerkennamen, da die Namen Blahaus, Blahof
von „Blähen" d. i. Schmelzen des Erzes oder Eisens ent-

nommen sind) die Schätze der Erzwiese. Von 1460—1560 arbeiteten dreißig Gewerken in fast 1000 (?) Gruben mit einer jährlichen Eroberung von 4000 Mark Gold und 8000 Mark Silber und stiegen Fron und Wechsel, die an den Erzbischof entrichtet wurden, auf jährlich 80,000 Goldgulden (bei 100,000 fl. Silber). In den 25 Jahren 1554—1570 betrug der Jahresdurchschnitt der Ausbeute 2360 Mark Gold und 19,000 Mark Silber und während mehr als hundert Jahren konnten Gastein und Rauris als ein mitteleuropäisches Goldland gelten, zu welchem allerlei Volk zuströmte, wie jüngst nach Californien oder Neuseeland. *)

Aber schon 1600 trat Abnahme ein, 1603 sinkt die Zahl der Berggebäude und Rechte von 181 auf 140, im Jahre 1611 sind statt der einstigen 1200 Knappen nur mehr 300 vorhanden und im Jahre 1635 sind die Gewerken in Gastein, Rauris und Großarl völlig verarmt. Im Jahre 1622 löste die fürstliche Kammer den „Lendnerhandel", die Trümmer der stolzen Gewerkschaft ein. Einer mäßigen Schätzung zu Folge betrug somit in kaum zwei Jahrhunderten die salzburgische Ausbeute an Edelmetallen 500,000 Mark Gold, 600,000 Mark Silber oder etwa 132 Millionen Gulden.

Das Goldbergwerk zu Schellgaden im Murwinkel und auf dem Silbereck wird schon im Jahre 1378 mit Gastein und Rauris in den Pachtvertrag einbezogen. Im Jahre 1442 besteht schon das Eisenwerk Ramingstein, 1472 der Eisenhammer zu Flachau und um die gleiche Zeit „Hammer, Plahütten und Kohlhütten" in der kleinen Arl (Wagrain).

Um 1536 werden am krimler Tauern, in Habach und Hollersbach, zwischen Ober- und Untersulzbach und in Stubach, auch im Brennthal bei Mühlbach Gruben betrieben, und wie die Weitmoser, Zott, Straßer, Kheuzl, Krüner, Mayr und Strochner zu Gastein, so erscheinen die Rosenberg, Panichner und Perger als „tumersbacher Handel"(=genoffenschaft) um Zell, und die Welser aus Augsburg um Mittersill in der zweiten Hälfte des 16. Jahrhunderts als Gewerken.

---

*) Auch zu dem um 1463 entdeckten Silberbergwerk bei Schwaz erfolgte ähnlicher Zusammenlauf, wie der salzburgische Chronist Dückher erzählt.

Das zum Betriebe von Berg und Hütte nöthige Holz verschafften sich die Gewerken zum Theil durch Eigenthumswäl-
der, die bisweilen in den verliehenen Grubenmassen inbegriffen
waren, theils durch Holzschläge in landesfürstlichen Wäldern
gegen Zahlung des Stockrechtes. Uebrigens übte die seit
1524 gesetzlich ausgesprochene Forsthoheit, d. i. das von dem
Landesherrn in Besitz genommene Recht auf alles im Lande
stehende Holz einen nicht zu verkennenden Druck auf Gewerbe und Landwirthschaft.

Aber mit dem Beginne des 17. Jahrhunderts tritt auch
hier der Verfall der Gruben, die Erstarrung des Unterneh-
mungsgeistes und der Uebergang der Bergwerke an die
fürstliche Kammer ein. Die Unduldsamkeit des in Rom
gebildeten Erzbischofes Wolf Dietrich, die rasche Steigerung
der Steuern und Abgaben nöthigten viele Gewerken zur
Auswanderung und erstickten das gewerbliche Leben, wie
seiner Zeit in Spanien. Nur wenige Gruben blieben noch
in Privathänden. Christof Perner in der Friz, der in die
Spuren der Feuersinger trat, die Tannhauser und Jocher
in Lungau, desgleichen die Jub, Zäch in Dienten, die Gärr
in Flachau sind die schwächeren Nachfolger oder auch Zeitgenossen der glücklichen gasteiner Gewerken. Erst in jüngster Zeit weist der Privatbergbau wieder auf Erfolge hin —
Mühlbach, Bürgstein, Rothgilden, die Montangewerkschaft.

Unter Erzbischof Michael (1554—60) wurde vor dem
Nonnthalerthor (Schanzl) eine Kanonengießhütte errichtet,
die bis in den Anfang dieses Jahrhunderts fortbestand. Die
Glockengießerei wurde fleißig betrieben. Erzbischof Ernst,
ein bairischer Prinz, hatte in der Residenz ein Brauhaus,
Bäckerei, Schmiede vereinigt, die sein Nachfolger wieder
daraus entfernte.

Mühlen, Sägen, Schmieden, Walk- und Lohstämpfe wurden durch den Bedarf und die reichlich vorhandenen Wasserkräfte hervorgerufen. Auch ihnen kam das
aufmunternde Beispiel mechanischen Fortschrittes, das die
größern Gewerken gaben, zu Gute.

In den Jahren 1300—1500 entstanden eine ziemliche
Zahl Mauth- (auch Gast- und Eh-) mühlen und noch
mehr Gemachmühlen zum eigenen Bedarfe einzelner Eigner
oder kleiner Genossenschaften. Die Tauklmühle und Zinken-
bachmühle und Säge werden um 1330 genannt, nicht viel

später die Mühlen beim Schlosse Golling, an der Brücke bei
St. Johann, bei Wagrain, an der Taurach, zu Waithering,
am Schüttbache bei Unken, in der Wankrat, am Salbache
in Glem, während die Mühlen zu Oberalben, die Tiefen-
bachmühle an der Fischach, die Mühlen zu Wals, Bischofshofen, am Mühlbache in Pongau, die Arl- und Fritzmühle,
die Lächmühle bei Radstadt, die Mühlen zu Altradstadt,
Stuhlfelden und unter dem Schlosse Mittersill in eine frühere Zeit zurückreichen und die Mühlen zu Salzburg sicher
noch älter sind (XVIII 104).

An dem Mühlbache der Albe bei Salzburg entstanden
im Laufe von 7 Jahrhunderten bei 50 verschiedene Wasser-
werke zu gewerblichen Zwecken.

Im 15. Jahrhundert entrichten die Sägen am Zwisel-
bach (Abtenau?), an der Blühenbachbrücke, am Wengerbache
bei St. Cyriaks, zu Wilhelmsdorf, am Habach und Tobers-
bach, zu Lengdorf und Weidach schon Urbarialgebühren.

Derselben Zeit gehören an die S c h m i e d e n und H ä m -
m e r (fabrica et malleus) in der Fritz, zu Sinnhub bei
Radstadt, am werfner Mühlbache, in der Au bei Radstadt,
zu Steindorf, Uttendorf, Mittersill, am pinzgauer Mühlbach,
an der Ennsbrücke in Altenmarkt.

W a l k - und L o h s t ä m p f e , oft mit „Lederstuben" in
Verbindung, gab es im 15. Jahrhundert am Achberg bei
Werfen, mehrere zu St. Johann, in der kleinen Arl, in der
Fritz, in der Krümel, am Stubach und Stuhlfelderbach, zu
Wald, Mittersill, Bruk u. a. O.

B r a u h ä u s e r (Bräuer) kommen zu Salzburg im 12.
Jahrhundert vor, um 1500 wird das Brauhaus am Oster-
thor (zum Gabler) genannt, zu gleicher Zeit eines zu Mit-
tersill. Die Brauhäuser zu Kaltenhausen, Henndorf, Lofer,
Titmaning, Teisendorf waren (seit dem 17. Jahrhundert)
Kammergut der Fürsten.

Die Ehtafernen in den Märkten oder Hofmarken genossen, wie die Ehbäder und Kaufrechte, das Vorrecht, daß
in gewissen Entfernungen ringsum keine Tafernen errichtet
werden sollten. Doch finden sich schon im 15. Jahrhundert
fürstliche Urbarstafernen in Dorffen (Pongau, Dorfwerfen)
und in Weng; in Pinzgau zu Pusendorf, Pramberg, Ahen
(Kriml), Utendorf und Wald, in Lungau gleichfalls an

mehreren nicht märktischen Orten. Leithäuser gibt es zu Nibernsil und Hollersbach. In Gastein sind zwei Tafernen, eine obere und untere, jede mit einem Bade. Auch zu Nibernsil ist ein Bad, sowie auf der Burgwiese bei Mittersil (zum Babstubner).

In Salzburg, Hallein und Laufen waren Metzgerläden auf den Brücken angebracht, in Salzburg, Hallein und Radstadt durfte an den Markttagen auf eigenen Tischen Brod verkauft werden, in Salzburg bestand die Sitte des Metzgersprunges noch im vorigen Jahrhunderte, sowie früher das Wippen (Untertauchen) der Bäcker.

Die Polizeiordnung des Erzbischofes Matthäus stellt eine merkwürdige Geneigtheit zur Befreiung märktischer Gewerbe vom Zunftzwange außer Frage; von ihr schreiben sich die Rechte der alten salzburger Bannmärkte her, vermöge welcher es den Bewohnern derselben freistehen sollte mit allem zu handeln, „was der klingende Pfenning vermag". Aber die spätere Polizeiwirthschaft räumte bald wieder mit diesen Vorrechten auf.

Uralt sind die Mühlsteinbrüche am Högel, der von Steinmetzen seinen Namen haben soll. Im 14. Jahrhundert werden die Marmorsteinbrüche im kuchler Gericht (also zu Abnet, fossatum lapidum marmoreorum) genannt. In den Jahren 1321—23 wird ein großer marmorsteinerner Granter (crater), der 21 Talente kostete, in Berchtesgaden für das Kloster Albersbach verfertigt.

Am fürstlichen Hofe zu Salzburg hielt sich um 1457 ein vortrefflicher Steinmetz, Meister Stefan Kramer auf, welchen der Erzbischof am 17. März 1458 der Steinhütte zu Straßburg und der dort tagenden Meisterschaft empfahl. 1459 wird unter den Unterschriften der „Ordnung der Steinmetzen zu Straßburg" auch Meister Niclaus Stattner zu Salzburg genannt. Im gleichen Jahre findet sich ein Meister Stephan Kammer (Kramer?) zu Salzburg unter den Unterschriften auf dem Reichstage zu Regensburg (Heideloff). Der Steinmetzen Brüderschafft Ordnungen und Artikel, Straßburg 1563, nennt Salzburg als einen Ort „da Bücher sein sollend, der Haupthütten zu Straßburg vnderworffen."

Unter der Regierung Sigismunds von (Gleink-) Volkenstorf (heute Tillysburg in Ober-Oesterreich) kam Meister

Anton Marini, Ritter und Doctor, geboren zu Grenoble im Delphinat an den erzbischöflichen Hof und erhielt 1456 (6. November) ein auf 25 Jahre gültiges Privilegium zum Kalk- und Steinbrennen, zum Bier- und Salzsude, zum Baue von Mühlen, zur Anlage von Abzugskanälen und zur Errichtung von Wasserschutzbauten unter der Bedingung, seine Kunst im Salzsieden keinem auswärtigen Fürsten mitzutheilen. (Wirmsberger, die Volkenstorfer.) Erzbischof Leopold Anton (1727—1745) ertheilte dem Professor an der Universität P. Bernhard Stuart ein Privilegium für die Benützung der Torferde und Urbarmachung des Untersbergmoores.

Die landesfürstlichen Messingfabriken zu Oberalben und Ebenau, desgleichen das Hammerwerk Sulzau bei Werfen gehören bereits der Zeit an, in welcher die Landesfürsten selbst Gewerke betreiben ließen — Kameral-, Staats-, Aerarialfabriken, zu denen auch die Kupfer- und Schwefelwerke zu Großarl und Mühlbach in Pinzgau, bei Zell am See, die Schmelzhütte zu Lend nach Abgang der Gewerken zu zählen sind.

Die Verfertigung von Holzwaaren am Dürrnberge, die Stecknadelfabrik zu Hallein, die Spitzenklöppelei um Thalgau, die Verfertigung von Tellern, Mulden u. s. w. aus Zirben- oder Rotheibenholz, erhoben sich im vorigen Jahrhundert, arbeiteten für die Ausfuhr, gingen aber während der napoleonischen Kriegsjahre größtentheils wieder ein.

Im Jahre 1436 war das gasteiner Wildbad schon berühmt. Etwa 40 Jahre später kam das Bad auf der Burgwiese bei Mittersill auf, im 16. Jahrhunderte ist ein Bad bei Zell (zu den 7 oder 9 Brunnen?) sicher.

Die Bade- und klimatischen Kurorte Leogang (seit dem 17. Jahrhundert), Fusch, Aigen bei Salzburg (seit dem 16. Jahrhundert) waren schon im vorigen Jahrhundert bekannt. Unken, die Moorbäder bei Salzburg, Mauterndorf, Hofgastein, Hohenschneib, Mattsee gehören ohne Ausnahme der jüngstvergangenen Zeit, oder der Gegenwart an.

Kaufleute (mercator, negotiator) finden sich urkundlich im 12. und 13. Jahrhunderte zu Salzburg, obwohl sie daselbst ohne Zweifel schon viel früher bestanden. Im 14. Jahrhunderte stehen in den Urbarien der Landbezirke auch Krämer (chramer), und Hausirer (institor) verzeichnet.

Im Anfange des letzten Jahrzehntes wurde die Gewerbefreiheit eingeführt.

XXI.

Salzwesen.

Zur Entdeckung der Salzlager führten die salzigen
Quellen, die da und dort aus der Erde hervorsickern und
„Sulzen" genannt wurden, z. B. der Sulzberg bei Inzell,
die Orts- und Flurnamen Sulzenstein, Sulzenland, Sulz-
wies u. s. w. In ältesten Zeiten wurden solche Wässer,
wenn es der Mühe lohnte, in beckenartigen Gruben „Gum-
pen" gesammelt, oder tiefere den Brunnenschachten ähnliche
Einstiche „Püten" (k. pwyth, verwandt mit lat. puteus)
gemacht, um die Quelle zu fassen, oder dem salzhältigen
Grunde nahe zu kommen. Zum Ausschöpfen bediente man
sich eines „Schöpfgalgens" (k. gealg, galga, in den salzburger Urkunden galgo). Das Salzwerk hieß eine „Hall-
stätte" (von kelt. halen, Salz), daher die vielen Hall und
Halle, Hallein (Hällel im Mittelalter), der Hallersbühel
auf dem Dürnberg.

Um aus der Sulze Salz zu erhalten, erhitzte man in
ältester Zeit durch angelegte Feuer große Steine und goß
die Sole über dieselben. Das erstarrte Salz krazte man ab,
nachdem das Wasser verdampft war. Später kochte man die
Sole in erzenen Pfannen oder Kesseln, etwa so groß, wie
die unserer Waschhäuser, daher viele kleine Oefen (fornaces)
mit ebenso vielen Pfannen (patella) nothwendig waren. Zu
Reichenhall gab es über 60 solcher Heizstätten, die längs des
Gruttenberges gestanden sein mögen (etwa wie man noch in
der Fronau die Waschkesseln im Freien angebracht sieht), und
deren zwanzig das Kloster St. Peter zum Geschenk erhalten
hatte. Diese Kochstätten waren unter freiem Himmel, die
Arbeit dauerte deshalb von Mitte Mai bis zur Martins-
messe und wurde von eigenen Knechten verrichtet. In der
Nähe mußten große Haufen Ofenkehricht, Glühasche (kelt.
grude, grudaire) aufgehäuft liegen, woher wohl der Gruden-
oder Gruttenberg in Reichenhall seinen Namen trägt.

Auf dem Gemärke ob Dürnberg sollen noch im vorigen Jahrhundert Spuren von „Püten" vorhanden gewesen, die Sole aber mag am Hallersbühel verkocht worden sein. Zu Reichenhall bestanden bis ins 14. Jahrhundert Schöpfgalgen oder Brunnen in beträchtlicher Anzahl, die auch „Brett" genannt wurden (worauf man den Schöpfeimer stellte), sammt den dazu gehörigen „Angüssen", „Sieden" oder Sudstätten (Pfannen), die meistens die Namen alter Eigenthümer oder Salzgewerken trugen, z. B. der Herzog, Bischofär, Schultheiß, Berkhamer, in der Höll, zur Gugel, der Stein, der Huntgalgen, das Altsieden, Schefpfannhaus, Aigl, Chiemsee, zum Fußbaum, zur Schreiberinn u. s. w.

Brunnen, Anguß, Pfanne und das dazu gehörige Waldrecht sammt dem erforderlichen Geschirr und Gaben bildeten eine Sudherrngerechtsame und waren nicht selten in sehr kleine Eigenthumstheile verstückt, z. B. der Fünf=, Sieben=, Neun=, Eilftheiler, welche Bruchstücke abermals in Drittel, Sechstel, Achtel, halbe Achttheile u. s. w. zerfielen.

Bis zum Ende des 12. Jahrhunderts verlieh Reichenhall mit seinen 60 Pfannen dem Salzburgerlande und dem Salzwesen allein Namen und Wichtigkeit. Als aber die Stifte aus Reichenhall verdrängt wurden und die Noth sie zwang selbst auf Beschaffung des Salzes zu denken, fanden Salzburg und Berchtesgaden den reichsten Salzsegen (largam benedictionem) in ihren eigenen Bergen, der bald darauf mit Reichenhall in die kräftigste Mitbewerbung auf dem Salzmarkte zu treten vermochte.

In Hallein, dessen Salzwerk am Ende des 12. Jahrhunderts eigentlich in Betrieb kam, hinderte vor Allem der Umstand, daß der Erzbischof kraft der Landeshoheit von demselben Besitz ergriff, und die Klöster St. Peter, Nonnberg (denen man ihre Salzantheile zu Reichenhall auf das Wirksamste zu verleiden gewußt hatte), Raitenhaslach, Salmannsweil und das Domstift mit Antheilen bedachte, den Uebergang in Privathände, weßhalb dort keine selbstständigen Hällinger vorkommen.

Die Brunnenschachte oder Püten, Stollen, mittels welcher man den Salzwässern nachfuhr, Bergeinstürze, hervorgebracht durch das Eindringen von Tagwässern in das leitige „Haselgebirge", wobei salzhaltige Schichten entdeckt und ausgewässert wurden, brachten auf den Gedanken, gleich andern Erzadern

auch das „Salzerzt" mittels Stollen in der Tiefe aufzusu=
chen, es durch hineingeleitete Tagwässer aufzulösen und das
auf diese Weise künstlich gewonnene Salzwasser aus dem
Berge herauszuleiten und zu Gut zu bringen. Man erbaute
die Pfannen am Mühlbache oder zu Hallein, weil die Leitung
in das Thal hinab keiner kostspieligen Vorrichtungen be=
durfte und das Holz dahin leicht zuzuführen war. Aber der
große Holzverbrauch führte bald die Nothwendigkeit herbei,
die Zahl der Pfannen (24 um 1240) zu vermindern und
mittels der Salzach von entfernten Waldstrecken her das
Holz nach Hallein zu triften und einen Holzrechen zu er=
bauen. Im 14. Jahrhundert gab es daher zu Hallein nur
mehr 9 Pfannen (Werch, Zistel, Haus, Taching, Tieting,
Oberhof, Niederhof, Wieting und Golbeck), die im Jahre
1610 auf 5 (St. Ruprecht, Raitenau, Niederhof, Neusieden
und Wieting), im 18. Jahrhundert auf drei (St. Ruprecht,
Raitenau, Niederhof), dann auf zwei und in neuester Zeit
auf eine beschränkt wurden, wobei natürlich die Pfannen an
Größe wuchsen und deshalb aus einzelnen Stücken zusam=
mengenietet wurden. Aehnlich verfuhr man zu Reichenhall
und Berchtesgaden.

Um das „weiche Salz", das aus der Pfanne kam, voll=
ständig zu trocknen — „hartes Salz", „Dörrsalz" —, waren
Dörrstuben „Pfiesel" (vom mlat. pisile) nöthig, die man nach
Art der Obstdörröfen einrichtete. Ungeachtet dieselben auch
viel Holz verschlangen, kam man doch erst im laufenden
Jahrhundert dahin, das Salz mit einem Feuer zu sieden
und zu trocknen.

Das Salz, welches man, wenn es aus Reichenhall kam,
mit einem kaufmännischen Kunstgriffe „reiches Salz" nannte,
gleich als wenn es mehr Salztheile enthielte, während man
eine Zeit lang das halleiner Salz „armes Salz" nannte,
kam entweder „nackt", d. i. in Stöcken, Brocken oder auch in
formlosen Klein, anderntheils aber in Säcken, „Büchsen" oder
„Butschen", „Scheiben", „Kuffen", „Küffeln" in den Handel.

Das zum Sieden oder Verpacken nöthige Holz wurde
entweder aus den zum halleinischen Salzwesen gewidmeten
Wäldern herbeigeflößt, oder aus den salzburgischen „Sal=
forsten", in welchen die reichenhaller Sudherren Bezugsrechte
hatten, oder aus den wenigen Eigenthumswäldern der Ge=
werken herbeigeschafft, oder (für die im Betriebe der Bürger

zu Hallein stehenden Pfannen?) durch die „Bestehholzer"
(Waldpächter) geliefert.

Im Jahre 1423 wurden sechs Pfannen zu Hallein an
eine Genossenschaft von 12 dortigen Bürgern gegen 1000
Pfund Pfenning jährlich verpachtet, später aber wieder in
landesfürstlichen Betrieb genommen.

So lange Bürger an dem Betriebe des Salzwesens Antheil nahmen, bestanden die Abgaben in Zehenten und Zöllen,
die schon im 8. Jahrhundert erwähnt werden. Die erste
Verbrauchsabgabe wurde 1296 mit kaiserlicher Genehmigung
von Erzbischof Conrad IV. auf das Salz gelegt — 2 Pfenninge auf die große Kuffe, 1½ Pf. auf die Scheibe, 1 Pf.
auf 4 kleine Küffeln.

Seitdem das „Salzregale" zu Berg und Hütte durch
die landesfürstliche Kammer wie auch zu Reichenhall und
Traunstein (Salzmayr) mittels eigener Beamten ausgeübt
wurde, kamen jährlich, den Salzausgang zu Land von
Hallein aus ungerechnet, 1500—1800 Pfund (zu 240 Zentnern) auf der Salzach in den Handel, wofür nach den Prei-
sen von 1600 jährlich bei 220,000 Gulden in die erzbischöfliche Kammer floßen.

Das meiste Salz, das zu Land von Hallein ausgeführt
wurde, ging in das Gebirge, dann über Radstadt und den Tauern nach Kärnten und Untersteier. Um den Absatz dahin zu
sichern, wurden die Schlösser Arnfels und Neumarkt in Steiermark, Löschenthal und Lavamünd in Kärnten sammt aller
Zubehör an Kaiser Friedrich III. ins Eigenthum abgetreten.
Auch durch das Wiesthal, sowie auf dem linken Salzachufer
über Schoßrifen und Sulzeneck durch Berchtesgaden nach
Pinzgau, sowie durch das Niederthor (salzburger Thor)
wurde Salz von Hallein aus verfrachtet.

Baiern beschränkte den Vertrieb des halleiner Salzes
auf der Achse und verbot dessen Absatz nach Oberbaiern und
Schwaben, übernahm den größten Theil der Verfrachtung
von Laufen abwärts, und bekam schließlich die berchtesgadner Salzwerke in seine Hand.

Die Hindernisse, die Salzburg dem Vertriebe des berchtesgadner Salzes in den Weg legte, die Streitigkeiten wegen
Erhöhung des Salzpreises, wegen Einhaltung gewisser Stra-
ßenzüge und Absatzgebiete u. s. w. zwischen Baiern und
Salzburg, die Gewaltthätigkeiten, die wiederholt zu Land-

friedensbrüchen ausarteten, wie der Ueberfall der Gosau durch die Salzburger, der Ueberfall Berchtesgadens durch Wolf Dietrich, die Besetzung Salzburgs 1611 durch Baiern und die Gefangennahme Wolf Dietrichs, die hauptsächlich der Salzeinkünfte wegen entsprangen, die großen oft unausgeglichenen Rechnungsbeträge für abgenommenes Salz, bilden ein an Schlagschatten reiches Kapitel in der Geschichte fürstlicher Finanzkunst und des Fabriksbetriebes der Kleinstaaten.

Donau aufwärts ging salzburger Salz nach Regensburg mit festgesetzten Lagerstätten; von Passau aus ein großer Theil auf dem „goldenen Steig" nach Böhmen.

Der Salzbergbau und die Saline zu Hallein werden jetzt auf Rechnung des Staatsschatzes betrieben.

Wie in alten Zeiten die Blechschmiede in Oesterreich, die Zeidler um Nürnberg und wahrscheinlich auch im Zeidlergau unter Vorstehern, „Grafen" genannt, standen, die über sie Gerichtsbarkeit ausübten und sie bei ihren Rechten schützten, so genossen auch die Salzarbeiter und Salzgewerken zu Reichenhall und an andern Hallstätten das Recht eines eigenen Gerichtsstandes unter den „Hallgrafen", den Grafen von Atl und Nott, später Wasserburg, die auch die (Salz=?) Schifffahrt auf dem Inn und der obern Donau beschützten und dafür Einkünfte bezogen. Auf der Salzach scheinen die Grafen von Burghausen ein ähnliches Amt geübt zu haben, wenigstens nennt sich ein Graf von Peilstein dieses Stammes auch Hallgraf. Graf Engelbert (1171, 1193) von Wasserburg hält zu Reichenhall wiederholt „Gedinge" und spricht zu Recht. Die Hallgrafschaft der Grafen von Plain, wie sie Koch=Sternfeld aufstellte, kann daher nicht in dem vorerwähnten Sinne verstanden werden.

XXII.

Die Salzachschiffahrt.

Der Flußnamen „Salz=ache", der, im Zusammenhange mit dem Stadtnamen „Salzburg", im 8. Jahrhundert er=scheint, gibt Zeugniß von der Benützung dieser Wasserstraße zur Verfrachtung des Salzes, das von Reichenhall auf der Saale und weiters auf der Salzach verschifft wurde. Das=selbe ging bis Passau, wo Salzschiffe donauab= und auf=wärts die Fracht übernahmen, die schon um 960 erwähnt werden.

Das Recht ihr Salz zu verführen stand zwar den Salz=gewerken zu und die mächtigeren unter ihnen, wie der Erz=bischof, St. Peter, das Domstift in frühester Zeit, das Kloster Raitenhaslach noch später, dann die bairischen Her=zoge übten es auch fortwährend aus. Allein die übrigen Hällinger, die oft nur einzelne oder halbe Pfannen und weniger besaßen, waren gewiß nicht alle in der Lage, die Versendung ihres Erzeugnisses selbst zu besorgen.

Die Schwierigkeit der Schiffahrt auf der Salzach bis Laufen wegen des wechselnden Fahrwassers, der Wassergüssen, Untiefen und wegen der Umschiffung des „Laufens" (einer starken Flußkrümmung mit größerer Stromgeschwindigkeit in der Nähe der Stadt gleichen Namens), ferners die Be=schaffung, Bemannung und Aufwärtsbeförderung der Schiffe u. s. w. begünstigten die Entstehung einer Schifferge=sellschaft zu Laufen, noch bevor die Entdeckung neuer Salzlager auf dem Tuval und ob Hallein der Salzausfuhr im 13. Jahrhundert neuen Aufschwung gab.

So entstand in Laufen aus Landeigenthümern der Um=gegend, die aber in der Stadt Burgrecht hatten und kleine=ren Stadtbürgern eine „Schiffergilde" zu dem Zwecke der Verfrachtung von Salz und andern Gütern und der Ver=

forgung ihrer verarmten oder erwerbslos gewordenen Ge=
noffen. Diefe Gilde regierte fich nach eigenen Satzungen,
die erft zur Zeit, als die Graffchaft Lebenau an das Erzftift
gekommen war, fomit in der zweiten Hälfte des 13. Jahr=
hunderts, der Erzbifchof als neuer Landesfürft guthieß.

Als in Folge des Emporkommens der Salzwerke zu
Hallein, Schellenberg und Berchtesgaden die Salzausfuhr fich
mindeftens verdreifachte, und auch zu Hallein und Salzburg
Schiffleute fich befanden, verbrüderten fich auch diefe mit
der laufner Schifferinnung.

Die Schiffahrtsgenoffen beforgten die Befchaffung der
Schiffe — „Schiffherrn“, die Unternehmung der Frachten —
„Fertiger“, die Bemannung und Führung der Schiffe —
„Ausfergen“, „Naufergen“, den Schiffbau — „Schopper“,
die Verforgung der Verarmten und Siechen — „Schiffer=
fpital“, den Gottesdienft — „Nikolaibruderfchaft“, und die
fonftigen Verwaltungsgefchäfte — „Nikolaibüchfenverwaltung
der Schiffleute“. ` Die Gilde, die fich auch die „Schiffleut=
bruderfchaft“ nannte, trug daher noch den weit mehr welt=
lichen als kirchlichen Stempel der Gilden des früheren Mit=
telalters.

Die Schiffergefellfchaft war nicht blos die angefehenfte
und zahlreichfte Genoffenfchaft zu Laufen, fie lieferte auch
die meiften Bürger zur Verwaltung der ftädtifchen Angele=
genheiten. Der Salzhandel (die Salzhütteln) war ein Vor=
recht der Bürger von Laufen.

Die Entfchließung Kaifers Friedrich I. vom Jahre 1158
weift die fchiffbaren Flüffe (Schiffahrtsrechte, Waffermauth
u. dgl.), die Hafen= und Strandgebühren, die Schiffsabga=
ben, desgleichen die Einkünfte von den Salzwerken den Für=
ften als Vorrechte (Regalien) zu. Nach dem Ausfterben der
Grafen von Burghaufen (um 1168) traten daher die bairifchen
Herzoge und in Folge Erlöfchens der lebenauer Grafen
(1229) nach längeren Verhandlungen die falzburger Fürften,
foweit ihre Landeshoheit fich erftreckte, in die ehemals kai=
ferlichen, von den Grafen als Lehen inne gehabten Rechte ein.

Um diefe Zeit find in der laufner Schiffergilde fchon
zweierlei Genoffen vorhanden, die „Schiffherrn“, die auf
ihre Koften bei den Schiffbauern die Schiffe verfertigen und
„auf das Waffer werfen“ ließen, und auf eigene Wag und
Gefahr Salzfrachten übernahmen, oder aber, was bald zur

9

Regel wurde, die Fahrzeuge gegen Miethzins (Bodenzins) an die „Ausfergen" überließen, die das Salz mittels ihrer Schiffleute nach den verschiedenen Legstätten „bis Passau in den Tümpel" lieferten. Diese Ausfergen (Frachter) waren anlaitbar und insgesammt zur Stellung von sechs Leichtbewaffneten oder Schützen (sex cum ballistis), zu Steuer und Musterung und städtischen Diensten im „burgum" Laufen verpflichtet. In den Jahren 1267 und 1278 nach Austragung der Ansprüche Baierns und Salzburgs über die Hinterlassenschaft der Lebenauer bestättigten die Erzbischöfe Wlodizlaw und Friedrich II. die Verfassung der Gilde unter Festsetzung der Zahl der Schiffe und der Ausfergen.

Die Wirkungen der landesherrlichen Gewalt auf die Gilde gaben sich aber bald in zwei verschiedenen Richtungen zu erkennen.

Von Anfang an blieben die Schiffsherrn vom Erzstifte als Herrn der meisten zum Schiffbau benöthigten Wälder wenigstens zum Theil abhängig. Als Salzgewerken hielten die Erzbischöfe ohnehin eigene Schiffe zur Ausfuhr des Salzes. In dem Zeitraume von 1365—1403 lösten nun die Erzbischöfe alle Schiffherrnrechte zu ihrer Kammer ein, stellten auf eigene Rechnung die Schiffe zur Salzfracht her, überließen aber Aufsicht und Vermiethung derselben gegen Reichung einer jährlichen Geldsumme (Beutellehen) lehenweise den erblichen „Ausfergen", die bis in die neuere Zeit den Geschlechtern Laufens angehörten, während Gemeinbürger dieser Stadt, „Naufergen" genannt, die Führung der Salzschiffe übernahmen.

Die Herzoge dagegen waren neben ihrem reichenhaller Salzwesen mit allen Mitteln auf die gewinnreiche Verfrachtung und den Verschleiß des halleiner Salzes nach Niederbaiern, der Oberpfalz und Böhmen, auf Sicherung und Ausdehnung des Absatzgebietes für das reichenhaller Salz bedacht. Sie errichteten Salzniederlagen für das auf der Salzach herabkommende Salz zu Burghausen, Passau, Regensburg mit den Zwischenpunkten Vilshofen, Deggendorf, Straubing, Thuemstauf (Donaustauf). Sie mietheten die erzbischöflichen Schiffe von Laufen aus bis Burghausen und Passau und beschränkten so in anderer Weise die selbstständige Thätigkeit der Gilde.

Der eigentlichen Handelsthätigkeit aber, die auf eigene

Wag und Gefahr die Salzvorräthe ankaufte, Versendung, Niederlage und Vertrieb besorgte, enthielten sich längere Zeit sowohl der Erzbischof als die Herzoge.

Nach dem Abgange der Schiffsherrn zu Ende des 15. Jahrhunderts und da eine Menge Privatgewerken zu Reichenhall den Verkauf des erzeugten Salzes nicht selbst besorgen konnten, entstanden daher zu Laufen, Burghausen und Passau und später auch zu Hallein „Fertiger" (Faktoren, Spediteure), mit Geldkräften und dem erforderlichen Unternehmungsgeist ausgerüstete Bürger, die nicht einmal Eingeborne zu sein brauchten, wenn sie nur durch ihre Betriebsamkeit das Salzregale mit seinen vielerlei Abgaben möglichst zu fördern im Stande waren.

Durch die Entwicklung der Salzwerke in Oberösterreich und zu Aussee, in Folge der unablässigen Reibungen zwischen Baiern und Salzburg, der Salzpreiserhöhungen, Aufschläge, Ausfuhrverbote, Processe u. s. w. wurde jedoch das Geschäft der Fertiger als bürgerlicher Erwerb von Jahr zu Jahr weniger haltbar und es besorgten zuletzt landesfürstliche Beamte die Salzfertigung, und die „Schiffmeister" die Verfrachtung, sowie die sonstige Handelsbewegung auf dem Flusse, welche in der Ausfuhr von Holz, Kalk, Gyps, Eisen, berchtesgadner Waaren und Bier, dann in Wein zur Rückfracht bestand.

Die erzbischöflichen Schiffe oder „Schiffungen", auf denen ausschließlich Salz ausgeführt werden durfte, weßhalb sie auch „Hallaschen" hießen, fuhren unter eingebrannten Marken. Ihre Zahl betrug ursprünglich 33 Paare, mit den Beischiffen 99. Später wurden 56 Paare „auf das Wasser gestellt", mit den Beischiffen gegen 160. Man rechnete auf jedes Zeichen ein altes und neues, oder ein auf- und ein abwärts gehendes Schiff. In den Schiffmarken oder Namen vergegenwärtigte sich die alte Zusammensetzung der Gilde, bis in späterer Zeit auch fremdartige Zeichen angenommen wurden. Da waren zuerst die ältesten Salzgewerken mit Abzeichen oder Wappen vertreten, der Erzbischof und das Erzstift, das Domkapitel, St. Peter, dann die alten Schiffsherrn und Ausfergen, die Kuchler, Haunsberger, Goldecker, Teisinger, Aichaimer, Göbminger (mit dem „Wecken"), die Gransen, Pfaff, Scheffherrn (mit dem „Jaidhorn"), die Strudel, Gugel, Truthan, Scheller, Tannhauser, die jüngeren Ausfergen, die Gansl, Niederthor, Panichner, Gämsel, Warleich, Lampotinger, Noppinger, Feuersinger und Alben;

9*

die jüngsten Geschlechter und adeligen Ausfergen waren die Goldt, Gutrat, Pödtl, Perner, Frauendienst, Strubel, Talckh, Gänsel, Höflinger, Güls, Kammerlohr, Dückher, Auer; es fanden sich darunter die erzbischöflichen Wappen von Puch-heim, Weißeneck, Schaunburg, Künburg, Thun, Raitenau, Hohenems, ferners von höheren Dienstleuten die Thurn, Thannhäuser, Nußdorfer, endlich waren die laufner Bürger durch die Zeichen: Göpel, Katze, Tischgericht, Strahl (Pfeil), Schlaipf, Leiter, (Fisch-) Bär, Mondschein, Hacken, Thier-spieß, Rechen, Gabel, Fliescher (?) vertreten.

Eine Salzflotte, die von Hallein ausfuhr, zählte 8—12—16 Schiffe, von Burghausen abwärts wohl auch 20. Ein „Rauferge" fuhr mit seinem Schiff „der Raufahrt" vor-aus; die Bemannung der Hallaschen (Holleischen) bestand aus 1 „Seßthaler", 1 „Steurer", 1 „Gnoßen" und 3 „Scharlern" (Knechten).

Die Salzflotten oder „Meistersalze" von Laufen ab-wärts führte ein „Samscheibenseßthaler", der „Erbnauferg" stand auf der „Raufahrt" und gab die Richtung mit der Hand, der „Trimbler" stand am vordern, der „Raukehrer" am hintern Ort des Schiffes, vier „Pruggater" vorn und hinten auf den Ruderbrücken; dazu kamen noch der „Meister-knecht" und vier „Helferknechte". Kleinere Zillen hatten kleinere Bemannungszahl, die „Aschen" oder „Hallaschen" 9, die „Plätten" 8, die „Sechser" 6 Mann.

Die „Wasserseher" untersuchten das Fahrwasser von Hallein bis Passau, bezeichneten es und bestimmten mit den Seßthalern, ob „Schiffmannswetter" sei und wie stark im Verhältniß zum Wasserstand die Beladung der Schiffe sein dürfe.

Hilfsarbeiter waren die „Heber" (Auflader), „Fasser", „Lediger", die Aufseher der Geschirrgaben „Lebsalzer" ge-nannt (dienstuntauglich gewordene Schiffer, die noch damit ihren Lebensunterhalt gewannen, daß sie kleinere Schiffs-bedürfnisse, „Schalten", Ruder, „Seßen" [zum Ausschöpfen des Wassers aus dem tiefsten Theile des Schiffes, dem „Seß-thale"], Stricke, Ketten u. s. w. lieferten), „Schopper" (Schiffszimmerleute), „Treiber" oder „Aureiter" (Roßlenker beim Schiffszug), „Wegmacher" auf den Leinpfaden oder Treppelwegen, „Umführer" (Lootsen um den „Laufen") u. a.

Der Beginn der Schiffahrt wurde jährlich um die Mitte

März durch Trommelschlag und Ausruf in den Straßen Laufens kund gethan. Die Schiffahrt dauerte bis in den Spätherbst.

Es galt als Regel: der Erbausferg wagt bei der Fahrt Schiff und Geschirr, der Fertiger das Gut, Seil und Plahen, der Schiffmann seinen Leib.

Der Pfleger zu Laufen war oberster Schiffrichter, mit Ausnahme der Malefiz- und Vizthumhändel (schweren Verbrechen).

Nach Schiffartsende hielt die Genossenschaft gemeinsame Sitzung, wobei die Erbausfergen, Fertiger, ein zweiter Bürger von Laufen, die Hüttenmeister zu Salzburg und Laufen, einige Salzarbeiter, Schiffleute und die Zechpröbste der Kirchen, aber auch Pfleger, „Umgeher" und Schiffschreiber erschienen. Die Räumung des Wasserstroms, die Erhaltung der Salzhütten, die Aufstellung der Wasserseher, Treiber, Heber, Fasser, Plahenhüter, Aureiter, die Verrechnung der eingegangenen Gefälle für die Nikolaibüchse, die Anlegung von Geldern u. dgl. waren die Verwaltungsgeschäfte dieser Zusammenkunft.

Die Kirchen bei St. Peter, St. Christof (am Winterbrunnen) und zum h. Geist, sämmtlich zu Laufen, standen in nahem Zusammenhang mit der Schiffergilde und erstere zwei wurden von ihr unterhalten.

Das Schifferspital zum h. Geist zu Oberndorf „ist von den Ausfergen und gemainen Arbeitern aufgericht worden" und hatte die Versorgung gebrechlicher, erwerbsunfähiger Schiffer zur Aufgabe. Die h. Geistkirche auf der Pflegerinsel zu Hallein war vielleicht auch ein Ansatz zu einem Schifferspital.

Außerdem bestand eine „obere und untere Seßthalerbüchse" zur Unterstützung der Seßthaler.

Die Ausgaben an „großer und kleiner Maut", „Ungeld", an Lohn für Schiffleute und Bedienstete, für Schiffsbedarf u. s. w. bis das Salz nach Laufen oder Burghausen gestellt war, betrugen 40°/₀ der Gesammtauslagen, so daß 60°/₀ für den Kaufpreis des Salzes entfallen.

Auch Schiffleute, Schiffmeister, die Hüttler zu Laufen und Salzburg durften jährlich eine Salzfracht (Samladung), auf eigene Rechnung unternehmen.

XXIII.

Münzen und Masse.

Als Gewichtseinheit hatte seit ältester Zeit das **Pfund** weit und breit Geltung. In Norikum war ohne Zweifel das römische Pfund in Gebrauch und blieb es, wie in den deutschen Römerprovinzen überhaupt bis zur siegreichen Erhebung der Ostfranken über die Neustrier. Da führten Pippin der Kurze (755) und sein Sohn Karl das ostfränkische Pfund ein, welches um ein Viertel schwerer war. Dieses stimmte mit dem altsächsischen und angelsächsischen überein und ist (nach Soetbeer) auf dem Handelswege mit der griechischen Kultur von den Küsten des schwarzen Meeres nach dem Norden gepflanzt worden.

Das deutsche oder schwere und das römische oder leichte Pfund haben verschiedene Anwendung erfahren. Beide dienten als Grundlage des römischen, fränkischen und deutschen **Münzwesens**.

Die Handelsmünze der Römer war der „Goldschilling" oder „Goldsolidus", im Mittelalter auch von den deutschen Kaisern geprägt und schlechtweg „Goldmünze" (aureus) oder „Byzantiner" (byzantius) genannt. Bis Constantin wurden 45, später 72 aus einem Pfunde Gold geprägt. Zur Merowingerzeit war sein Metallwerth 9 Fr. 28 Cent. oder 4 fl. 90 Kr. ö. W., also beiläufig 1 Dukaten. Auf einen Goldsolidus gingen 40 Denare.

Das Münzpfund Gold und Silber wurde aber bald wieder zu 12 Unzen (24 Loth), im 13. Jahrhundert gar zu 8 Unzen (Troyesgewicht) angenommen. *)

Der „Silberschilling" oder „Solidus" war erst seit 755 wirkliche Münze, früher aber Rechnungsmünze und es gingen

---

*) Max Wirth, Deutsche Geschichte, Frankf. 1861.

Anfangs 25, später 22, 20 auf 1 Pfund und 12 „Denare" (Pfenninge) auf einen Schilling. Das Zeichen des Schillings war β, das des Denars dl.

„Um 1000 Schillinge in Gold und Silber" kaufte der h. Rupert vom bairischen Herzoge die Dorfmark Piding mit dreißig Bauern und aller Zugehör. Da um das Jahr 700 die Silberschillinge noch Rechnungsmünze waren, dürfte vielleicht obige Summe zwar in Silber berechnet, aber in Gold bezahlt worden sein. Der Silberschilling galt damals 2.78 Franken und weil seither der Kaufwerth des Geldes ungefähr um das Zehnfache gesunken ist, so betrüge bei obiger Voraussetzung der Kaufpreis von Piding die staat= liche Summe von 27,000 Franken oder 10,800 Gulden. Hiedurch würde auch die Angabe Bestättigung finden, daß Rupert mit dem fränkischen Hofe in näherer Verbindung stand.

Im Jahre 864 betrug das Werthverhältniß zwischen Gold und Silber 1 zu 12.

Die „Goldsaige" (aurisaiga), d. i. die Menge Wasch= gold, welche mit einer Füllung des Sichertroges erbeutet, ausgewaschen oder „ersaigert" wurde, galt in Salzburg von jeher 8—9—10—12 Denare.*) Da man anderwärts die= selbe zu 1—2 Denare annahm, so dürfte der Schluß erlaubt sein, daß die Goldwäschereien an der Salzach und Fritz ziemlich ergiebig waren.

Im Mittelalter wurde das „Pfund Pfenninge", mit dem „Talente" beinahe gleichwerthig, die Rechnungsmünze. Das „Talent" wurde öfter auch vom ungemünzten Silber gebraucht. Das Pfund Pfenninge, aus welchem der spätere „Gulden" hervorging, zählte 8 Schillinge, jeder zu 30 De= naren oder Pfenningen, somit ein Pfund Pfenninge = 8 β = 240 dl.

Mit dem Pfunde Pfenninge stand die „Mark Silber" in unmittelbarem Zusammenhang. Dieselbe stellte das 16 löthige Pfund Silber dar, aus welchem nach Beschickung mit 1, 2 und mehr Loth Kupfer durch Prägung eine gewisse Anzahl Pfenninge hervorgingen. Nach einer Abrede zwischen Meinhard Grafen von Görz und Tirol, zugleich Herzog von

---

*) Salzburgische Urbarien, Regesten des Domkapitels und St. Peters aus dem 11. und 12. Jahrhundert.

Kärnten und Erzbischof Rudolf von Salzburg (1286) sollten aus der wiener Mark Silber, die mit 2 Loth Kupfer versetzt ist, zwei Mark und 24 Pfenninge geschlagen werden, so daß auf 1 Loth Silber 21½ Denare träfen, wornach eine Mark Pfenninge = 160 Pfenninge ist. Die „Mark Pfenninge" wurde aber sehr verschieden berechnet.

Die „Gulden" (von gülden, gulben, d. i. golden) nahmen ihren Anfang von den kleinen florenzer Goldstücken (¼ Goldschilling) und hießen daher auch „Florenzer", „Floren", „Goldgulden", „Guldenbukaten", in Salzburg auch wegen Gleichheit in Größe und Gepräge „Kreuzerdukaten". Später wurden silberne Guldenstücke üblich und verdrängten die goldenen.

Wie das Pfund zu 8 Schillingen und 240 Pfenningen der „Guldenwährung" zu Grunde lag, so führte das schwere Pfund von 12 Schillingen und 360 Pfenningen zur „Thalerwährung" („Thaler" von der Bergstadt Joachimsthal so genannt). In der Guldenwährung liegt demnach das kleinere welsche Pfund, in der Thalerwährung das größere deutsche Pfund verborgen.

Mit den „Dukaten", die zuerst König Roger von Sicilien für das Herzogthum (ducatus) Apulien schlagen ließ (1140), kam man wieder dem Werthe des Goldsolidus nahe. Seit dem 16. Jahrhunderte wurden in Salzburg viele Dukaten geprägt.

Im Jahre 1296 kamen zu Prag die „Dickpfenninge" (grossi, daher „Groschen") auf, und später zu Schwäbisch-Hall die „Häller".

Von dem aufgedrückten Kreuze, bisweilen mit je vier abwechselnd längern und kürzeren Armen, erhielten die „Kreuzer" ihren Namen, in Salzburg „Rablkreuzer" von dem 8armigen Kreuze.

Zu den Groschen und Kreuzern kamen „Patzen", von dem Bären (Petz) der Schweizerstadt Bern so genannt, in Salzburg auch „Halbpatzen" (durch Sigmund Hafner geprägt), und „Zehnpfenninger" oder „Landmünzen", 24 auf den Gulden.

Uebrigens lief in Salzburg zu verschiedenen Zeiten auch eine Menge anderer nicht im Lande geprägter Münzen um, so z. B. im 17. und 18. Jahrhunderte „Rosenobel" zu 5 fl. 4 kr., „Schiffnobel" zu 4 fl. 30 kr., „Engellot" zu 3 fl. 24 kr., hessische „Philippsthaler" zu 5 ganzen „Kopfstücken" oder 1 fl. 40 kr. im Werthe, pfälzische „Kopfstücke" zu 18 kr., „welsche Kronen" zu 2 fl., „Silberkronen" zu 1 fl. 44 kr,, „Reichsguldenthaler" zu 1 fl. 20 kr., „doppelte Gulbiner" im Werthe von 30 kr., „Goldgulden" mit 1 fl. 44 kr., „Zwei=unbsiebziger" oder Conventionsgulden, Zehner, Siebener und Siebenzehner, kaiserliche „Kopfstücke" oder Conventionszwan=ziger zu 24 kr., Kronenthaler zu 2 fl. 42 kr. und an Gold=münzen churbairische, kölnische, pfälzische und württember=gische „Dukaten", „Maxb'or" zu 7 fl. 30 kr., „Carlb'or" zu 10 fl. 42 kr. ober breifache (?) Golbgulden, „Sonnenbublonen" mit 10 fl. 5 kr., „Souverainb'or" zu 16 fl., vierfache spanische „Doppien" u. bgl. *)

Um nur einige Beispiele des Geldwerthes an=zuführen, folgen nachstehende Angaben:

8 Metzen murecker Maß hartes und weiches Getreibe galten im 14. Jahrhundert 1 Mark.

1 Wagen (carrada) Wein bamberger Maß 3 Mark.

Für 1 Mark Erträgniß eines nicht lehenbaren Gutes rechnete man 14 Mark friesacher Münze Ablösung (1242), andere Male 11 Mark und 15 Mark.

Für 1 Mark Erträgniß eines lehenbaren Gutes 5 Mark Ablösung (Capital).

Von einer ganzen Salzpfanne zu Reichenhall zahlt Yngram im 12. Jahrhundert jährlich 10 Talente.

Um 73 Mark Silber kauft St. Peter vom Grafen von Burghausen um 1140 zu (Reichen=) Hall 2½ Achttheile eines Salzbrunnens sammt Zugehör.

Um 27 Talente kauft St. Peter ⅛ am Steingalgen um dieselbe Zeit.

Im 12. Jahrhundert kaufte sich ein Höriger (Leibzinser), der jährlich 6 Denare Zins zahlte, vom Domstifte für 30 Talente die Freiheit.

1 Schwein galt um dieselbe Zeit 40 Denare.
3 Frischlinge, ober Schafe kosteten 12 „
1 Schaf 32 Denare (um 1400).
1 (Rinds ?) Haut zum Del (Behälter) 20 Denare.
6 Hühner, 150 Eier wurden abgelöst um 30 „

*) Verorbnungen in Münzsachen.

Um 6, 5, 2½ Pfund Silber kaufte man eine „Hube", d. i. ein halbes Bauerngut im 12. Jahrhundert. *)

Taglohn	1576	24	Pfenninge
„	1604	9	Kreuzer
„	1653	12	„
„	1680	16	„
„	1760	12	„

Münzrecht.

Nachdem die Bisthümer Mainz (856), Worms (858), Straßburg (873), Eichstädt (908), St. Gallen (947), Augsburg (955), dann die acht sächsischen Bisthümer das Recht Münzen zu schlagen vom Kaiser erlangt hatten, verlieh im Jahre 996 Kaiser Otto III. dem Erzstifte Salzburg nebst dem Zoll- und Marktrechte auch das Münzrecht, d. i. die Vergünstigung, in der Stadt Salzburg Silbermünzen nach dem regensburger Muster, wo damals die kaiserliche Münzstätte war, zu schlagen. Im Jahre 998 erhielt Passau dasselbe Recht.

Im 12. Jahrhundert wird das Münzrecht, welches sich blos auf Silberschillinge und Pfenninge erstreckte, bereits in allen Städten des Erzstifts ausgeübt, die sich durch Verkehr, Zölle, Märkte, Niederlagen zu Münzstätten eigneten, so zu Salzburg, Reichenhall, Laufen, Friesach und Reyn (Rann in Untersteier). Insbesondere war südlich des Tauerns die friesacher Münze „die Friescher" wegen ihres Gehaltes die gangbarste und hatte Geltung weit um. In der friesacher Münzstätte wurden für Leopold VII. von Oesterreich, für die Herzoge von Kärnten, das Hochstift Brichsen, bisweilen auch für den Patriarchen von Aglei (Aquileia) Denare geschlagen. Daher schreibt sich auch ohne Zweifel der Namen carantano (d. i. danaro, kärntner Denar), den die friesacher Pfenninge oder Kreuzer in Oberitalien trugen. Zu Anfang des 14. Jahrhunderts sind auf manchen salzburgischen Gütern in Obersteier schon grazer Pfenninge als Reichnisse eingetragen. Im 15. Jahrhundert haben neben den friesachern (frexachenses) bereits die wiener Pfenninge Verbreitung, und nachdem Steiermark, Kärnten, Krain, Görz, die windische Mark, Triest, Portenau unter dem Hause Habsburg vereinigt waren, konnte die Reichsunmittelbarkeit der salz-

---

*) Meiller, Regesten; Juvavia, dipl. Anhang; Urkundenbuch von Berchtesgaden in: Quellen und Erörterungen zur bairischen und deutschen Geschichte, I.

burgischen Besitzungen in Kärnten nicht mehr aufrecht erhalten werden und so schwand die friesacher Münze aus dem
Verkehr und die Münzstätte ging ein.

Ein Blick auf die Zahl der Münzstätten, deren Münzen im Umkreise des Stiftlandes umliefen, aber meistens
von verschiedenem Schrot und Korn waren und jährlich oder
binnen einiger Jahre wieder gegen neue vertauscht wurden,
verschafft eine Vorstellung von dem mittelalterlichen Münz-
wirrwar, dem Ausdrucke des „Partikularismus."

Im 12.—14. Jahrhundert bestanden außer den fünf
salzburgischen in den Nachbarländern folgende Münzstätten:

herzoglich bairische zu Regensburg, Landshut, später zu
München,

bischöfliche zu Regensburg, Passau, Brichsen und die
bischöflich bambergischen zu Villach und Griffen in Kärnten,

reichstädtische zu Regensburg, Augsburg, Nürnberg,
u. s. w.,

österreichische zu Enns, Linz, Freistadt, Wien, Neukirchen am Steinfelde, Windischgraz, Laibach,

görzische zu Görz und Lienz im Pusterthale,

aglaische zu Aquileia,

tirolische zu Meran, seit 1450 zu Hall,

herzoglich kärntische zu St. Veit und Völkermarkt,

Münzen des Bischofes von Verona (Perner).

Am Ende des 13. und zu Anfang des 14. Jahrhunderts
galten:

11 salzburger Mark Silber   1 wiener Mark Gold,
100   „   „   „   91½ „   „   Silber,
13 regensburger Talente   1   „   „   Gold,
5 Tal. 12 Schill. regsb. Pfenn. 6   „   Talente,
525½ Mark friesacher Pfenn. gaben ein Silbergewicht von
282 Mark 1 Loth,

92 Mark grazer Pfenn. wogen in Silber 50½ Mark
salzburgisch; es kamen daher auf 1 wiener Mark Silber
2 Mark 20 Pfenn. gemünztes Geld, 1 Mark = 18 Schillinge 15 Pfenn.

1 Talent 50 Denare Friesacher gaben in früherer Zeit
1 Mark feines Silber,

1 Talent 35 Denare regensburger — 1 Mark fein. Silber,
1 „ 86 „ wiener 1 „ „ „
1 „ 180 „ passauisch = 1 „ „ „
4 Schillinge schwarzer Pfenninge gaben 6 Schillinge salz=
burger Pfenninge,

1 friesacher Pfenning 3 wiener Hälblinge,
6 „ „ = 9 „ Pfenninge,
1 Pfund berner Pfenn. · 1 ungarischen Goldgulden,
262½ Pfenn. schwarzer Münze — 1 Gulden,
12 Perner Pfenn. gaben 1 Schilling Rechnungsmünze,
4 „ „ „ 1 Vierer (Stiftsvierer),
5 Vierer waren = 1 Kreuzer,
60 „ = 12 Kreuzer = 240 Perner — 1 Pfund Perner,
5 Pfund Perner = 1 Gulden,
1 Mark Perner = 2 Gulden oder 10 Pfund Perner *)
u. s. w.

Im Jahre 1366 erhielt Erzbischof Piligrim II. das
Recht auch „Goldgulden" schlagen zu dürfen. Erzbischof
Leonhard fing an Reichsgulden oder rheinische Gulden zu
prägen, Wolf Dietrich u. a. schlugen auch Reichsthaler.

In den Jahren 1458—60 ließ Kaiser Friedrich „schwarze
Pfenninge" schlagen und erlaubte auch dem Erzbischof Sig=
mund von Volkenstorf weiße, schwarze und graue Pfenninge
auszugeben, die $1/7$ Kupfergehalt hatten. Bald folgten die=
sem Beispiele der Bischof von Passau, dann die Herzoge
Ludwig der Reiche zu Landshut und Albrecht III. zu Mün=
chen mit Pfenningen von $1/5$ Kupfergehalt. Das Volk
nannte aber diese Pfenninge „Schinderlinge" und sie wurden
im nächsten Jahr entwerthet aus dem Verkehr gezogen.

Um dieselbe Zeit kam das Weißsieden der Münzen auf.

Die Jahre 1622 und 23, bald zu Anfang des 30jähri=
gen Krieges heißen die „Kipper= und Wipperzeit", weil da
nicht blos sehr geringhaltiges Geld in Umlauf gesetzt (wo=
rauf, wie bei den Bäckern, das „Wippen" hätte folgen
sollen), sondern auch auf die schamloseste Weise beschnitten
(gekippt) wurde.

Uebereinkünfte in Münzsachen im deutschen Reiche oder
unter einzelnen Reichsfürsten wurden zwar schon seit dem

---

*) Unparth. Abhandlung von dem Staate Salzburg, salzburger
Urbarien aus dem Zillerthale, salzb. Zollregister.

12. und 13. Jahrhundert viele getroffen, aber sehr häufig außer Acht gelassen.

Zur Vereinfachung des Münzwesens, Ausgleichung des Feingehaltes u. s. w. wurden mit den Reichsabschieden von 1509 und 1512 „Münzkreise" eingeführt. Im Jahre 1551 erschien die zweite Münzordnung, welche die rheinische Währung oder den Gulden zu 60 Kreuzer zu Grunde legte. Im Jahre 1750 führte Oesterreich den 20 Guldenfuß ein, wodurch das Verhältniß des Goldes zum Silber auf $14^{11}/_{71}:1$ gedieh. Derselbe wurde bis zum Jahre 1859 beibehalten.

Betrieben wurde das Geschäft des Münzens durch „Münzer", „Münzmeister", die meistens zugleich Wechsler oder Gold- und Silberschmiede waren, von den Münzherrn aufgenommen wurden und gegen Bezug eines bestimmten Gewinnes arbeiteten. Später errichteten die Münzherrn Werkstätten in eigenem Betrieb durch Beamte und Angestellte. Das erforderliche Metall wurde sehr häufig, wo die Landesherrn keine Bergwerke hatten, an Zollstätten, Marktorten, Stapelorten durch Einwechseln fremder Münzen erhalten, eingeschmolzen, weiters mit unedlem Metalle versetzt, um die Kosten zu decken und einen Gewinn zu erzielen, hierauf in Bleche geschmiedet. Letztere wurden mit der Schrotscheere in viereckige („Klippen" genannt) oder runde Stücke geschnitten und mittels Hammer und Stempel Schrift und Abzeichen, später Wappen darauf angebracht. Prägwerke kamen erst im Anfang des 16. Jahrhunderts auf. Hohle oder etwas gerollte Münzen hießen „Hohlpfenninge", „Brakteaten" (eigentlich Schuppen- oder Schüsselpfenninge).

Die ältesten noch vorhandenen Salzburgermünzen reichen bis auf die Zeit der Erzbischöfe Hartwik (990—1023), Gebhard (1068—88), Conrad I. (1106—46) und Eberhard I. (1147—64) zurück. Sie zeigen in rohen Strichen das Brustbild eines Bischofes mit dessen Namen in Umschrift, oder das Bild einer erzbischöflichen (Metropolitan) Kirche mit drei Thürmen, oder das Brustbild von der Kirche überdacht, auch sonstige geistliche oder weltliche Sinnbilder, den Namen des Prägortes oder die Anfangsbuchstaben des Münzernamens. Später wurden, wie auf den Siegeln, so auf den Münzen die Wappen der Münzherrn angebracht.

Im früheren Mittelalter verschlang fast jede neue Münze die alte, die gewöhnlich entwerthet eingewechselt und

eingeschmolzen wurde. Da so häufig neue Münzen „auf-
geworfen" wurden und mit wenigen Ausnahmen in jedes
Münzherrn Städten nur die durch ihn geprägten Geltung
hatten (im salzburgischen Gmünd und in Windischmatrei
galten auch Agler, im Ziller- und Brichsenthale Perner-
benare), so ergab sich nicht blos ein belangreiches Geschäft für
die Münzer und Wechsler, sondern auch häufige Münzver-
luste für Steuerpflichtige und Handeltreibende durch das
Aufgeld.

Das Pfund galt aber auch, wie der „Schilling",
das „Dutzend", „Schock", „Mandel", der „Wurf", das „Aß",
als bloßer Zahlwerth. So erzählt der salzburger Chronist
des Domklosters von der Seuche des Jahres 1349 zu Wien:
„Täglich starben zwei bis drei Pfund Menschen (b. i. 480—
720), zu Passau täglich fünf bis sechs, an einem Tage
neun Schillinge (150, 180, 270)".

Ein „Pfund Kraut" zählte 240, ein Schilling 30 Köpfe.
Man rechnete auch nach „Kesseln" und „Kübeln", 1 Kessel
zu 4 Kübeln.

Ein Käslaib als Urbarialgabe wog 1—2 Pfunde
(Pfundner), außerdem aber auch weit mehr.

Hundert Pfunde nannte man einen „Zentner", von
centum hundert (15. Jahrhundert), 1000 Pfunde einen
„Meiler", von mille tausend.

Bei Oel, Seife, Thymian, Feigen rechnete man nach
Meilern.

Zwei Lagel Thymian oder Seife „vom großen Band"
gaben einen Meiler, desgleichen zwei Ballen Feigen; bei
Kupfer und Eisen gingen erst 14 Zentner auf einen Meiler.

Der „Sam" (sagma, sagina, sauma) war die Ladung,
die ein Lastthier (daher im Ital. somaro) über Berg und
Thal trug. Bei den schlechten Wegen rechnete man 2½—3
Zentner auf den Sam, oder die Roßladung, so bei Oel,
Feigen, Seife. Ein Schaff Getreide wurde einem Sam gleich
geachtet. Ein „Sam Nägel" oder Eisen ist noch hie und da
gebräuchlich. Ein Sam „Scharnägel" (150 Pfund) zählte
70,000 Stücke, „Ganznägel" 16,000, „Pfenningnägel" 8000,
„Bodennägel" 4000. Der Sam war auf beiden Seiten des
Lastthieres vertheilt.

Die „Fuhr" (carrada), der „Karren" (Handwagen)
waren üblich beim Heu (z. B. eine Wiese zu sechs Fuhren),
bei trocknem Gut, Kaufmannswaaren, „eingeschlagenen" und
nicht eingeschlagenen Gütern, beim Salz, Wein (1 Fuhr zu
4 Sam, zu 5 Yhrn, zu 8 Fässern). Eine Fuhr oder Wa-
genladung wurde auch nach der Zahl der Pferde berechnet,
die zu ihrer Fortschaffung erforderlich waren.

Das „Lagel" war ein Behälter, meist von Faßbinder-
arbeit und wurde angeschlagen zu 3—5 Zentnern, z. B. drei
Lagel Oel vom großen Band = 1 Meiler, 1 Lagel Wein-
beer vom großen Band = 6 Zentner, 2 Lagel Seife = 1
Meiler. Ein Sam Wein hielt 2 Lageln, oder auch 2 Yhrn.
Es gab auch ganz kleine Lageln zu einem halben Maß und
mehr. *)

Bei dem Salze kamen folgende Maße vor: Im Land-
verkehr hielt der „Karren" zwei „Kröteln", ein Krötel begriff
vier „Scheiben". Eine „Kuffe" Salz wog 125—130 Pfund, eine
„Scheibe" 150—160 Pfunde (sporco), 9—10 Küffel gaben
eine große Kuffe (eigentlich „Kufe"). Die Kuffe hatte die
Gestalt eines abgestutzten Kegels, in älterer Zeit eines
Fasses, die Scheibe die eines Cylinders, um sie zum Wälzen
(Scheiben) geeignet zu machen.

Eine „Büchse" Salz hielt 5½ Raumschuhe und hatte
den Inhalt eines halben Schaffes Getreide.

Eine „Krachse" Salz wurde auf 130 Pfunde angenommen.

Ein „Fuder" Halleinersalz wog 115, schellenberger 106,
reichenhaller 54 Pfunde (netto). Es gab auch kleine „Füderl" (voderl salis.)

Ein „Pfund Salz" hielt 240 Stöcke, zusammen zu
300—312 Zentnern, ein Schilling 30 Stöcke, insgesammt
zu 37—38 Ztr.

Zu Wasser. Bei vollem Wasserstande der Salzach zählte
eine „Hallfahrt" oder ein Salzschiff von bestimmter Länge,
Breite und Tiefe

6 Schillinge und 6 Stück Kuffen	186 Kuffen	
34 „Setzfuder" (Eingabe)	34 Fuder	
1 „Mußfuder" (Geschenk für „den hl. Geist zu Laufen" oder das Schiffer-spital)	1 „	
Zusammen 221 Stücke.		

*) Mittheil. d. Ges. f. salzb. Landesk. X. 1870, Miscellen. S. 25. u. ff.

Eine „Kuffenhallfahrt" enthielt 223, eine „Fuderhall=
fahrt" 233, eine „Kuffenscheibfahrt" 231, eine „Fuderscheib=
fahrt 240, die erste „Zille" des Meistersalzes 245 Stück.

Eine halleiner oder mühlbacher Hallfahrt hielt 220, eine
schellenberger Hallfahrt 186, eine Scheibfahrt 187 Stück
Kuffen.*)

Hohlmaß.

1 „Fuder" Wein hielt 8 „Yhrn" (urna), 1 Yhrn 40—
42 „Viertel" oder 55 österr. Maß. Zwölf „Patzeiden" in
Zillerthal und Oberpinzgau waren gleich einer Yhrn (Urn).

1 „Anffer" (amphora) Wein zu Friesach zählte vier
„Pegunz" (Panzen?) oder 10 Urn.

1 „Startin" (startino) Marchwein (aus Steiermark)
hatte 64 Maß. (?)

1 „Dreiling" Wein galt ungefähr einen Sam.

1 „Hasel" Wein hielt 1½ Urn, somit etwa 2 Eimer.

1 „Eimer" (eigentlich Einbar, von einer Person trag=
bar, im Gegensatz zum „Zuber [Zwibar], der von zweien
getragen werden sollte) enthielt 36 Viertel oder 9—10 Patzeiden;
das Viertel 2 „Kannen", die Kanne 2 „Mäßchen", 1 Mäß=
chen 2 „Pfiff". Man rechnete auch 15 Eimer gleich 12 Urn.**)

Oel wurde nach „Gelten" gemessen, deren Inhalt un=
bekannt ist.

Ein „Sud" Bier wurde zu 20—27 Eimern ange=
nommen.

In Lageln, „Pütrichen", Haseln wurde der „welsche
Wein" gesamt, daher auch die welschen Benennungen Yhrn,
Anfer, Startin.

Ellenmaß.

Die „Stadtelle" hatte 4, die alte oder „Landelle" 5
Spannen, erstere war 32½ Zoll lang. 32 wiener Ellen maßen
31 salzburger und 30 bairische, 24 lyoner Stäbe gaben 35
salzburger Ellen. ***)

Getreidemaß.

Man unterschied „resches" oder hartes, d. i. Weizen,
Korn, Erbsen, Bohnen, und „weiches" Getreide, als Gerste,
Haber und Mischling. Jede Herrschaft, Gericht, Vogtei,

---

*) Salzcompromißschriften, laufner Schifferordnungen.
**) Schmeller, Wörterb.; Schöpf, Idiotikon; Vorschrift für die
    salzburger Ablader.
***) Salzburger Rechnungsbücher.

Probstei hatte ihr eigenes Maß. Es gab daher nicht blos titmaninger, laufner, haunsberger, teisendorfer, schönberger, (bei Anthering), werfner, gutrather, golbecker, törringer, stuhl= felber, lessacher, mosheimer, mittersiller Maß, sondern auch lie= feringer, gröbiger, heuberger (bei Tachsenbach), schellenberger, berchtesgadner Metzen, chiemseer Kastenmetzen, bischöfliches Maß, Hof=, Land=, Zins=, Stift=, Voitmaß u. s. w. (Urbarien).

Die Fronhofwirthschaft gab sich selbst Gesetz und Regel in Maß und Gewicht, daher die große Verschiedenheit in diesen Erfindungen der Kultur. Mit dem Uebergang zur Geldwirthschaft kamen Getreideschrannen auf und mit ihnen erschien die Nothwendigkeit eines einheitlichen Maßes. Die zunehmende Macht der Landesherrn und der Niedergang der Grundherrschaften setzte endlich an die Stelle der verwir= renden Mannigfaltigkeit die landschaftliche Einheit. Die allgemeine Uebereinstimmung in Münze, Maß und Gewicht entsteht aus der völkerverbindenden Kraft des Verkehrs.

Ein „Sichling" gab 2—8 Garben.

Eine „Docke" zählt 8—15 Garben.

Ein „Huntas" in den salzburgischen Besitzungen Unter= steiers begriff 24—25 Schöber Heu.

Der Rauminhalt des Getreidemaßes war außerordentlich verschieden. Ein „Schaff" resches Getreide enthielt 8, 10, 13, 16 Metzen, ein Schaff Haber 16 Metzen.

Ein „Metzen" (modius) hatte gewöhnlich 16 „Maßel", im Zillerthale nach dem „Striegelmaß" (mensura Strigel) 30 Maßl, für Korn und Haber 25 Maßl. Das Maßl hatte 4 „Viertel", das Viertel 4 „Sechzehntheile".

Ein „Streichmaß" faßte 4 Landmetzen.

Ein „Mittel" Haber begriff 4, 7, 9, 10 Metzen, war aber an andern Orten dem Metzen fast gleich.

Ein „Muth" Korn enthielt 5, 6, 7, 8 Metzen, 1 Muth Haber war um 1 Metzen größer, 1 mittersiller Hofmuth zählte 10 Metzen.

Ein „Viertel" hielt 4—10 Maßel. (Urbarien),

Landmaß.

Den ausgedienten römischen Soldaten wurden schon Ländereien von bestimmten Ausmaße verliehen. Auch bei

der Einwanderung der Baiern mußten die Ackervertheilun-
gen nach der Meßruthe erfolgt sein (IX).

Als Längenmaß diente im 8. und 9. Jahrhundert die
„Ruthe" (virga), welche in Stäbe (fustum) untergetheilt
war. Die Ruthe wird zu 26½ Fuß Länge angegeben. Auch
die eine Seite des Viereckes eines Joches oder Tagbaues
wurden als Längenmaß gebraucht. (Breves Notitiae).

Der spätere „Salzburgerfuß" war kleiner, als der österreichische; 10,000 pariser Fuß ergaben 9665 rheinländische
und 9132 salzburger (?) (Koch-Sternfeld).

Der „Tagbau", „Tagwan" (iurnalis) zu 32 Klafter Länge
und Breite begriff wahrscheinlich 8 alte Ruthen zu 24 Fuß
Länge oder 400 Geviertruthen nach neuerem Maße. Er galt
als Fläche, die in 1 Tage mit 1 Pferde (?) umgeackert
werden konnte. Vier Tagwerk Wismad wurden als regel-
mäßiger Besitz einer halben Hube gerechnet.

Das „Joch" (iugerum), die Fläche, die mit einem
Zwiegespann (Joch) in 1 Tage umgeackert wurde, maß 40
Klafter Länge und Breite oder 20 alte Ruthen im Gevierte.

Für Flächenmaß wurde später die „Ruthe" zu 10 Fuß,
zu 100 Zoll und 1000 Linien angenommen; in der letzten
salzburgischen Zeit war die „Klafter" 12 Fuß lang.

Eine leuua (lien), nach welcher zur Merowinger- und
Karolingerzeit auch in Salzburg Entfernungen gemessen
wurden, maß 1500 Schritte, oder 7500—7680 Fuß, oder
die Länge von 40 Tagbau.

⁵/₄ Tagbau wurden ⁴/₅ Joch gleichgesetzt. „Joch",
„Jauch", „Jauchert" waren gleichbedeutend. Die deutsche
Geviertmeile enthielt 15,625 salzburgische Tagbau und 10,000
Joch. Die österreichische Meile zählte daher 16,500 salzb.
Tagbau. Da man häufig blos von Vergleichsansätzen ausging, z. B. vom obigen ⁵/₄ Tagbau = ⁴/₅ Joch, die nicht
vollkommen genau waren, so fielen die Flächeninhaltsberech-
nungen sehr schwankend aus und wohnt solchen Angaben
einheimischer Schriftsteller wenig Zuverlässigkeit inne.

Das Joch und der Tagbau hatten der Lage nach, z. B.
wenn der Grund in der Thaltiefe oder höher am Gebirge
hinauf lag, ja selbst nach der Ertragsfähigkeit verschiedene
Größe, woraus hervorgeht, daß die Flächenmaße nicht eigent-

lich stets gemessen, sondern sehr häufig blos geschätzt worden sein dürften. So gab es Tagbaue und Joche zu 1700, 2000, 2400 Klaftern, zu 36,000, 40,000, 52,000, 70,000 ja selbst zu 100,000 Geviertfußen. Im Pongau und Pinzgau wurden die größten „lutherische Tagbaue" genannt und hinzugefügt, sie seien so groß, weil die Pferde der Lutherischen mit fliegenden Mähnen im Zuge gingen (Vierthaler), eine Anerkennung der Betriebsamkeit der Protestanten aus der Tiefe der Volksseele heraus. Aehnliche Unterschiede wurden angedeutet durch die Benennungen: ein „unteres", „oberes Joch", „Bruderjauchert", „Samstagjäuchl" (am Samstag wurde nämlich die Arbeit um 3 Uhr Nachmittags eingestellt, oder „Schicht gelassen").

Auch das Maß eines „Ackers" wurde in verschiedenem Sinne verstanden. Es bezeichnet nicht selten die ganze Ackerfläche eines Gutes, z. B. „ein Hof oder vier Viertheil Acker", „eine Hube oder zwei Viertheil Acker". Aber es gab auch „kurze" und „lange Acker", „Jochacker" und „Stegacker" und in den kärntischen Besitzungen Salzburgs auch „Arlacker", „Arlachacker" und „Arlpaue". (Urbarien).

Kleinere Theile des Tagbaues waren die „Achzeit" oder „Arn" (Ahan), d. i. die Fläche, die man von einer der drei Eß- oder Ruhezeiten des Ackertages bis zur andern, somit von 5—9, 11—2, 3—7 Uhr ackerte; so war z. B. die „Morgenarn" größer, als die „letzte" oder „Abendarn", weil begreiflicher Weise bei Pferden und Menschen Ermüdung eintrat. Der kleinste Theil des Tagbaues hieß ein „Stundbau". Erstere — die Achzeit, stellte $\frac{1}{3}$, letzterer $\frac{1}{10}$ des Tagbaues vor.

Bei Wiesen diente die Fläche, die ein Mäher binnen eines Tages fertig brachte, oder die Anzahl der Heuwägen, die beladen werden konnten, oder der Raum des Heustabels, oder der Grasverbrauch der Thiere während eines Sommers zur Schätzung ihrer Ausdehnung. Es gab daher „Mahdergräser", „Stablmahde", „Kuhgräser", „Galtviehgräser", „Stier-", „Rinder-", „Pferde-" und „Schweinegräser".

Andere Wiesen wurden nach „Bürden Heu" bemessen, oder nach „Stecken Gras".

Zum Zwecke der Vertheilung von Abgaben und Lasten wurde bisweilen eine ganze Gerichtsgemeinde oder Markgenossenschaft, wie Tachsenbach, Rauris, in 24tel oder 72tel

Viertellehen, d. i. in 96 und 288 Rechnungstheile aufgelöst, oder wie in Alt-Werfen, in 24 Rotten und jede Rotte in 10 gleiche Bruchtheile aufgetheilt, so daß dieser Bezirk in 240 Rechnungsbruchstücke zerfiel, nach welchen die Lasten auf die einzelnen Güter umgelegt wurden.*)

Wald- und Holzmaß.

Der Flächeninhalt der Wälder wurde noch in diesem Jahrhundert durch Schätzung des anzuhoffenden Holzertrages ausgedrückt.

Kleine Stücke Waldes wurden jedoch schon im 8. Jahrhundert nach „Meßruthen", „Jochen" bemessen. **)

Im 12. und 13. Jahrhunderte bestimmte man Waldstrecken, Waldantheile und Waldberechtigungen bisweilen nach „Holzmeisterschaften" (securis, Beil), womit wohl so viel angedeutet werden wollte, als ein Holzmeister mit einer gewissen Anzahl Knechte während der Fällzeit eines Jahres zu „wirken" vermochte.***)

Ein späteres Maß für Klafterholz und kleinere Waldstrecken war „die Rahen" (virga), oder das „Griesbeil" zu 4 Klafter Länge. Die „Rahen" zählte 6 „Warben" (Ansatzwülste als Marken der Unterabtheilung). Eine „Warbe" galt $2/3$ Klafter Holz, 15 Rahen oder 60 Klafter, oder 90 Warben ergaben eine „Pfanne Holz" zum Salzsieden.

Man unterschied „große Pfannen", wobei das aufgeklafterte Holz (Drählinge) $6^1/_2$ Fuß lang war, und „kleine Pfannen" zu $3^1/_2$ Fuß Länge.

Ein „Mannstuhl" Holz hielt 2 Klafter, 1 „Schilling Holz" hatte 30 Mannstuhl (Manstübl), 1 „Pfund Holz" begriff 240 Mannstuhl. Zwei Pfund Holz oder 480 Mannstuhl oder 960—1000 Klafter hießen auch ein „Tausendholz".†)

Ein „Füderl Dienstholz" (Mattsee u. a. a. O.) zählte 24 „Spalten" von 12 Werkschuh Länge. Schindeln wurden nach „Kästen", Faschinen nach „Stuhlwerken" gemessen.

Ein „Meiler Kohlen" (vermuthlich 1000 große Stücke Holz) 30—60 Klafter, ergab 50—80 Säcke zu 27 Raumschuhen.

---

*) Hübner, Topografie des Gebirgslandes.
**) Breves notitiae.
***) Meiller Regesten.
†) Lory Bergrecht.

Bergwerksmaß.

Berggruben wurden mit der Schnur vermessen, $3\frac{1}{2}$ „Bergklafter" ergaben 7 „Mannsklafter", 1 Mannsklafter war die Länge, die ein Mann mit ausgestreckten Armen „klaftern" konnte.

1 Bergklafter hielt 7 „Daumellen" und 1 „Spanne".

1 Bergklafter war in 7 „Bergellen" untergetheilt, 1 Bergelle hielt 6 „Stuef" (Stufen?) und ein Stuef 32 Punkte. (Lory).

In jüngerer Zeit, als die salzburger Bergbeamten sich zu Freiberg in Sachsen und auf andern deutschen Bergwerken ausgebildet hatten, maß man auch nach „Lachtern" und „Schachtruthen".

Goldwaschwerke wurden gleichfalls nach der Schnur verliehen. Eine „Schnur" oder ein „Lehen" hielt 7 Geviertfuß und ein ganzes Waschwerk 7—10 solcher Schnüre.

Auf den hochgelegenen Bergwerken dauerte eine „Bergschicht" 10 Stunden und 4 solcher Schichten kamen auf 1 Woche, da die Knappen, die oft 10—16 Stunden weit entfernt in den Thälern wohnten, 2 Tage zur Hin- und Rückreise brauchten und in einer Höhe von 7—8 Tausend Fuß zwischen Schnee und Eis ununterbrochen monatelang nicht aushielten.

In den tiefer gelegenen Bergwerken kamen $5\frac{1}{2}$ „Tagschichten" zu 8 Stunden auf die Woche. Die halbe Schichte hieß eine „Poys" (Pause), weil nach derselben Ruhestunde gehalten wurde. (Bergwerksordnung).

In dieser bunten Mannigfaltigkeit spiegelt sich die unendliche Zahl der Eigenrechte des Mittelalters. Aus der Aufsaugung derselben durch die Ländergebiete erwuchs die Erleichterung des Verkehrs von großem Durchmesser, endlich die Idee, daß die europäische Menschheit nur aus einer beschränkten Zahl von Völkerfamilien besteht, denen daran liegen muß, die Verbindungen unter sich zu erleichtern und zu vereinfachen und daher alle hindernden Besonderheiten im Verkehr und dessen Mitteln, in Münze, Maß und Gewicht aus dem Wege zu räumen.

XXIV.

Sprache.

Wie die Sprache überhaupt ein Kulturspiegel des Volkes für die Gegenwart ist, so dient der Sprachschatz einer Bevölkerung in seinen landeseigenthümlichen Theilen zur Förderung geistiger Alterthumskunde. Es gibt Sprachbildungen, die verschiedenen Kulturzeiträumen angehören, die uns errathen lassen, aus wie vielen und mancherlei Kulturschichten das Leben der Gegenwart emporkeimt. Solche Sprachreste sind redende Zeugen für die Thatsache, daß unser heutiger Kulturzustand aus der Wechselwirkung der Landeseinwohner und Nachbarstämme, ja selbst entfernter Kulturvölker hervorgegangen ist, ihr Vorhandensein in der Gegenwart liefert einen beiläufigen Maßstab für die Kraft des Beharrens bisweilen sehr alter Kulturbestände und für den Umfang neuen Zuwachses. In Orts= und Personennamen, in Rechtsausdrücken und Bezeichnungen für Gegenstände unsers Alltagslebens, in der Umgangssprache der Mundart, und, wollte man weiter forschen, in manchen andern Richtungen eröffnen sich Brunnen, aus denen bereits an manchen Stellen dieser Schrift geschöpft wurde und auf welche hier weitere Bohrversuche angestellt werden. Möge ihre Deutung nachsichtig beurtheilt werden, da die Fundstücke öfters aus beträchtlicher Tiefe heraufgeholt wurden.

Aus der norisch=keltischen Zeit dürften etwa nachstehende Ortsnamen überliefert worden sein.

Berge.

Alpen, der in ganz Europa bekannte Bergnamen, kelt. al-penn große Berghöhe.

Ar, Arn, im Volksmunde jetzt entstellt in N'arr, hoher Narr (Bergname in Rauris), im 15. Jahrhunderte noch „Arn" lautend, kelt. arn, aran Fels.

Arapkogel oder Arapenhöhe (Großarl) aus aran und penn (Felshöhe).

Balfen, Palven, in der Schweiz balma, in Frankreich baume, von bal-maen Felswand.

Beil, Beilberg (bei Bruck, Pinzgau), der hohe Beil (an der Glanzscharte, Stubach), Peilstein (Gutsnamen, Kleinarl), Peillehen (Goldeck), von pal, peil Felshöhe.

Bern, Birn, Pirn, in zahlreichen Zusammensetzungen, als: großer, kleiner Bernkopf (Fusch), vorderer, hinterer Bernkopf oder Taberkogel (Velberthal), Bernkogel (Gastein, Rauris), Bernkar (an mehreren Orten, auch am Turnberg bei Salzburg), Bernstaffel (Zauch-Taurach), Bernstuhl (am kleinen Göll), Bernsunk (am berchtesgadischen Obersee, am Regenspitz, am Untersberg), Berneck, Birnhorn (Leogang), Birnlücke, auf den Karten fälschlich Pirlox (Krimlertauern), Birnberghorn (Rauris), von ber, pyrn Bergspitze. Auch in Pyrene, Pyrenäen, Spital am Pyhrn.

Plain (Anhöhen bei Salzburg, Großgmain, Goldeck), von blaen Höhe, Kuppe.

Eggerfirst (Göll), von aighe-er große Höhe. Auch der Eiger in der Schweiz.

Genner (Faistenau), Jenner (Berchtesgaden), ceanner großer Fels, oder Felshöhe.

Gols, Golsberge (bei Gols, Morzg, St. Leonhard, St. Nikola am Wasserfall, im Wiesthale, zu Elsbethen, Aigen) vom kelt. col, und dieses verwandt mit dem lat. collis, Hügel, Anhöhe. Ob auch „Göll" und „Golling" (coligna) davon herzuleiten?

Guggen, Gugel, Kuchel, Kogel in zahlreichen Zusammensetzungen, Guggenberg (Mattsee, Adnet, Untersberg), Guggenthal, Guggenwinkel (Seekirchen), Hinterguggen, Vorderguggen, Guggenbühel (Goldeck, Großarl), Guggenbalfen-alpe (Stubach), Gugel (Wazmann), Gugelberg, Gurlhörndl (Ebenau), Gugelan-alpe (Schmiedenstein, alpis cucullana urkundlich im 8. Jahrhundert),

Kuchel (cucul-is in der Lebensbeschreibung St. Severins),
Kuchelbach (bei Golling), Kuchelberg (Wilhelmsdorf, Pinz=
gau), Giegelau. Hieher gehören auch die vielen, mit
=kogel zusammengesetzten Bergnamen. Dieser ganzen Gruppe
liegt wahrscheinlich das norische cucul oder kelt. ir. coiche-il,
rhät. cacala Berghöhe, Bergkuppe zu Grunde, welche auch
in „Kükelhahn", in dem slav. gigula (Bergspitze in der
Lissa-gora) zu Tage kommt.

Juf in Häusljufen, Wachtjufen, Großjufen, Som=
merjufen (Gutsnamen bei Alben und Ramseiden, Sal=
felden), Jufen (Glem), Jufkar (Salzachursprung), Ju=
fersbach (Salfelden), reckwander Jufen (Pillersee), Ju v=
avum (Salzburg), von iuv Berg. Auch Jufing, Juvenau,
Juval, Juvalta, Jaufen lassen dieselbe Wurzel erkennen.

Kamer, hohe Kamer (Pinzgau), wilde Kamer (Aber=
see — Gosau), Kamerkir, Kamerlhorn, ca-mor hohe
Gränze, Gränzstock. Kamór in der Schweiz.

Presil, Persilkogel (Oberweißbach, Lofer), Perseil=
horn (steinernes Meer) ist wohl gleichbedeutend mit dem
rhät. perusala.

Rachel in Rachelstein (am Teisenberg), Rehel (bei
Salzburg), von reh-el Höhe.

Renn=anger (Hagengebirg), Rinnkogel, von renn,
rhoin, rinn Bergrücken.

Rat=ochs=berg (Abtenau), von rhat-uchedd steile Höhe;
der öfters vorkommende Namen von Berggipfeln „Ochs"
(uchedd. spr. ochs) gehört wohl auch hieher.

Tuval (Schellenberg — Hallein), dubh-aill schwarzer
Fels. *)

Gewässer.
Dielbach, alt Tinilbach (Abersee), tin-il großer Bach,
Gießbach.

Dienten, alt Tuonta, tuon-ta Bach von der Höhe.

_____

*) Die Ableitungen würden wohl sicherer sein, wenn mehr no=
rische Formen zu Gebote stünden und nicht immer die spätkeltischen
Mundarten zu Hilfe genommen werden müßten.

Am Eil, Egel, Egelsee (Klein Arl, Mattsee u. a. O.) aigiol sumpfiges Thal.

I-gont-a, Salzach, i-cunt, i-gont-ta, der schnelle, reißende Bach.

I-var-us, Salzach, i-var der Fluß schlechtweg. Var in Frankreich.

Leo, schwarze Leo, Leogang, all Liuganga, Leobendorf (bei Laufen), Liubenawe (Lebenau, bei Laufen), Leoblhub (Mattsee), Leopring (Salfelden), Leopäll (Bischofswiese), von lu, lua, lu-buinne kleines Wasser. Auch Leoben, Loibn oder Leoben in Oesterreich.

Lamer, la-mor großes Wasser.

In romanischer Gestalt zeigen sich nebst mehreren (VII) schon angeführten folgende Ortsnamen:

Alben (albina), Anif (aneva, auch in Italien mehrfach vertreten, z. B. rocca d'anso), Atnet (atanate), Campanif (campaneva, Elsbeten), Vigaun (fuginae, richtiger figunae), Grebig (cretica), Golling (coligna), der verschollene vicus mauritianus zwischen Teisendorf und Waging, Gurnei? Gnigel (geniculum oder von ahd. hnigil, Abhang?), Gamp (campus), Marzól (marci-olis, d. i. Wohnhaus des Marcius), Morzg (marci-ago oder marci-aco? Marciusheim oder Markusheim), Muntigl (bei Fischach, bei Vigaun, monticulus), Norikum (von n'ore, gr. orós, slav. gora oder hora) Bergland, Salve (Brichsenthal, selva, silva), Toren (Golling, taurana). Auf Romanen deuten hin die deutschen Namen: Wals (vicus romaniscus) oder Walwis, d. i. Walchwies, Reut=, Katz=, See=, Straß=, Traunwalchen, Wallersee (Walchensee), Walichperg (Seekirchen), Walchsberg (Walßberg, Mattsee). Beizufügen sind ferners die Ortsnamen der romanischen Reisetafeln: Ani (bei Altenmarkt), in alpe (auf dem Tauern), Imurio (an der Mur in Lungau, bei Mosheim „im Mura" noch genannt), Tarnantone (Steindorf bei Straßwalchen), Vocario (bei Pfarrwerfen).

Sicherlich sind auch einige Güternamen, wie Posaun (Pisana), Pertill, Gizóll (man denke an Marzól), Runzóls, Pinéll (punella), Persól, Persüll, Pigneib (pinetum), Anber, Patuz, die in verschiedenen Gegenden des alten Salzburgerlandes mitunter mehrfach vorkommen, auf romanische Wurzeln zurückzuführen.

Dem urkundlichen Bergnamen Ciraneus (Zifanten am Henndorferwald) entspräche Sileneus (Schlenken).

Der Bach Larós (Larusa) in Berchtesgaden hätte ein Seitenstück im Larzenbach (Fritz).

Das Verbrüderungsbuch von St. Peter enthält aus dem 8. und 9. Jahrhundert romanische Personennamen, welche im Gegenhalt zu den deutschen, die Volksmischung klar machen, z. B. Adolus (Adolarius?), Aiolus, Albinus, Amandinus, Amicho, Ampho, Anziogo (Antiochus?), Appo, Appa (Appius?), Antesino (Antesner? Antissenhofen?), Anzogolus, Aruna. Attala, Candulus (Candidulus?), Cassio (Cassius), Cenzo (Innocentius), Cisso, Ciccio, Cissimo (Dulcissimus), Cuffolus, Cundila, Cunzila (Secundinula?), Dignolus, Deoningus. Domingus, Domnichio (Dominicus), Donazan, (Donatianus), Aegina, Eigino (Eugenia?), Enzo, Enzolo, Ezzo, Ezzio, Ezzilo, Izzio (Aetius?), Fusculo, Hecchacosa, Imila, Juvinan (Jovinianus, davon ist wohl abzuleiten Jubindorf heute: Eugendorf), Juvisinus, Kerilo (Cyrillus?), Maio, Maia, Maioranus, Maurontus, Marcellino, Mazzo, Mazola (Martius?, Martiola?), Medundus, Mimilo (Momyllus?), Nandilo, Papilo (Papiriolus?), Pettilo, Pufulus, Sambazolus, Santulus (Sanctulus), Savolus, Secundus, Secundina, Sedulius, Senadur, Siviran (Severianus), Severina, Socco, Sicco, Strullo, Tonta, Tisa, Tepizzo, Usato, Tottulus, Unculus, Urso, Ursinus, Ursulus, Valerius, Vallianus (Valerianus?), Vitalis, Vivolus, Zuzo, Zozzulus, Zozzolo.

Im frühen Mittelalter fallen die Gutsnamen mit den Namen ihrer Besitzer häufig zusammen, so z. B. beim Döttl (Tutilo), beim Pareis (Pardizo), beim Edlein (Eckhart), Oertlein (Ortlieb), Offlein (Ötfrid, Offo), Sitlein (Sitili, Sigideo), Weinbl, Wienbl (Wenilo), Völklein (Volker), Merchlein (Merklin, Marchwart), Älblein (Albero) u. s. w.

Oder sie wurden mit Eigennamen gebildet, z. B. Perolfsleiten (Wiesthal), Pilgreimshof (Abtenau), Pilgreimsschwand (Koppl), Pleidolfsperig, Kauzlberg (guzilo, Radstadt), Challersberg (jetzt irrig Karlsberg, bei Oberalben, richtig Chalhochsperg, von Chabalhoh), Gaglham (Gakilheim, Gaceo. von Kagano), Gebelsperg (Gawein, Gabinus, oder auch Gebhart), Gerungseck, Gezzing (Gezo, Verkleinerung von Gebhart), Gilpengrub (Gilbert?), Gumarsöl, Gumarhofen

(Gundmar), Gumpeding (Gumprecht), Chuneinsperg (Weibach, von Chuno), Gutpartlehen (Chutpert), Tagnastetten (Tageno), Eisenprechtstatt (Friß), Ensengreimsheim (Jsangrim, Pongau), Eppeinsreut (Eppo, von Eparhart oder Eberhart), Emprehtsdorf (Lungau, nun Unternberg), Euransberg, Euringsperg (Pongau, von Jrinc) u. f. w.

Im Lungau erhielten sich von der slavischen Einwanderung im 6. und 7. Jahrhundert sprachliche Ueberreste. Dortselbst sind nun deutsche Bewohner mit größtentheils deutschen Geschlechtsnamen, aber zu Berg und Thal, auf Flur und Acker, in Dorf und Wald haften noch mancherlei slavische Benennungen. Dergleichen sind:

Bergnamen.

Gurpitsch-eck, Pleisniz-kogel, Tschan-eck, Kameriz-höhe, Prokesch-kogel, Znöling-wand.

Thal- und Bachnamen.

Migniz, Luniz, Leisniz, Zuot, Znach, Göriach, Lessach (lusha), Lantsch-feld, Rosanik, Misliz, Lanschiz, Olschiz, Morizen.

Flurnamen.

Am Passeken (passeka), Zaggraben, Bubizen, Zeinpitsch, Ztrin, Zalusen, Langitsch, Tschara, Jllwiz, Stirmiz, Tschitschana, Scheingeliz, Tumeriz, Pliniz, Planiz, Laza, Ablenzen, Rupanin, Wilpitsch.

Ortsnamen.

Stran-ach, Gensgitsch, Flatsch-ach, Zoiz-ach.

In den übrigen Gebirgslandschaften sind slavische Ortsnamen nur vereinzelt zu finden.

Im Pinzgau: Taborkogel, Manlizbach.

In Abtenau: Taboralpe.

Bei Golling, im Ober-Pinzgau, und am Dießbach in den Hohlwegen: Planitsch (blaniz, Bergwiese, Hochebene).

Bis ins 13. Jahrhundert sind die Personennamen fast ausschließlich deutsch. Adelprecht, Arnold, Adelhart, Antheri (abgekürzt: Anzo), Atto, Pabo, Pato, Baldili, Pero, Puoso, Billung, Gebhart, Giselher, Gero, Gerold, Gerhart, Gotschalk, Grimwald, Chunrad, Gunther, Dankwart, Tuto,

Diet, Düring, Eberhart (Eberlein), Jwein, Engelschalk,
Engelman, Freidank, Fritilo, Friedrich, Hatto, Hunold, Hugo
(Haug), Hiltiger, Heribeo, Hezilo, Humpreht, Hugfrid, Jrin-
hart, Lantfrid, Liuthard, Liutold, Liebhart (Liebhertel),
Marchwart, Megingoz, Meinhalm, Rotpold, Otfrid (Offo),
Otilo, Ozpreht, Rachwin, Ratfrid, Rampold, Reginger, Rei-
chart, Richer, Richolf, Rudolf (Rublin), Ruodgozzo, Sinlieb,
Swicker, Sigiram, Sigifrit, Sigihart (Sizo), Starchand,
Ulrich, Walter, Wernher, Wieland, Wignian, Wolfhart,
Wisint, Wolfgrim, Wulfing waren allgemein gebräuchlich,
und es geht wohl nicht an, dieselben „heidnisch" zu nennen,
weil sie deutsch sind. Häufige Frauennamen waren Pen-
dita, Heilika, Heilrat, Jringard, Linba, welche auch, als
Seltenheit, zu Gutsbezeichnungen verwendet erscheinen.

Mit dem 14. Jahrhundert wurden nach Maßgabe des
römischen Kalenders die lateinischen, griechischen, hebräischen,
italienischen und andern Völkern angehörigen Namen in
Salzburg häufiger.

Merkwürdig ist schon diese Mischung verschiedener Namen im 15.—17. Jahrhundert und bezeichnend für die ver-
schiedenartigen Strömungen klösterlicher, romanischer, ro-
mantischer und reformatorischer Einflüsse. Da gibt es
Namen wie Onuphrius (Humphrei), Sixtus, Achaz, Euse-
bius, Erasmus (Asm), Cyriak, Eustach, Hilarius, Desiderius,
Servatius, Dionysius, Emeram, Korbinian, Cornelius, Ar-
sacius, Frobenius, Nicodemus, Chrysostomus.

Andere lauten: Abam, Abraham, Absalon, David, Jsak,
Jesaias, Jeremias, Judas Thaddäus, Ezechiel, Daniel,
Lazarus.

Die beliebtesten Frauennamen waren: Jta, Wandula,
Euphemia (Offein), Benigna, Praxedis, Amelei (Amalia),
Diemudis, Liukardis, Gertrudis, Matza.

Verschieden hievon sind: Liebgott, Preisgott, Ehrgott,
Fürchtegott, Jans (Johannes), Seitz (Seifrid), Hartneid, Hart-
wig, Willibald.

Einer besonderen Gruppe gehören an: Gawein, Jwein,
Almein, Wigalois, Florentin, Florestan, Gentiflor, Parcifal,
Warmund, — Hannibal, Darius, Alexander.

In neuerer Zeit tragen viele Taufnamen das franzö-

fische Gepräge und sind die alten deutschen die allerseltensten
geworden.

Die salzburger Mundart besitzt aus dem **Althochdeutschen** noch eine Menge Wörter, als: Arch, der Ausschlag der Kinder, Agen agana Flachsabfälle, Aharn ahar
Aehren, Austern aostar Ostern, brinnen prinnan, Breme
premo. Bruoch Niederkleid, Pferdegeschirr, Biest biost,
Gruspel crospel, die Gahen gahi, gagizen gacazon, gigazen
gicazon, Gaden gadem, Gams gamz, Kremeln cremium,
ausgeschmelzter Speck, Gritl grit, Granter grant, Grintel
grintil, Felwern selwa, Fesen fesa, Dranl trennila, kosten
koston (einen Baum), Tutten tutto, Tremel tremil, Spelten
spelt, schlinten slintan, sünwel sunwelb, Saher sahar,
Zaher zahir, zabeln, zabalon, Zartel zartal, zanigen zani-
gon, Zag (Zugochs), Zieting zeotar, zwahen twahan, Lahn,
von hlionan, Zille ciula, Zauch von zuchan einherstürmen
(Bachnamen). Auch die Zusammensetzungen abaschneiden aba-
snidon, danaschneiden danasnidon u. s. w.

Dem **Alt- und Mittelhochdeutschen** gehören noch
viel mehr Wörter an, von denen nur einige Beispiele dienen
mögen.

abplehtig, abemsuht, antlaz — (pfinztag), daha (Dohle),
vorchach (Föhrenwald), Vaselgams (männliches Thier), vlez,
Miselsuht, Muos, Meil (Flecken), iewet (irgend einmal),
serig oder sürig, rözen (den Flachs), augenflanl (augafano),
gesprangt (kispranctiu), abich, Amplez ampleza (mlat. am-
blazium), Üechsen (uohsana), Kar,*) unbat, britelmaß britel Ge-
flecht des Fischnetzes, Bözen, Krinn, Leitkauf (litkouf), Krampf,
Knübel, Kluppe, Kleuzen (kliuze), Klumse, breglen, brachten,
riffeln, Wehtum, eindeweber (oantweber), waß, walgen, Zwisel,
zetten, zeinen, Zelten, zanen, lerzen, Huf, Harmel, Ehalten,
Hamme, Hantling (hendeline), Tukmauser (tokelmuser),
Meise (Butterstück), menen (menjan), zenen (zenjan), Ase
oder Dese, Obas (Obst), Mies, Bil(ch)maus, Gluren (Augen),
eiserne Kühe isern vihe u. v. a.

Das **Mittellateinische** war die Sprache der Urbarien, der Mönche des Mittelalters, denen in Garten, Feld,
und Wald eine ziemliche Kulturaufgabe oblag. Daher haben
sich folgende Ausdrücke erhalten:

Karner (carnarium Beinhaus).

---

*) Es sei erlaubt, auf die irrigen Schreibarten **Kahr, Kor,
Kohr** hier aufmerksam zu machen.

Finakl (finagium Gränzmarke), ein Berg in Oberpinzgau, vielleicht die Gränze der Graffchaft Sulzau-Mitterfill.

Comparijn, Alpe im Sulzbachthale, von Comparsen
Theilnehmer, alfo eine alte Gemeinalpe.

Fufch, zeller Fufch, tachfenbacher Fufch, Fufch im Wald
(am pinzgauer Heuberg), buscum Bufchwald, Walbort, daher
auch Fufchl (la-busculo).

Babaluken padulectum Waffergraben.

Stribori scriptorium Schreibzimmer, Kanzlei, ehmals in
Lungau gebräuchlicher Ausbruck.

Golter culcitra, ein Bettftück, Plumit (von pluma Fe-
der) Federkiffen, Federbuchet, Biztum vicedominus, Vogt
advocatus, Maier maior, Senner senior, Käfe caseus, Speck
spica (celtica), Maran maiorana, Salfer salvia, Mabaun
mutellina, Rosmarin ros marinus, Rauten ruta, Veigl
viola u. m. a.

Die Italiäner des Mittelalters waren nicht blos
Lehrmeifter in Handel, Mufik, Baukunft, in welchen Fächern
zahlreiche Kunftausbrücke aus ihrer Sprache Gemeingut geworden find; fie lehrten den Deutfchen in den Alpenländern
auch mancherlei in der Haus- und Alpenwirthfchaft, und
ihre wandernden Efel- und Maulthiertreiber, Guckkäftner
und Händler forgten für Schauluft, Spaß und allerlei Nafch-
werk. Daher die Wörter:

Fazenetl fazzoletto, Sacktuch,

Tfchoggeln oder Doggeln zoccolo, Hausfchuhe,

Runpareil umbrella, für Regenfchirm;

Frenten brenta, ein Bindergefchirr,

Schotten scotto,

Bitfchei biccia, ein Semelbrod,

Fochez fochezza, ein auf dem Herd gebackenes Ofterbrod
(Oberpinzgau); von der Geftalt deffelben hat der Fochezkogel
feinen Namen erhalten,

Biscoten biscotto, Confect confetto, Rofoli rosoglio,
nuffeln muffare,

Margei armaio, der Wandfchrank,

Binatfcher vernaccia, eine Weinforte.

Kalazen colazione, Magrananubeln maccaroni, Marenbl
merenda, Salat, Carbonatel, Pinoli, Kapri,

Sechter secchia, Zapin zappa , Gatze gazza,

Tombak tombacco, Spagat spago,

Faschen fascia, Franzen frangia,

Torzen torcia, Maskeragehen maschera,

Faxen fazio, Lazzi, Pajazzi pagliazzo (Strohmann),
Pitschinellermännchen pulcinello, Bambaletsch bambaleccio
(Kinderfraze), Batschi baccello (Bohnenschote, Dummkopf).

Seit dem dreißigjährigen Kriege gewannen in Deutsch=
land überhaupt französische Kultureinflüsse das Ueber=
gewicht. Dieß gibt sich auch in Salzburg trotz der Entfer=
nung zu erkennen. Nun hieß der Regenschirm Paraplü
oder auch Parasol, die große Gabel Piron, der Abtritt
oder die „Laube" Retirade, der Pinzgauer lernte Chaise=
reiten, die Stadtfräulein und Frauen trugen Kapuschon
und Ribikül, in den Bürgershäusern dampfte das Boeuf=
a=la=Mode auf dem Tische, Servietten hießen die neuen
Tischhandtücher. Man gab und bekam Presente, benahm
sich nobel, auch wenn man etwa keinen Liard in der
Tasche hatte. Die Frauen hießen nun Madame, die Töch=
ter, zwar nicht ohne Widerspruch, Mamsellen, selbst Mai=
tressen blieben nicht unbekannt. Herr Georg verwandelte
sich in Monsieur Schorsch, Johann in Schani (Jean),
Anna in Nanette, Barbara in Babette u. s. w. Der
Geliebte hieß nun Chapeau, der Edelmann Cavalier, die
Hausmutter Mama, der Vater Papa. Wollte jemand nicht
Raison annehmen, so erhielt er ein Repraman (repri=
mande), oder man steckte ihn in Preson (prison). Man
frequentirte die Damen, mit denen man cokettirte und
Amourschaften unterhielt, wechselte Billeten, Visiten,
Porträte, moquirte sich oder erwies Galanterien. Ka=
napé, Lavor (Lavoir), Commodkasten, Potb'schamperl
(pot de chambre) erschienen unter neuen Namen. Man
schaggerirte sich (chagriner), wenn man Verbruß hatte,
verschwertirte (persuader), kuinirte (cujonner), amü=
sirte, logirte u. s. w. Die Mode brachte die Mar=
schandmoden aufs Tapet, Herrn und Damen verscha=
merirten (chamarure) sich, trugen Caputröcke, Gilets,
Westen, Schmiseln u. s. w.

Die Zeitungen und der Handelsverkehr vermehrten fort=

während die französischen Ausdrücke, zu denen in jüngster Zeit auch englische kommen, denn mit den Erzeugnissen der Kulturvölker wandern auch ihre Bezeichnungen in die Ferne und liefern den Beweis, daß die Kulturbewegungen stets mächtiger werden und größere Kreise um sich ziehen.

XXV.

Der Volksglauben.

Schon die Chaldäer benannten die sieben Wochentage nach den damals bekannten sieben Planeten, denen sie Einfluß auf die Zeittheile zuschreiben. Nach dem Abendlande wurde diese Wochenberechnung und Tagesnamen, die den klassischen und biblischen Schriftstellern unbekannt sind, durch Nestorianer, Juden und arabische Gelehrte verbreitet. Die Deutschen deuteten sich nach ihrem Glauben die fremden Götter- und Planetennamen.

Der Ertag, Erchtag oder Dienstag (Ziestag) erinnert an den Kriegsgott Ero oder Ziu, den einstigen Vorkämpfer aus dem Kreise der guten Götter gegen die Bösen. Der Mittwoch hieß einst Wodanstag; um das Andenken an diesen Gott der Klugheit und Thatkraft zu verwischen, wurde sein Namen unterdrückt. Dem Donar, dem Rechtlichen, Starken und Treuen, war der Donnerstag heilig. Von Freia oder Frigga, der Göttermutter, Wodans Frau, ist der Freitag zubenannt, denn ohne Frauenverehrung kann man sich den Deutschen kaum denken. Der Samstag hieß Surtur- oder Scatertag, der Tag des Feuergottes, durch den die Welt untergeht und der Antitag, der Tag des jüngsten Gerichtes anbricht.

Die deutschen Götter waren ursprünglich Personen gewordene Naturvorgänge; das alldurchdringende Wehen des Windes, die wandelnde Wolke, das Gewitter mit Blitz und Donner (noch sind die „Donnerkeile" — Thors Hammer — und „Donnerstreiche" dem Landmanne nicht unbekannt), das Mondlicht (Frigga oder Berchta wandelt im Mondenscheine,

— die „Frau Bercht" ist noch unsern Kindern bekannt als eifrige Hausfrau mit dem Schlüsselbund, die die lässigen Spinnerinnen straft). Mit der Entwicklung der Kultur wurden den Göttern auch sittliche Eigenschaften beigelegt.

Haine, Quellen (noch werden einzelne Quellen als besonders heilsam angesehen, wofür kaum ein anderer Grund vorhanden ist, als alter Naturglaube, z. B. die verschiedenen Kolmannsbrunnen, Brunneck im Passe Lueg, die s. g. Augenbrunnen), große Bäume (man denke an den sagenreichen Walserbirnbaum*), Berghöhen (auch diese stehen noch in gutem Rufe als besonders geeignete Punkte Gott und seine Heiligen zu verehren, z. B. Maria Plain, Dürnberg, Kirchenthal, die Kreuze auf dem Wazman, St. Pankraz bei Reichenhall und Weitwört, St. Leonhard bei Tamsweg u. s. w.), Felsen waren die Stätten des ältesten Gottesdienstes, in deren Nähe sich nicht selten die Mall- oder Gerichts-(Ding-) stätten befanden.

Es gab drei große Opferzeiten, Mittsommer, Herbst, Mittwinter. Bei wichtigen Veranlassungen wurden Menschen (Sclaven, Kriegsgefangene) als Sühnopfer geschlachtet, als Bitt- und Dankopfer aber Pferde, Eber (daher der Schweinsbraten zu Weihnachten), Ferkel, Widder; die Eier waren der Frühlingsgöttin Ostara heilig (Ostereier), in ihnen, so wie in Aepfeln und Nüssen (Gaben des Weihnachtsbaumes) erblickte der Deutsche die Sinnbilder der Fruchtbarkeit und des Gedeihens bei Pflanzen und Thieren. Feierliche Umzüge wurden gehalten zu Ehren der Göttin Perchta im Mittwinter (das Schönbercht- oder Berchtenlaufen im Gebirge erinnert noch daran), im Frühling der Mairitt um die Felder, um Gedeihen zu erflehen.

In merkwürdiger Weise haftet ein beträchtliches Stück deutscher Göttersage am Untersberg. Er war ohne Zweifel eine geheiligte Stätte, das Stammesheiligthum der Baiern, wie solche auch bei den übrigen deutschen Stämmen nachgewiesen werden können. In seiner Nähe liegen die Salzquellen, schon seit ältester Zeit benützt. Die Gegenden um Salzquellen waren aber heiliger Boden, denn das Salz, wie das Brod, betrachtete man als der Gottheit unmittelbare Gabe (noch heutzutage: Gottesgabe). In solchen Ge-

---

*) Noch im Sommer 1870, als sich die Geschicke Deutschlands vollzogen, forderte Jemand in der Zeitung die Gesellschaft für salzburger Landeskunde auf, den Platz des rechten Walserbirnbaumes zu zeigen.

genden stehe man dem Himmel näher, . nirgend anderswo
würden die Bitten der Sterblichen so wohlwollend angehört,
berichtet Tacitus über die Verehrung der Salzquellen bei den
Deutschen. Vielleicht bewog gerade dieser Ruf den h. Rupert, das Werk der Bekehrung der Baiern daselbst zu krönen.
Auf den Bergeshäuptern, die der flammende Abendhimmel
vergoldet, erblickte man die Götter. Daher heißen diese
Hochsitze des Untersberges noch heutigen Tages hohe Throne.

Geht man, wie in der Sprache, so im Volksglauben,
auf die östlichen Ursprünge zurück, von denen die Deutschen,
gleich den Kelten, ausgegangen sind, so ist Wodan der chal-
däische Gott der Unterwelt (mar-urka, daher orcus und
Mercurius) und es findet darin auch etwa der Namen „Untersberg" seine rechte Bedeutung. Wodan hält als Wunschgott
(Gott des Wunsches, auch hierin liegt eine Verwandschaft zu
Merkur) in Bergesklüften seine Schätze verborgen. Es ist
ein Nibelungenhort in diesem Wunderberge und nur gewisse
Menschen, „die mehr Glauben haben", und nur an gewissen
Tagen (Mittwochsnacht = Wodanstag, zur Zeit der Sonnen-
wende, im Frauendreißigst) werden desselben theilhaftig.

In der „wilden Jagd" stürmt Wodan aus der Berges-
höhle in den stürmischen Winternächten (gegen deren Spuck der
Weihrauch [Rauchnächte] dienen sollte) gegen Osten, seine Frau,
die Sonne zu suchen. Da führt er das Geisterheer an, die
Seelen der Ungebornen und Nichterlösten, der Selbstmörder,
die Thierseelen und Berggeister, da ist er der Seelenführer
(Psychopompos) und dieß zeigt abermals seine Verwandschaft
mit Merkur.

Wodan haust in Walhöl (Walhalla), in der Halle der
wundtobten Helden. Zwar schläft er jetzt, umgeben von
Kurfürsten, Prälaten und Rittern, im dunklen Schatten-
reiche, und Raben, geheimnißvolle Vögel, die Sehergabe besitzen, umkreisen den Berg. Langsam wächst sein Bart um
den Marmortisch, unmerklich rückt das Zünglein der in Stein
gemeißelten Wage auf dem Kaisergrabmal im Dome zu
Bamberg in die Mitte, bis der große Vergeltungstag anbricht und das Walserfeld der Schauplatz der großen Schlacht
vor Weltuntergang wird, des Kampfes der guten Götter
gegen die Muspel-*) oder Feuersöhne. Da bricht Wodan

---

*) Die Deutschen dachten sich den Weltuntergang als eine Zer-
störung durch Feuer (Weltbrand). Denselben schildert ein altdeutsches
Gedicht „Muspilli", welches vermuthlich aus den Händen des salzburgischen Erzbischofes Adalram an König Ludwig den Deutschen gelangte.

(Kaiser Karl) mit seinen Helden aus dem Berge hervor und hängt seinen Schild an dem Weltbaume auf, unter welchem die Lose fallen.

In der Tiefe des Untersberges liegt die kalte Hela, das Todtenreich, das niemanden zurückgibt. Rund herum ist es nicht geheuer, Wasser hört man aus den Klüften rauschen, geheimnißvolle Musik erklingt bisweilen aus den Tiefen, ein spuckhaftes Wesen neckt die Menschen, es ist der herabge= würdigte Gott, der seinen Spott mit den Menschen treibt, die ihn nicht mehr kennen. Auf dem Wege zu dieser Unter= welt liegt eine Haide oder ein Moor, über welches die Geister der Abgeschiedenen ziehen. Manchmal kommen dieselben her= vor und schweben über die bange Erde hin (Züge der Un= tersberger). Der Eingang zu Hela liegt in „ginnunga gap", in der gähnenden Kluft (Mittagsscharte). Dunkelelbe oder Zwerge bewachen die zwölf Zugänge (die Felstrichter, Klüfte und Höhlen dieses Berges). Zwölf Flüsse ergießen sich daraus (es gibt ungefähr zwölf Quellen am Untersberge). Drei Quellen benetzen die Weltesche Yggdrasil (den walser Birnbaum): Mimirs Brunnen, aus welchem Wodan selbst Verjüngung trank und ein Auge dafür hingab (der Fürsten= oder Jungbrunnen), befeuchtet die irdische, der Jungfern= brunnen (in der Wolkenhöhe des Hochthrones; Jungfern sind die Schicksalsgöttinnen) die himmlische, der Brunnen in ginnunga gap (Mückenbrunnen in der Mittagsscharte) die unterirdische. Diese Brunnen senden ihre Gewässer auf die Ebene herab, auf welcher der Birnbaum steht.

Auch mit elbischen Wesen (Lichtelfen und Dunkelelfen der Göttersage, sie entsprechen ungefähr den Engeln und Teufeln), mit Wildfrauen, Riesen (und Zwergen) war der Untersberg bevölkert. *)

In der Gegenwart sind Salzburg, Reichenhall und Berchtesgaden an den drei Winkeln des Untersberges in raschem Aufblühen und ebendeshalb das Sagenzeitalter dieses Wunderberges in ebenso raschem Niedergang begriffen. Vor dem Wissen weicht das Glauben, vor der Kultur die Götter= sage. Je kleiner die Anzahl der Kenntnisse ist, die der Mensch über die Vorgänge in der Natur, über das Welt= gebäude und die Erdgeschichte, über das Alter der Menschheit

*) Mittheil. b. Ges. f. Landeskunde I. 1861.

und die Entwicklung des Geistes besitzt, je dichter also der
Nebel liegt, der die Erkenntniß hindert, desto mehr wird
das Gemüth von dem Unbegreiflichen, Geheimnißvollen und
Wunderbaren hingerissen. Wo der ungebildete Mensch den
Zusammenhang zwischen einer Erscheinung und ihrer wahren
Ursache nicht kennt, da schreibt er so gerne einem von ihm
selbst geschaffenen Gedankendinge, das er mit einer mächtigen
Persönlichkeit ausstattet, die Urheberschaft zu. Je weniger
Vorstellungen er von dem natürlichen Hergange der Erschei-
nungen zu fassen befähigt wird, desto sicherer sucht er bei
Popanzen, Fetischen, Geistern und Wundern seine Zuflucht,
ja er betrachtet schließlich dieses Merkmal des Geheimnisses
und Wunders selbst als das ächte und rechte Kennzeichen der
Wahrheit.

Von jeher stand deshalb dem Götterglauben auch ein
volksthümlicher Glauben über Anfang und Ende, von
Welt und Zeit, von Gutem und Bösem, von Lohn und
Strafe u. s. w. zur Seite. Es ist bereits eine sehr ansehnliche Zahl solcher Meinungen und Vorstellungen ermittelt, die
zum größten Theil noch in die Zeit des Heidenthums zurückreichen und erst ausgerottet werden können, wenn die Naturwissenschaften klares Licht verbreiten. Denn nächst dem Geiste
der Bevormundung ist der Hang zum Wunderbaren, der
wohl auch absichtlich gepflegt wird, eines der größten Hindernisse der Kultur.

Solche abergläubische Meinungen, von denen
gar manche noch nicht völlig dem kulturgeschichtlichen Alterthum angehören, sind

der Glauben an elbische Wesen und ihren übernatür-
lichen Verkehr mit den Menschen, an gute und böse Geister,
an Zwerge, wilde Frauen, Untersberger, an den Putz,
Klaubauf, die weiße Frau und sonstige Personenschöpfungen
guter oder schlimmer Art;

der Glauben an bergentrückte Todte, Kaiser Karl, an
Verstorbene, die „umgehen", oder unter den Untersbergern
gesehen wurden, an versteinerte Wildschützen, übergossene
Alpen und sonstige derlei Strafgerichte;

der Glauben an ein höheres Wesen der vier Elemente,
des Windes, Herdfeuers, Seewassers, an die armen Seelen
in der glimmenden Kohle und der klagenden Flamme, an

die Drud, Unterwachs, den Alpengeist, Nachsenner, Wildsee-
geist und an die gefürchtete Stimme des Verhängnisses —
die Klage;

der Glauben an Seelen, die zwischen Himmel und Erde
schweben, im Grabe keine Ruhe finden, sich „anmelden", an
Gespenster, Erscheinungen Verstorbener, an die Möglichkeit,
Geister zum Erscheinen zu zwingen u. s. w.;

der Glaube an geheimnißvolle, d. i. Glück oder Unglück
bringende Thiere, Drachen, Lindwürmer, Nattern mit goldenen Krönlein, Elstern, Schwalben, Todtenvogel, Holzwurm;

der Glauben an geheimnißvolle Pflanzen und Kräfte,
die denselben inne wohnen, an die Alraunwurzel, Aller-
mannsharnisch, Hollunderstrauch, Hechsenkraut, Beifuß, Biber-
nell, Farrenkraut;

der Glaube, sich unsichtbar machen zu können durch die
Herzen ungeborner Kinder, durch Glieder von Selbstmördern
oder Hingerichteten, durch Fett lebendiger Menschen, das
Galgenmännlein u. s. w.;

der Glauben an die Kraft des gesunden und kranken
Mondes, an die Schädlichkeit von Wasser, das der Mond
bescheint, an das Entstehen von Krankheiten durch das Mondlicht u. dgl.

der Glauben an Vorbedeutungen, glückliche und unglückliche Tage, Lostage, an die dreißig Schwendtage, an
Vorbedeutungen beim Anfange oder Ausgange eines Jahres,
einer Arbeit, einer Reise u. s. w.;

der Glaube an geheimnißvolle Mittel verborgene Schätze
zu heben, verlorene Sachen zu sehen, und anzeigen zu können, sich durch Jungfernhemden, Amulete vor Verwundung zu
schützen, durch die Wünschelruthe Erzadern oder Wasser-
quellen zu entdecken;

der Glaube an Hechsen, an fleischlichen Umgang oder
einen Bund mit dem leibhaftigen Teufel und an Mittel und
Wege auf diese Art reich werden zu können;

der Glauben, daß man durch das Beschmieren der Cru-
cifixe am Charfreitag mit Eiern, Brod und Schmalz sich
Ueberfluß an diesen Dingen fürs ganze Jahr verschaffen
könne, an die geheimnißvolle Kraft, die gewisse Dinge erlangen, wenn man sie unter das Altartuch lege und darüber

Messe lesen lasse, an die Heilkraft von Gürteln und Kräuter-
säckchen bei Entbindungen, Anfechtungen des Bösen u. dgl.
an die Heilkraft einiger abgezapfter Blutstropfen, abgeschnit-
tener Haare und Nägel u. dgl. gegen Schwindsucht, War-
zen u. s. w.

Die vielerlei Arten, die Zukunft zu erfahren, Brautleuten
Glück und Unglück vorherzusagen u. s. w, Karten-, Evan-
gelium-, Bibelaufschlagen, Wahrsagen, Geisterbefragen, Tisch-
rücken, Behorchen der Viehsprache in den Rauchnächten,
Kukuksruf, Löffeln, Wasserspiegel, Ansprechen lebloser Dinge,
stilles Mittheilen der Gedanken, Bleigießen, Knittelzählen;

die verschiedenen Weisen, sich auf geheimnißvolle Art
vor Schaden zu wahren oder aber — solchen andern zuzu-
fügen, verzaubern, verhechsen, vermeinen, verthun, Nestel-
knüpfen, Siebbrehen, Wettermachen, Pulver aus verbrannten
Todtengebeinen, Segensprechen, Liebestränke, Teufel- und
Diebebannen, Vergraben und Verbrennen von Abbildern ge-
haßter Gegenstände u. s. w.

XXVI.

Schule und gelehrte Bildung.

Es ist zu vermuthen, daß manche der romanischen Priester
und Christen vor und zu Ruperts Zeit des Lesens und
Schreibens kundig waren.

Rupert selbst gründete für die Bildung von Mönchen
zu St. Peter eine Klosterschule, über welche urkundliche
Anzeichen vorliegen. Allein der Zugang zu selber genügte
den Absichten Ruperts nicht und darum sah er sich genöthigt,
aus dem Frankenlande Schüler zu holen.

Bischof Virgil aus Schottland war ein gelehrter und
helldenkender Mann, aber er lief Gefahr von Pabst Zacha-
rias als Philosoph und Ketzer gemaßregelt zu werden. In
seinem Auftrage verfaßte der (romanische) Diakon Benedict
die „kurzen Nachrichten" über die Gründung und Bestiftung

der salzburgischen Klöster, die mit mehreren spätern Zu=
sätzen, abschriftlich noch vorhanden sind.

Karl der Große ließ von Rom (787—789) Kirchen=
sänger, Sprachlehrer und Rechenmeister kommen und die
Franken darin unterrichten. In seiner Pfalz gründete er
eine Schule und ordnete bei jedem Kloster und Bisthum
eine Knabenschule an, in welcher Kirchengesang, Psalmen,
die Kalenderrechnung (computus) und lateinische Sprache
erlernt werden sollten.

Arn, Karls Günstling und Freund des gelehrten Alcuin
am fränkischen Hofe, sammelte nach dem Beispiele der Pfalz=
schule auch für die salzburger Rupertsschule am neuen
Münster mehr als 150 Handschriften. Beim Antritte seines
bischöflichen Amtes ließ er abermals die Schenkungen an
die Kirche, die bischöflichen Tafelgüter und geschichtliche
Nachrichten über die Zellen und Klöster zusammenstellen.
Alcuin gedenkt in seinen Briefen mehrmals der Schüler an
der Rupertsschule.

Ludwig der Fromme (le debonnaire) befahl, daß die
gemeinsam auf einer Stube lebenden Zöglinge der Kloster=
und bischöflichen Schulen unter die Aufsicht eines ältern Geist=
lichen (frater) gestellt werden sollten. Dieß ist der Anfang
des Amtes eines Scholasticus oder Schulaufsehers.

Die Erzbischöfe Adalram und Liupram ertheilten, wie es
scheint, selbst Unterricht und Erzbischof Adalbin wird aus=
drücklich Liuprams Schüler genannt. Letzterer sandte den
Lehrer (praeclarus doctor) Swarnagel, desgleichen den
Priester und Meister der Künste (magister cuiusque artis)
Alfrid sammt Handwerksleuten aller Art an Herzog Pri=
wina in Pannonien um daselbst Kirchen zu bauen und
Geistliche heranzuziehen. Chor=Bischof Oswald lehrte den
Slaven und Karantanen das Christenthum. Aus dieser Zeit
stammen ungefähr die Geschichte der Bekehrung der Baiern
und Karantanen und die älteste Lebensbeschreibung des h.
Rupert.

Zur Zeit Erzbischofs Herold, in den Jahren 942 —
lehrte der berühmte Mönch Chunibert aus St. Gallen in
Salzburg und hatte zahlreiche Schüler. Herzog Bertold
hatte sich ihn vom Abte Kralo erbeten.

Unter Erzbischof Friedrich I. versammelte ein gewisser

Liutfrit eine namhafte Schülerzahl. Erzbischof Günther
hat seine gelehrte Bildung unter Bischof Notker zu Lüttich
erhalten und schrieb Erklärungen zu den Psalmen. Durch
Erzbischof Friedrich I. wurde das Stift St. Peter in seiner
Selbstständigkeit wieder hergestellt und beginnt demnach (seit
987) wieder eine Schule daselbst. Um diese Zeit studirte
in Salzburg Godehart, der berühmteste Schüler des Udalgis
von Nieder-Altaich.*) Er stellte in mehreren Klöstern die
Zucht wieder her und war nachmals Bischof von Hildesheim.
Auch die Erzbischöfe Dietmar II. und Balduin werden als
Kenner und Schätzer der Literatur bezeichnet.

Die Kirchenspaltung unter Erzbischof Gebhard gab
dem Schriftthum neues Leben. Der harte Kampf
wirkte befruchtend auf die Verbindung mit der schwäbischen
und sächsischen Geistlichkeit. Gebhard, der wahrscheinlich zu
Paderborn gebildet worden war, eröffnete die Reihe eifriger
Vorkämpfer der gregorianischen Grundsätze auf dem salzburger Stuhle. Ihm folgten Thiemo bis 1101, Conrad I.
bis 1147.

Gebhard, als er in Salzburg sich nicht länger halten
konnte, fand eine Zuflucht bei den Sachsen und ist aus der
Geschichte als ihr Wortführer bekannt. Er richtete an Bischof
Hermann von Metz eine Abhandlung zur Vertheidigung des
Pabstes und der gregorianischen Grundsätze. Gebhards Ju-
gendfreunde, Schul- und Kampfgenossen waren Altmann,
Bischof von Passau und Adalbero, der Stifter von Lambach,
aus dem Hause der Grafen von Wels und Lambach, der
nachherige Bischof von Würzburg. Die Lebensbeschreibungen
dieser drei Männer zeigen, wie die gewaltigen Kämpfe jener
Zeit in dem engen Schauplatze der Klöster und Stifter sich
abspielten, wie die Vorkämpfer der neuen mönchischen, fran-
zösisch-römischen Kirchenzucht den Anhängern der alten Ge-
wohnheit entgegentraten. Manche Blüthe entsproß der sitt-
lichen Kraft dieser strengen Mönche, aber viel Gutes und
Schönes ging darüber zu Grunde und jene vielverheißende
gleichmäßige Entwicklung aus der Zeit Heinrichs III. wurde
unwiederbringlich geknickt.

Aus dieser Zeit haben sich als Denkmäler damaligen

---

*) Nieder-Altaich war dem Erzbischof Friedrich auf Lebenszeit
übergeben.

Schriftthums erhalten: die Leidensgeschichte Thiemo's und eine Aufzählung salzburgischer Erzbischöfe (catalogus praesulum) beide aus Admont stammend, die Lebensbeschreibung Conrads I. (um 1170—77 geschrieben), Erzbischofs Eberhard Conceptbuch, die Geschichte der Leiden der salzburger Kirche, Leben und Wunder salzburgischer Heiligen, die nicht mehr vorhandenen salzburgischen Jahrbücher (annales salisburgenses) und die Jahrbücher St. Ruperts (annales S. Ruperti) von salzburger Domherrn (bis 1286). Alle übrigen überragt jedoch Probst Gerhoh von Reichersberg, den Erzbischof Conrad I. (1132) zum Vorsteher dieses Klosters berief. Seine theologischen Werke, insbesondere seine Schrift über den Antichrist zeigen ihn als der strengsten mönchischen Richtung angehörend, die insbesonders auch die Verflechtung der Geistlichen in weltliche Angelegenheiten als ein Unglück betrachtete und gegen Rom eine strenge Sprache führte. Die Abhandlung wurde erst jüngst vollständig ans Licht gezogen.*)

Im 12. und 13. Jahrhunderte wirken neben der Domschule und der St. Peterschule auch eine zu Chiemsee (1145 und 1190 erwähnt) und eine andere zu St. Zeno, an welcher um 1244 Heinrich von Laufen als Scholastikus genannt wird. Noch waren die Domscholastiker wirkliche Schulvorsteher, nicht bloße Würdenträger. Unter ihnen stehen verzeichnet Chunrad der Luenzer um 1310, Christan von Oberndorf um 1320, Heinrich von Pirnbrunn, Grimolt von Preising 1330, Ekkard von Tann um 1360, Gregor Schenk von Osterwiz u. a. Etwas später besteht auch schon zu Mühldorf eine Schule, an welcher Meister Jakob (1425) genannt wird. Er war Zeitgenosse des Mönches (Hermann?) von Salzburg, eines geistlichen Liederdichters und Uebersetzers von beträchtlichem Einflusse insbesondere auf die Sangweise der Chorschulen.

Die gelehrte Bildung erwarb man sich mühsam und mit vielen Kosten auf fremden Schulen. So sandte 1289 das salzburger Capitel den Notar Heinrich nach Padua oder Bologna, um sich auf diesen Schulen zu einem gründlichen Rechtsgelehrten auszubilden. Abt Engelbert von Admont begab sich nach Prag, und da nach der Wahl Rudolfs von Habsburg zum deutschen Kaiser alle Oesterreicher und Steiermärker Prag verlassen mußten, nach Padua, wo er fünf

*) Wien. Akad. Archiv, XX.

Jahre Logik und Philosophie und vier Jahre Theologie
hörte. Er verfaßte bei 35 Schriften, darunter eine über die
Wahl Kaisers Rudolph.*) Kein Wunder war es daher, daß
man in den Urkunden jener Zeiten auf so viele Ausländer
unter den Priestern, auf so viele Magister und Doctoren
der Rechte, zugleich aber auf beständige Klagen über die
Rohheit und Verdorbenheit des Klerus stößt.**) Die ein=
heimischen Bildungsanstalten waren ungenügend und die
ausländischen erfreuten sich größerer Berühmtheit als Ge=
diegenheit. So behaupteten schon damals die Gelehrten in
Paris, so lange in ihrer Stadt, wo es mehr Weise gebe, als
in irgend einem andern Orte der Welt, eine Frage unent=
schieden sei, dürfe kein Mensch es wagen, in derselben ent=
scheidend zu handeln. (Chronic. Salisburg.). Wie erwünscht
und wohlthätig mußte unter solcher Bewandtniß die 1365
in größerer Nähe, zu Wien, gegründete Universität, auf die
salzburger Kulturzustände wirken!

Man machte sich diese Gelegenheit auch zu Nutzen. Be=
fanden sich an der Domschule schon früher einzelne Laien
oder Weltgeistliche als Lehrer, z. B. 1314 M. Jodocus
rector scholarum in summo, so kommen dieselben von nun
an fast regelmäßig vor, wie 1430 Erhard Lompß, der sich
in Wien unter dem berühmten M. Niklas von Dinkelsbühl
gebildet hatte, 1486 Hieronymus Posser aus Wien, baccalaureus
der freien Künste, 1496 Dr. Johann Hohensteger aus Passau,
1522 Rector Urban Braun, 1560 M. Andreas Holzner, 1567
Augustin Zappler, 1574 Jonas Februarius, 1576 M. Mel=
chior Wolffichen an der Schule von St. Peter. An der
Domschule wirkten M. Johann Mann 1536, M. Johann
Kreuch 1551, M. Georg Agricola 1556, Johann Rottmayr
1559, Joachim Agricola 1567, M. Johann Schönlin von
Ingolstadt 1569, M. Gottfrid Huber von Passau, M. Veit
Schönlin 1602, M. Karl Kristmann 1604. Behaglich schei=
nen sich jedoch wenige dieser Schulrectoren gefühlt zu haben,

---

*) Sie beginnt mit dem Verse:
        Slavica qui tumidi confregit cornua sceptri.
**) Im 15. Jahrhundert gab es in Salzburg noch Religiosen,
die statt der Psalmen, die sie nicht lesen konnten, ebenso viele Vater
unser und Ave-Maria zu beten verpflichtet waren. — Graf Ulrich von
Schaumburg nannte die Priester schlechtweg geweihte Bauern und
Kaiser Friedrich sagte wieder vom Erzbischof Friedrich V. von Schaum-
burg, er sei ein Bischof ähnlich einem Briefträger und verstehe die
Messe und den kleinen Donat (lat. Sprachlehre) nicht.

was sich aus ihrem häufigen Abgang aus der Schule und dem oftmaligen Wechsel ergibt.

Die Schule von St. Peter ward stark besucht. Noch im J. 1583, zu welcher Zeit man von Salzburg schon viele Kinder nach Baumburg zum Unterricht schickte, zählte sie 152 Schüler. Doch galt die Domschule als die höhere und vornehmere, auch hatten die Lehrer dort (bis um 1525) höhern Gehalt. Der Rector an der Domschule bezog die volle Verpflegung und 2 Dukaten alle Vierteljahre. Der Rector zu St. Peter genoß ebenfalls die volle Verpflegung, hatte aber nur 1 Dukaten Quartallohn, seit 1525 aber 10 Pfund Pfenninge und die Wochenpfenninge auswärtiger Schüler. Die Eifersucht zwischen der Dom- und Klosterschule wirkte wohlthätig auf die Erfolge.

Ziemlich früh wurden diese Schulen in innere und äußere abgetheilt, erstere für angehende Religiosen, letztere für auswärtige Schüler, die andere Berufe ergriffen. Sowohl an der Domschule als zu St. Peter trifft man mehrere Lehrer zugleich neben dem Rector, welche an ersterer Primicerius, Collaborator, Locatus hießen. Auch in Salzburg gingen die Klosterschüler in den Straßen der Stadt herum, und sangen Psalmen oder kirchliche Lieder, oder führten zu gewissen Zeiten öffentliche Schaustücke (publica spectacula) auf, um für sich und den Lehrer Geld zu verdienen.

Die Lehrgegenstände wurden in das Trivium und Quadrivium (Dreiweg und Vierweg) eingetheilt. Mit volltönenden Namen hießen die Lehrgegenstände des Dreiweges Grammatik, Rhetorik und Dialektik, die des Vier- oder Kreuzweges aber Arithmetik, Geometrie, Musik und Astronomie. Daß alle Gegenstände „mit besonderm Hinblick" auf den kirchlichen Bedarf gelehrt wurden, versteht sich von selbst, daher ist unter Musik vorzugsweise der Kirchengesang, unter Astronomie die Eintheilung des kirchlichen oder Kalenderjahres zu verstehen.

Da man eigentliche astronomische Kenntnisse im heutigen Sinne nicht besaß, so mußte die Kenntniß der Zeit und die Bestimmung der Festtage u. s. w. durch eine Reihe von Erfahrungsregeln in Versen und Abzählen an den Gliedern und Fingern der Hand, somit als ein bloßes Gedächtnißwerk erlernt werden, daher brauchte man auch für jeden Kirchensprengel wieder eine Anzahl eigenthümlicher Verse.

Ebenso war die Grammatik ein trockenes Auswen=
diglernen von Regeln und höchstens ein Uebersetzen u. s. w.
Als daher mit dem Wiederaufleben des Studiums der latei=
nischen und griechischen Schriftsteller eine selbstständige Sprach=
kunde entstand, die in den Geist der alten Heiden eindrang
und sich deren Sprache völlig zu eigen machte, erhob sich von
Seite der Anhänger des Alten, der Theologen und Ketzer=
richter ein heftiger Widerstand gegen Alles, was die ver=
haßten „Poeten", „Humanisten" und „Artisten" verbesserten
oder neu einführten und entwickelten.*) Da nämlich die
Glaubensreformation in Folge des Wiederauflebens der
Wissenschaften erfolgte und aus dem Sprachstudium bestän=
dig neue Nahrung sog, so warf man an den Universitäten
gewöhnlich Humanisten und Ketzer in einen Korb und ver=
folgte „mit dem weltlichen Arm" in den Poeten die Ketzer.
Salzburg sah diesen Kämpfen nur von ferne zu, denn es
hatte damals noch keine Universität. Die kirchliche Haupt=
stadt Baierlands, deren geistliche Fürsten im 12. und 13.
Jahrhundert eine hervorragende Stellung einnahmen, konnte
zur Zeit der Reformation an der Bewegung der Geister nur
mehr in zweiter Linie Theil nehmen.

Schon unter Conrad II. und III. (1164—68, 1177—
83), dann Eberhard II. (um 1200—1246) gab es in Salz=
burg Lectoren der Theologie und des geistlichen Rech=
tes. Auch in einigen Klöstern findet sich ein oder der an=
dere Geistliche, der den angehenden Religiosen darin Unterricht
zu ertheilen im Stande war, aber dieser Unterricht genügte
so wenig, daß man zu den Kirchenversammlungen von Basel,
Constanz u. s. w. den Abgeordneten Magister und Doctoren
von Universitäten mitgeben mußte. Auch sah es mit dem
Unterrichte in der Religion auf dem Lande noch mißlich aus
und nicht selten hielten sich die Pfarrer fahrende Schüler,
die an ihrer Statt die Geschäfte besorgten. Aus den Ver=
handlungen der zahlreichen salzburgischen Kirchenversamm=
lungen ist zu ersehen, daß weder die Sittlichkeit der Geist=
lichen, noch ihr Hang zum Wirthshausbesuch, noch der Unfug
der Bacchanten und Schützen (fahrende Schüler) mit Erfolg
verbessert werden konnten. In edleren Gemüthern entstand
durch die Betrachtung solcher Zustände ein Hang zur Schwär=
merei und Mystik (P. Bernhard von Waging, Leonhard von
Kraiburg, Bischof von Chiemsee).

*) Auch zu Salzburg bestand unter Johann Mulinus eine poe=
tische Schule und fristete sich etwa 50 Jahre.

Die Naturwissenschaften blieben völlig vernach=
lässigt. Einige diätetische, ökonomische, meteorologische
und leider auch astrologische Bemerkungen, die man hie und
da in Meßbüchern, Sprachlehren u. dgl. zerstreut findet,
vertraten die Naturkunde. Das Aderlaßmännchen des Avi=
cenna findet sich im 13. und 14. Jahrhundert nicht selten
als Beigabe am Schluße der Handschriften.

Erzbischof Matthäus, gelehrt und auf der Höhe der Zeit,
hatte in Italien Männer kennen gelernt, die dem Zeitalter
Leo's Ehre machten; er wußte die Kunst zu schätzen und
hatte auch Sinn für heidnisches Alterthum. Er fühlte, daß
der ehrwürdige bischöfliche Hochsitz dem gährenden Zeitgeiste
gegenüber seine Aufgabe nicht in bloßer Abwehr oder kraft=
voller Verneinung suchen dürfe und forderte die gelehrten
Priester wiederholt mündlich und schriftlich auf, den Geist
des Christenthums in katholischer Form darzustellen und
durch Verbreitung von Schriften der Unwissenheit in An=
sehung der Religionslehre entgegen zu wirken. Aus diesem
Anlasse verfaßte Berthold Pürstinger, der seinem Bisthum
Chiemsee entsagt hatte, die „tewtsche Theology" (1527)
eine vollständige Begründung katholischer Lehre mit beson=
derer Rücksicht auf die Hauptstücke vom Glauben, dem Evan=
gelium, den Tugenden und Heilmitteln, als den wichtigsten
angefochtenen Gegenständen. Das Werk erschien 1531 auch
lateinisch. Auch ein „Teutsch Racional über das Ambt hei=
liger Meß" (1535) und ein „Religpüchel" rührten von ihm
her. Man hält Pürstingern mit einiger Wahrscheinlichkeit
auch für den Verfasser des seltenen Buches Onus ecclesiae
(die Bürde der Kirche), welches sich durch außerordentlichen
Freimuth über den römischen Hof, die Bischöfe und Prälaten
und den Geist und die Sitten der Domherrn und Geistlichen
auszeichnet.

Pürstingers Zeitgenosse und Freund war Ortolph
Fuchsberger aus Titmaning, Hofrichter zu Mondsee, nach=
mals Stadtrath zu Passau. Er schrieb nicht nur, was für
jene Zeit merkwürdig ist, eine deutsche Logik (eigentlich Dia=
lektik), sondern unterrichtete auch darin die Religiosen des
Klosters. Abt Johann Hagen erweiterte den Lehrgang zu
einem Gymnasium, an welchem unter andern 1550 Wolfgang
Plebel, ein wiener Magister und 1589 Augustin Desenhauser
als Rectoren wirkten.

Um den Anfang des 16. Jahrhunderts, als Georg

Agricola, Paul von Spreten (Speratus), Johann von Stau-
pitz, Generalvikar des Augustinerordens, nach Salzburg
kamen, bald aber, wegen lutherischer Meinungen, mit Ausnahme des Letztgenannten, es wieder verließen, ging
Virgil Wellendorfer aus Salzburg nach Leipzig, wurde dort
Lehrer an der Artistenfakultät und schrieb (1507) das seltene
Buch über die Witterung (de metheorologicis impressioni-
bus). Um die Mitte des Jahrhunderts zog Virgil Pingitzer von Hallein nach Jena (1558), studirte dann zu Löwen
und ward 1567 zu Orleans Doctor der Rechte. Er wurde
1574 erster Professor zu Helmstädt und 1576 Erzieher des
Herzogs Johann von Sachsen-Weimar, 1587—1619 wieder
Professor zu Jena, wo er starb.

Prinz Ernest, der salzburgische Erzbisthumsverweser,
war der Sohn Alberts des Weisen, und hatte mit Johann
Aventin, dem bairischen Geschichtschreiber, Italien und
Frankreich bereist. Er beförderte die Wissenschaften; die
äußere und innere Schule zu St. Peter wurde neu belebt,
die salzburger Landeskirchenversammlung von 1549 beschloß
fähige Jünglinge und Priester auf Universitäten
zu senden, in Salzburg entstand die erste Druckerei, der
Domrichter Martinus Pegius zeichnete sich durch seine
Schriften aus und Seeznagel entwarf die erste Landtafel
und eine Landkarte von Salzburg.

Aber auf dem Lande wirkte nur hie und da ein einzelner Mann, auf sich selbst beschränkt. Das sich selbst über-
lassene Volk suchte, so gut es ging, sich zu belehren oder
bei Lehrern Zuflucht, die der Zufall ihm zuführte. Wiedertäufer, Utraquisten, Lutheraner, Bauern als Prediger, hie
und da Latein- und Chorschulen, an vielen Orten keine
Schulen, so lautete der Befund der kirchlichen Untersuchungs-
reise, die der Domherr Wilhelm von Trautmannsdorf im
Jahre 1555 durch das Gebirge unternahm.

Die Synode von 1569 unter Johann Jakob hatte
nebst andern den Hauptzweck, das Volksschulwesen als
eine Kirchenangelegenheit anzuerkennen, die Dom-,
Stift-, Kloster- und Stadtschulen als öffentliche
zu erhalten und zu befördern, und Lehrerseminarien zu errichten. Nebstbei wurde aber eine Büchercensur eingeführt
und die Schulen der Humanisten verboten. Mit den Fort-
schritten im Schulwesen hatte es sonach gute Weile.

Die Domschule kam immer mehr in Abnahme und wurde 1617 aufgehoben. Die St. Peterschule in vier Klassen getheilt, stellte ein kleines Gymnasium vor, genügte daher ebenfalls den steigenden Anforderungen an gelehrte Bildung nicht. So gründete denn Marx Sittich 1617 im Verein mit Benediktineräbten, die die Lehrkräfte stellten, das neue Gymnasium, aus welchem, schon mitten in den Wirren des dreißigjährigen Krieges, 1622 durch Erzbischof Paris die Benediktiner-Universität mit drei Fakultäten erstand; die Naturwissenschaften gingen leer aus.

Unter den Lehrern der Universität Salzburg haben besondern Ruf erlangt:

Thomas Mannarini (1622—1627), Professor der scholastischen Theologie und des geistlichen Rechtes. Er lehrte früher 14 Jahre in Italien und zu Rom.

Ludwig Graf Engel, Lehrer des kanonischen Rechtes, das er mit außerordentlichem Beifalle vortrug (1659—1674). Sein Handbuch erlebte 15 Auflagen und wurde zu Venedig und Wien nachgedruckt.

Cölestin Sfondrati (1679—1682) schrieb ein Buch Regale Sacerdotium (Priesterkönigthum), war daher beim Pabste hochangesehen und wurde Cardinal. Durch ihn ließ Max Gandolf die Sätze der gallikanischen Kirche widerlegen.

Aegydius Rambeck (1643—51), Lehrer des Kirchenrechtes, bei der römischen Kurie hochgeschätzt. „Die Blitze des Vatikan theilte er mit freigebiger Hand aus."*)

Josef Metzger, Professor des geistlichen Rechts (1667 —73), salzburgischer Geschichtschreiber.

Placidus Böckhn (1720—1733) lehrte das Kirchenrecht „mit unbegränztem Beifalle". Weß Geistes Kind er war, zeigt sein Wüthen gegen die literarische Gesellschaft, die unter Casparis 1740 in Salzburg entstand, Philologie und Kirchengeschichte pflegte und Muratori's Schriften las. Wie die Zeloten aller Jahrhunderte häuften Böckhn und seine Sippschaft alle erdenklichen Verdächtigungen auf diese Gesellschaft, nannten sie Freimaurer u. s. w. Casparis antwortete in

---

*) Qui fulmina vaticana manu liberali dispendit. Gletle, Quaest.

klassischem Latein. Die giftige Rotte wurde durch Aemter-
entsetzung, Verweisung von der Akademie u. s. w. unschäd-
lich gemacht.

Dominikus Peregrini (1730—64) Lehrer der Pandekten und der Institutionen. Seine Schriften galten in
Oberdeutschland als klassisch. Er hatte Zuhörer aus den
entferntesten Gegenden, und weinte nicht selten, wenn er von
Rechtskränkungen, besonders der Geistlichkeit hörte.

Gregorius Zallwein (1749—59), aus Wessobrunn,
ging mit der Fackel der Geschichte bis auf die Urquellen des
geistlichen Rechtes zurück und suchte die Gränzlinien zwischen
päbstlicher, bischöflicher und landesfürstlicher Gewalt zu
ziehen, ein Kenner des deutschen und salzburgischen Kirchen-
staatsrechtes. Er hatte Schüler aus Deutschland, Italien,
selbst Neapel.

Christof Bluemblacher, geb. zu Salzburg 1624, seit
1657 Professor der Institutionen, dann der Pandekten. Seine
Abhandlung über Erbrecht, Freistift und Leibgedingrecht erlebte 3 Auflagen und wurde noch vor Kurzem benützt. Seine
Erläuterungen zur Carolina (peinliche Halsgerichtsordnung)
wurden siebenmal aufgelegt.

Hermann Hermes aus Köln (1652—1680), der eigentliche Begründer des Rufes der Juristenfakultät zu Salzburg,
der erste katholische Rechtsgelehrte, der über deutsches Staats-
recht ein ausführliches Werk schrieb.

Franz Woller von Wollersfeld (1697—1717),
Professor des Codex und deutschen Staatsrechts, stand in sehr
großem Ansehen. Zu seiner Zeit studirten in Salzburg in
dem einzigen Jahre 1712 nahe an hundert Grafen und
Freiherrn.

Franz Josef Herz im Herzfeld (1717—1739), Professor der Institutionen, der Pandekten, des deutschen Staatsrechts, trug auch Natur- und Völkerrecht vor. Eine Menge
österreichischer Adeliger hörten seine Privatkollegien.

Josef Gletle (1684—88), Lehrer der Pandekten, des
Codex und deutschen Staatsrechtes, einer der gründlichsten
und aufgeklärtesten salzburgischen Rechtslehrer von kritischem
Scharfsinn. Seine vielen Schriften wurden mehrfach neu
aufgelegt. Die Exemplare seiner Abhandlung über das

Amortisationsgesetz und die kirchliche Immunität kauften die Benedictineräbte zusammen, sie wurde aber nach seinem Tode 1714 zu Straßburg und noch 1740 zu Heidelberg wieder abgedruckt.

Die Philosophen, die längste Zeit in scholastischer Methode befangen, lieferten den Beweis, bis zu welchem Grade der „Opferung des Menschenverstandes" eine Denk= lehre gelangt, die nicht die selbstständige Forschung und Ent= wicklung der Denkkräfte als obersten Grundsatz anerkennt.

In welcher Jahreszeit und an welchem Tage der Woche Gott die Welt erschaffen habe? ob der h. Paulus wirklich bis in den dritten Himmel verzückt worden sei? ob Adam schon logisch gedacht habe? Der Stoff, aus welchem die Himmelskönigin bestand, ist verschieden von dem Stoffe der Himmel selbst. Christus hätte von einer andern Mutter nicht abstammen können. Die Mutter Gottes konnte zwar als Werkzeug von Gott benützt werden, um Uebernatürliches zu wirken, nicht aber um etwas zu erschaffen. Wenn es auch keinen natürlichen leeren Raum gibt, so könnte doch in demselben Bewegung statt finden, wenn Gott ihn herstellte. Maria konnte von Ewigkeit sein, aber nicht von Ewigkeit her ihren göttlichen Sohn erzeugen (generare). Die Wesen= heit der Mutter Gottes unterscheidet sich von ihrem Dasein u. s. w. u. s. w. Dieß nannten die mönchischen Philosophen — aristotelische Philosophie. Wahrlich, da war die Denk= lehre, wie an dieser Fakultät behauptet wurde, freilich weder ein Vermögen, noch eine Kunst, weder eine Wissenschaft, noch eine praktische, noch speculative Gewandtheit, sondern ein bloßes Handwerk, dessen vornehmstes Werkzeug der Syl= logismus (Schlußformel) sei. Aber man verstand es, diese Zwergengestalt von Philosophie mit den Farben des Chri= stenthums und den Lehrsätzen des Glaubens zu verquicken, um die Gegner als Feinde des Christenthums, Religions= spötter u. s. w. zu brandmarken. Kein Wunder, wenn schon in den dreißiger Jahren des vorigen Jahrhunderts die stu= dirende Jugend sehr saumselig im Besuche der philosophischen Vorlesungen war, und wenn Humanität und Sittlichkeit bei dieser Art von Studien nicht gedeihen konnten.

In den letzten Jahrzehnten des vorigen Jahrhunderts arbei= tete sich auch die Philosophenfakultät größtentheils aus dem scho= lastischen Wuste heraus. Stöger befreundete sich mit der kan=

tischen Philosophie, Schiegg war Mathematiker und Astronom,
vor dem Alexander von Humboldt Achtung hatte. Die
Vorträge über Experimentalphysik begannen im Jahre 1741.
Erst seit 1732 wurden die salzburger Kalender mit den nöthigen Ortsbeobachtungen versehen, während man früher sie
von anderorts verschrieb! Odilo Gutrat und Raphael Kleinsorg verdienen als Geographen genannt zu werden, Simpert
Schwarzhuber verfaßte ein Religionshandbuch.

Antonio Cola, von 1632—35, und Urbano Stefanuzzio,
von 1656—58, die aus Italien berufen wurden (?), um
Heilkunde zu lehren, kehrten bald wieder um. Als im Jahre
1635 in Baiern die „Pest" herrschte und sich nach Salzburg
verbreitete, ließ man, um die Kranken hinauszuschaffen, die
Pestsesseln, Pestkarren und Pestlaternen mit Ruthen und
Peitschen, den Zeichen des göttlichen Strafgerichtes bemalen
zu männiglicher Tröstung und Hilfe. Der dickste Aber-
und Teufelsglaube herrschte in Bezug auf Krankheiten und
noch in den Siebziger Jahren des vorigen Jahrhunderts
wurde das Vergraben einer „lebendigen Aucke" (Kröte) von
der Regierung mittels gedruckter Verordnung gegen den
„Viehschelm" empfohlen.

Im Jahre 1672 gründete Max Gandolf die Hofbibliothek, die manche alte und seltene Handschriften und
älteste Druckwerke enthielt.

Unter den Erziehungsanstalten sind zu nennen
das marianische (1645), das rupertinische (1653), das vir-
gilianische (1701) und das Collegium*) der Siebenstädter
(1701), sämmtlich für die mittleren und höheren Studien
bestimmt.

Das Schulwesen auf dem Lande erfuhr erst seit
dem Beginne des 17. Jahrhunderts in den Pfarrschulen
eine allmälig fortschreitende Verbesserung, indem Religions-
unterricht, Lesen, Schreiben und Rechnen die Hauptgegen-
stände bildeten, dagegen der blos auf das Bedürfniß der Kirche
berechnete lateinische Chorgesang wegblieb. Unter Hieronymus schickte man Lehrer nach Wien, um sich die Hähn-
Felbiger'sche Lehrmethode eigen zu machen. Nach deren
Zurückkunft wurde sie in der Hauptschule der Stadt Salzburg eingeführt und sollten die angehenden Lehrer nach selber
gebildet werden — Normalschule. Im Jahre 1790
wurde unter Vierthaler, einem tüchtigen Schulmanne, das

---

*) Darunter sind keine Jesuitenschulen zu verstehen.

Lehrerseminar eröffnet, es wurden Werke über Erzie-
hungskunde an Geistliche und Lehrer auf dem Lande vertheilt
und mehrfältige Verbesserungen eingeführt. Vierthaler veröffentlichte „Elemente der Methodik und Pädagogik" (1790),
den „Geist der Sokratik" (1793) und einen „Entwurf der
Schulerziehungskunde" (1794), außerdem noch eine Anzahl
Kinderschriften und Schulbücher. Das Schulwesen wurde
eine lebhaft betriebene Angelegenheit, an welcher sich auch
Geistliche (Aingler, Rumpler, Reiter) mit namhaftem Erfolg
betheiligten, der Schulbesuch stieg rasch, die Zahl der Schüler
vermehrte sich. Da kamen die Franzosenkriege und die Besitzveränderungen des Landes.

Unter Erzbischof Hieronymus war Salzburg ein Sam-
melplatz von Gelehrten und Schriftstellern und ein Stell-
dichein auswärtiger Naturforscher. Unter vielen andern
mögen nur als Beleg dienen der Redakteur und Statistiker
Hübner, der Orientalist Sandbichler, die Geschichtschreiber
Gärtner und Zauner, Dalham der Conciliensammler, der Con-
sistorialrath Bönike, Verfasser der emser Punktationen. der
Priesterhausbirektor Fingerlos, der Pädagog Wismayr, Baron
Moll, Graf Spaur, die Naturforscher Mielichhofer, Braune,
Schroll, die Juristen Steinhauser, Kleimayrn, Koch-Sternfeld,
Kürsinger, Hartleben, die Aerzte Barisani, d'Outrepont, Harten-
keil, der Kartograph Jirasek u. v. a. Leopold von Buch,
Alexander von Humbolt, Franzosen besuchten Salzburg,
angezogen von der geistigen Bewegung, die daselbst sich kund
gab. Der Schulmann Graser kam nach Baiern, der Land-
wirth Lürzer wirkte in Saalfelden, der Dichter Pfest lebte als
Beamter auf dem Lande, Reisigl im Pinzgau, Winklhofer,
Krug als Geistliche an verschiedenen Orten, Lehrer Fürstaller
im Pinzgau verfertigte Landkarten und Himmelsgloben,
Dechant Haselberger schrieb eine diplomatische Geschichte von
Salzburg. Daselbst erschienen eine politische Zeitung, die
oberdeutsche Staatszeitung*), ein Intelligenzblatt, eine allge-

---

*) Die oberdeutsche Staatszeitung erschien seit 1784 unter Hübners
Leitung. Da selbe in Baiern verboten war, gingen die Münchner
täglich „processionsweise" in das eine Stunde entlegene freisingische
Dörfchen Böring, um dieses Blatt zu lesen. Es zeichnete sich durch
Reichhaltigkeit, kritische Auswahl, freien Sinn, reine Sprache und
gemeinnützige Richtung vortheilhaft aus.
Die oberdeutsche Literaturzeitung (1787—99) leistete für wirkliche
Aufklärung und Bildung des katholischen Deutschlandes mehr als irgend
ein anderes wissenschaftliches Institut. Nach Besiegung großer Schwierigkeiten und Hindernisse verdankte man Hübnern die glücklich zu

meine Literaturzeitung, medicinisch-chirurgische Zeitung, Justiz-
und Polizeifama, Archiv für Volkserziehung, Nebenstunden
des Berg- und Hüttenmanns, Ephemeriden der italienischen
Literatur und andere Zeitschriften.

Im Jahre 1808 zählte man in Salzburg und Berchtesgaden 300 Schulen mit 9120 besuchenden Kindern unter
15,000 Schulpflichtigen.

Die bairische Regierung hob 1810 die Universität
auf und errichtete ein Lyceum mit theologischem und phi-
losophischem Studium und einer Schule für Landärzte. Das
Studiren im Auslande ward untersagt. Die Förderung
des Volksschulwesens blieb der Gegenstand fortdauernder
Fürsorge, obwohl sich auf dem Lande auch damals geistliche
Schulvorstände fanden, die heimlich den Eltern Recht gaben,
wenn sie ihre Kinder nicht zur neumodischen oder „lutherischen"
Schule schickten. — Dennoch betrugen damals die jährlichen
freiwilligen Geldbeiträge aller Art für die Schulen über
zehn Tausende von Gulden. Der Schulzwang wurde eingeführt.

Im Jahre 1820 trat in Salzburg die österreichische
deutsche Schulverfassung in Kraft, und kam das Schul-
lehrer-Seminar unter die Leitung des Consistoriums, 1823 wurde
die Normalschule mit vier Klassen und die Lycealbibliothek
eröffnet, die aus mehreren bestandenen Büchersammlungen im
Anfange des Jahrhunderts ansehnlichen Zuwachs erhalten hatte.

In den Jahren 1829—32 bestand in Salzburg durch
Beiträge eine Privatlehranstalt für schwachsinnige Kinder.

Im Jahre 1853 trat ein neuer Gymnasiallehrplan mit Fachlehrern in Wirkung und wurde das Lyceum
aufgehoben. Die Unterrealschule wurde im Jahre 1862 eröffnet, und bald in eine vollständige Realschule umgewandelt.

Das Jahr 1870 brachte eine neue Schulverfassung,
vermöge welcher die Leitung des Schulwesens in die Hände
der Regierung gelegt, eine neue Lehrerbildungsanstalt und
Bürgerschule gegründet und die Stellung der Lehrer verbessert
wurde, endlich die Schulauslagen mit einem Betrage von
52,000 fl. aus Landesmitteln zu bestreiten sind.

Stande gebrachte Vereinigung der katholischen und protestantischen Gelehrten zur Erreichung desselben Zieles allgemeiner Kultur bei Herausgabe dieser Zeitschrift. Damals war es möglich Jahrhunderte lang
getrennte Elemente zu vereinigen; heut zu Tage hetzt man Christen
gegen Juden, Katholiken gegen Protestanten, Deutsche gegen Deutsche,
Volksstämme desselben Reiches gegen einander, Landvolk gegen Stadt-
leute — alles im Namen Christi? —

Die Landeskunde.

Mit der Heimat vertraut zu sein gilt mit Recht für ein Kennzeichen der Bildung. Die Heimatsliebe sprießt um so freudiger auf, je vollständiger räumliche Gestaltung und Ortseigenthümlichkeiten des Landes vor Augen gestellt werden, je genauer dessen Geschichte bekannt wird, je mehr sich der Ueberblick auf seinen Kulturgang erweitert und je mehr die Kinder dieses Landes in den Stand gesetzt werden, dessen Bedeutung und Beziehungen zu den Nachbarländern, so wie die Einwirkung dieser auf jenes unpartheiisch zu erfassen.

Die ältesten Quellen der Landeskunde (die Landesgeschichte wird gesondert betrachtet) stammen aus dem 8. Jahrhundert. Aus den „kurzen Nachrichten" (breves notitiae), die bereits mehrmals genannt wurden und unter Abt-Bischof Virgil (745 Abt, 767 kanonisch geweihter Bischof, 784 †) vermuthlich in Folge Beschlusses der Reichsversammlung zu Lestines (743) nach den Angaben von Zeitgenossen oder Augenzeugen gesammelt, mittels Eidhelfer bekräftigt und später mit Nachträgen versehen wurden, gewinnt man einen Ueberblick des damaligen Besitzstandes der Klöster St. Peter, Nonnberg, sowie der Zellen St. Maximilian im Pongau und St. Stefan zu Otting (bei Waging). Wahrscheinlich zwischen 788 und 790 wurde „Arns Anzeiger" (gewöhnlich Indiculus oder congestum Arnonis genannt) zu dem Zwecke verfaßt, um von Kaiser Karl dem Großen nach der Einverleibung Baierns in das Frankenreich (788) die Bestättigung des gesammten Besitzes des Bisthums zu erhalten, welche auch 791 erfolgte. Im Wesentlichen stimmt diese Urkunde, der auch ein Verzeichniß der bischöflichen Tischpfarren beigefügt ist, mit den „kurzen Nachrichten" überein, doch bedingten die Verschiedenheit des Zweckes, und

seither erfolgte Schankungen oder Besitzveränderungen Ab=
weichungen in Form und Inhalt.

Diese beiden in Abschriften erhaltenen Schriftdenkmäler,
so wie die zahlreichen Schankungs= und Tauschurkunden aus
dem 9., 10. und 11. Jahrhundert, die zum allergrößten
Theile in Kleimayrns „Juvavia" aufgeführt sind, enthalten
die Grundlage einer geschichtlichen Landes=, richtiger Orts=
beschreibung und geben ein annäherndes Bild sowohl von
den zerstreuten Besitzungen und Kirchengütern in Baiern,
der Ostmark, in Kärnten, den steirischen Marken und selbst
in Pannonien, als auch von dem Anwachsen des geschlosse=
nen Besitzes des Erzstiftes.

Aus den ihrem wesentlichen Inhalte nach (in Regesten=
form) mitgetheilten Urkunden der Erzbischöfe von
1100—1264 (v. Meiller), des Domkapitels, St. Peters,
Berchtesgadens, Högelwerts, St. Zeno's ist eine Fülle von
Nachrichten zur mittelalterigen Landesbeschreibung und Sta=
tistik, aber auch zur Kultur= und Adelsgeschichte zu gewin=
nen, so weit diese das 11.—13. Jahrhundert betreffen. Freilich
bleiben noch immer mancherlei kaum auszufüllende Lücken.

In fünf Foliobänden der salzburgischen „Kammer=
bücher" (zu Wien), von denen nur ein Inhaltsverzeich=
niß vorliegt, steckt noch ein beträchtlicher Schatz von Mit=
theilungen über Gebietsgränzen, Erwerbungen, Besitztitel,
Kaufsummen, Rechtszustände u. s. w. ungehoben.

Mittels einer ansehnlichen Menge von „Urbarien"
(herrschaftlicher Güter= und Gabenverzeichnisse) wird der
Forscher in den Stand gesetzt, die alten bäuerlichen Güter=
namen, Giebigkeiten, Widmungen, Verpflichtungen, die
Größe des Besitzes vieler alter Fronhöfe oder Herrschaften
und eine Menge ländlicher Eigenthümlichkeiten, Maße,
Gewichte, Münzen, Werthe kennen zu lernen. Hieher
gehört auch eines der ältesten überhaupt vorhandenen
„Steuerbücher" aus der Zeit, die der Schlacht bei Mühl=
dorf (1322) folgte. Die Deckung der Kosten der Kriegs=
politik Erzbischofs Friedrich III. führte wahrscheinlich zu
dieser Steuerauflage.

In Bezug auf Ergiebigkeit für mittelalterliche Orts=
kunde u. s. w. schließen sich den Urbarien die Lehenbücher
an, welche überhaupt für die Größe des Lehengutes, die

Zahl der Lehenträger, die Geschichte des Lehenbesitzes der Adelsgeschlechter u. s. w. von Bedeutung sind. Schade, daß bereits viele dieser Lehenbücher verloren gingen.

Um jedoch für jene mittleren Zeiten eine, wenn auch stark mangelhafte Landesbeschreibung, eine Geographie der Gaue und Grafschaften, sowie der ihnen folgenden Land= schrannenbezirke zu entwerfen, müßten noch zahlreiche Behelfe aus der Geschichte der Adelsgeschlechter, der benachbarten geistlichen Stifter und Fronhöfe hinzutreten.

Alle vorgenannten Quellen und Urkundensammlungen enthalten nur gelegenheitliche Bemerkungen und Nachrichten, deren Sammlung und Gruppirung uns erst in den Stand setzt, den damaligen Zustand des Landes geografisch, statistisch, oder ökonomisch zu erfassen. Absichtliche und selbstständige Pflege fand die Landeskunde erst, als der Forschungsgeist auch sich des Gebietes der Staatskunde bemächtigte. Um die Mitte des vorigen Jahrhunderts forderte die erzbischöf= liche Regierung auf, Beschreibungen der Pfleggerichtsbezirke zu liefern. In Folge dieser Ermunterung entstanden des Pflegers von Moll handschriftlich noch vorhandene Schilderung Thal= gau's, die Beschreibung des Bezirkes Salfelden durch Lürzer, des Gerichtes Laufen durch Seethaler und andere.

Unter Hieronymus wurden die Dekanate und Pfarrämter veranlaßt Bevölkerungstabellen zusammenzustellen, schon früher gewann man durch Kartenzeichnungen mit Hilfe einiger astronomischer Ortsbestimmungen eine genauere Kenntniß von der Größe und Gestalt des Landes. Das Aufblühen der Naturwissenschaften förderte in mancherlei Rich= tungen die bisher in jeder Rücksicht unzulängliche Erkennt= niß. Während bis dahin durch Feldmessungen zwar mehrere beschränkte Theile der Landesoberfläche zum Behufe von Fluß= regulirungen, Entsumpfungen, Straßenanlagen genauer bekannt geworden waren, aber selbst die Bestimmung der Polhöhe oder der astronomischen Lage (geographische Länge und Breite) der Hauptstadt noch manchem Zweifel unterworfen war, wendeten sich jetzt Erdbeschreibung, Naturgeschichte, Statistik mit ihren Methoden und Hilfsmitteln der Erforschung und Schilderung des Landes zu. Schiegg machte in den Neun= zigerjahren allein sechzehn astronomische Ortsbestimmungen im Lande. Es entstanden Lorenz Hübners Beschreibungen der Stadt und des Reichsfürstenthums Salzburg (1796), ziemlich umfassende topographische und statistische Darstel=

lungen der Stadt und sämmtlicher Pfleggerichtsbezirke mit
mancherlei geschichtlichen Bemerkungen; Bücher, die für die
damalige Zeit wohl bedeutend zu nennen waren. Es erschien
Raphael Kleinsorg's Lehrbuch der Geographie (3. Aufl. 1797)
mit einer schätzbaren Beschreibung des salzburger Landes.
Vierthalers Reisen durch Salzburg (1799), Geographie von
Salzburg zum Gebrauche der Schulen (1796), Beiträge zur Geo=
graphie und Geschichte Salzburgs (1798), denen 1799 und 1816
seine Wanderungen durch Salzburg und Berchtesgaden folgten,
erfaßten auch die kulturgeschichtliche Aufgabe der Volksschilde=
rung in kurzen Zügen, deren Humor, Treue und aufklärende
Richtung sie noch heute lesenswerth macht. Hubers und Reisigls
Schriftchen über Pinzgau und Lungau u. s. w. erheben sich
nicht über die Höhe von Versuchen. Im Jahre 1800
erschien der erste, 1805 der zweite Band der Reisen durch
Oberdeutschland. Im ersteren wird ziemlich ausführlich (auf
392 Seiten), jedoch in der gewöhnlichen Art der Reisebe=
schreibungen von Salzburg gehandelt, das damals die Auf=
merksamkeit auf sich zog.

Nicht ohne Einfluß auf das Erscheinen dieser Schriften
waren die „Briefe eines reisenden Franzosen durch Baiern,
Salzburg u. s. w." (1783) geblieben, deren zwanglose, wenn
auch holperige Sprache und bis dahin fast ungewohnte
kaustische Schärfe auf die ruhsame Friedfertigkeit des salz=
burgischen Schriftthums wie ein nachhaltiger Gährungsstoff
wirkte.

Mitten in den Kriegsjahren, veranlaßt durch die außer=
ordentlich großen Kriegsbeiträge, die Salzburg an die Fran=
zosen zahlen mußte, erschienen des Hofkanzlers Freiherrn von
Bleul geographisch=statistische und publicistische Beiträge
(1806). Auch Koch=Sternfelds Salzburg und Berchtesgaden
(2 Bände 1810) trat während der Kriegszeit an die Oeffent=
lichkeit. Der erste Band enthielt hauptsächlich statistische
Angaben und Abhandlungen. Desselben Verfassers „Gastei=
nerbad" (1810) und „Tauern" (1820) brachten eine Mischung
topographischer Bemerkungen, historischer Nachrichten und
Ahnungen über die salzburger Alpen, die mit bestechender
Sicherheit geschrieben sind und mehr versprachen als hielten.
Benedikt Pillwein veröffentlichte im Jahre 1839 „das Her=
zogthum Salzburg", ein topographisch=statistisches Sammel=
werk von zahllosen Originaleinzelnheiten und geschichtlichen
Angaben, die dessen Brauchbarkeit und Unentbehrlichkeit für
mancherlei Zwecke begründeten.

In den vierziger Jahren (1841) erschien Kürsingers „Oberpinzgau", 12 Jahre später dessen „Lungau", Schriften, die die Heimatskunde bereicherten und die Theilnahme für selbe belebten. Da jedoch der Kreis der Vaterlandsfreunde immer ein beschränkter war, so waren die Herausgaben einschlägiger Schriften, um den Absatz zu sichern, noch mit mancherlei Mühsal verknüpft.

Die Werke von Schaubach, die deutschen Alpen, Ruthners Bergbesteigungen, Sonnklar's Tauern, für einen größeren Leserkreis berechnet, und in Hauptorten des Buchhandels erschienen, fanden den großen Büchermarkt für Landeskunde offen.

Eine umfassende Bearbeitung eines bis dahin brach gelegenen Faches, der kirchlichen Ortsbeschreibung und Statistik erfolgte durch Dürlinger (und Doppler) in einem Handbuche, welches den Salzburggau, Pongau, Pinzgau, Lungau begreift, mit Ausnahme der Stadt Salzburg, der Klöster und Kollegiatkirchen. Das Werk enthält nebstbei eine beträchtliche Anzahl kulturgeschichtlicher Nachrichten.

Das Vereinswesen erstreckt sich seit 1860 auch auf die Beförderung der Kenntniß des engern Vaterlandes nach verschiedenen Richtungen. Hätte die „Gesellschaft für Landeskunde" sonst kein anderes Verdienst, als das, jenen Männern, die Zeit und Mühe der Förderung der Ortsgeschichte, Naturkunde, dem Alterthum, der Landesbeschreibung u. s. w. widmen, das Bewerben um Druck und Absatz ihrer Schriften zu ersparen, so wäre dieß allein schon ein befriedigender Kulturfortschritt. Der Bestand dieser Gesellschaft beweist übrigens, daß die Landeskunde als eine Kulturangelegenheit erkannt wird, die mit vereinten Kräften zu befördern ist und darin gipfelt wohl das Hauptverdienst des Vereines.

Noch vor der Stiftung dieser Gesellschaft erschienen mehrere kleine Brochüren über die Domkirche, die Festung, Hellbrunn, Kleßheim, über salzburgische Tonkünstler u. s. w., in jüngster Zeit über Hallein.

Die älteste bildliche Darstellung des Landes befindet sich unstreitig auf der peutinger'schen Reisetafel, einem Denkmale zeichnender Erdbeschreibung aus dem 4. Jahrhunderte. Eigentlich eine Straßenkarte des römischen Gebietes ist dieselbe mit Rücksicht auf die Weltgegenden angelegt und

deutet Flüsse (die Salzach), Berge (den Tauern, die Berg=
landschaft zwischen Kuchl und der Mur), Brücken, und Ort=
schaften (Salzburg, Kuchl u. s. w.) an. Die Endpunkte der
Straßenstrecken, über welchen die Meilenzahl sichtlich ist,
sind durch Stufenabsätze angedeutet.

Aber die römische Kultur ging zu Grunde und
so trennt ein Zwischenraum von tausend Jahren die
römische Karte von den nächsten deutschen Stadtan=
sichten, deren älteste das Buch der Chroniken, aus
dem Lateinischen von Alt, Nürnberg 1493 enthält. Auch
in Abraham Ortelius Schauplatz des Erdbodens, 1572,
1583, 1597, befindet sich ein Bild der Stadt Salzburg, von
Marr Setznagel ausgeführt. Ein solches liefert auch ein
Holzschnitt im Kloster St. Peter, gedruckt zu Salzburg 1565
und ein Kupferstich in vier Blättern von J. Philipp aus
dem Jahre 1630, gleichfalls in St. Peter befindlich.*) Nach
dem Vorgange von Jordans, Steinhausers und Schlachtners
Chroniken schickt auch Dückhers gedruckte Chronica (1666) eine
kurze Landes= und Städtebeschreibung voraus, welcher kleine
Ansichten von Salzburg, Hallein, Radstadt, Friesach, St. Andrä,
Laufen, Titmaning und Mühldorf, Maria Saal und Werfen
eingefügt sind (mehrere nach Merians (?) großem Werke).

Neumann, Schneeweiß, Wallé, insbesondere Loos (1830),
Petzold, Fischbach, Würthle und andere lieferten eine große
Anzahl Stadt= und landschaftliche Bilder aus allen Gegenden
des Landes vom topographischen oder malerischen (ästheti=
schen) Standpunkte, da in Folge des gesteigerten Fremden=
besuches die Nachfrage lebhaft wurde. Auch Petzolds Archi=
tekturbilder dürften hier ihre Stelle finden. Sattlers große
gemalte Rundsicht (unter Mitwirkung von Loos hergestellt)
der Stadt zog mit dessen Weltansichten (Kosmoramen) durch
Europa und Amerika.

Die photographischen Ansichten in jüngster Zeit haben
die auf Stein, Zink und Kupfer hergestellten fast verdrängt.

Die älteste bekannte Landkarte von Salzburg, und
zwar vom nördlichen Theile des Landes außerhalb des Ge=
birges findet sich in der Chorographia Bavariae von dem

---

*) Im Jahre 1613 vermaß (dimensuravit) ein salzburger Gold-
schmied (aurifaber salzburgensis) Tobias Volckmer junior die Hauptstadt München, zeichnete den Plan und stach ihn in Kupfer. Es ist
der erste bekannte planimetrische Grundriß Münchens.

Mathematiker und Astronomen Philipp Apianus *), die
1558—66 erschien und 1579 durch Peter Weiner neu heraus=
gegeben wurde. Die Blätter 19, 20, 23 und 24 dieses
Kartenwerkes enthalten: Titmaning = Waging = Laufen = Teisen=
dorf, Mattsee = Neumarkt = Thalgau, Staufeneck = Plain und
Stücke von Lofer, Salzburg = Hallein = Golling = St. Gilgen. Die
Stadt Salzburg hat eine geographische Breite von 47° 43',
und eine Länge von 33° 47'.

Auch auf der Uebersichtskarte Ober= und Niederbaierns
von 1561 (von Peter Weiner) ist der nordwestliche Theil
des Landes Salzburg enthalten.

Die älteste vollständige Karte jedoch ohne Orientirung
und Ortsbestimmungen des Landes verdankt Salzburg seinem
Bürger Marx Setznagel (im Ortelius 1572, 1583 wie
oben). Eine spätere rührt von Gerhard Mercator (1631);
der Salzburger Rupert Marckt fertigte 1675 eine dritte und
im Jahre 1732 Odilo Gutrath von Michaelbeuern eine
vierte an, welchen dreien noch sichtlich der alte Apianus zu
Grunde liegt. Im Jahre 1628 erschien in Vogelperspektive
eine berchtesgadner Karte durch H. F. zu Salzburg (?)
S. S. (Holzschnitt), welche die westlichen Randstücke Salz=
burgs ziemlich getreu angibt. Lehrer Fürstaller, damals
Meßner zu Kaprun, vollendete 1765 auf 34 Karten seinen
Atlas salisburgensis auf Befehl und Kosten Erzbischofs Sig=
mund und bald darauf einen riesigen Erdglobus, der noch
vorhanden ist.

Erzbischof Hieronymus und die kurfürstliche Regierung
unterhielten ein Mappirungskabinet.

Die Vermessung des Landes durch den österreichischen
Generalstab (1806) führte endlich zur Herausgabe einer den
fortgeschrittenen Anforderungen entsprechenden General= und
Specialkarte, deren Maßstab leider den jetzigen Bedürfnissen
der Reisenden, der Topografen u. s. w. nicht mehr entspricht.
Zirasek, Mayr, Scheda und andere gaben davon Bearbei=
tungen in verjüngtem Maßstabe heraus.

Der salzburger Kartenzeichner Diewald veröffentlichte

---

*) Zwar hat Turmaier, oder Aventinus, der Altmeister bairischer
Geschichte, im Jahre 1523, und abermals 1533 eine Karte von Baiern
(ein Stück von Salzburg inbegriffen) herausgegeben, aber bald gab
Herzog Albrecht Befehl eine bessere zu verfassen.

über dreißig verschiedene Landkarten durch nürnberger Kunst=
handlungen.

In jüngster Zeit haben Keils Hochkarten (topographische
Reliefkarten!) ein ziemlich getreues Abbild eines großen
Theiles der Landesoberfläche nach ihrer Erhebung, nebst Be=
zeichnung von Waldgränzen und Fluren, vor Augen gestellt.

Die Erforschung des Landes in naturwissenschaft=
licher Hinsicht begann zwar schon durch die Untersuchungen
des gasteiner Badewassers von Paracelsus, Leonhard Fuchs
(1553), Thurneysser (1572), allein die damaligen Natur=
kenntnisse reichten für einen bleibenden Erfolg nicht aus.
Auch Tabernämontanus (aus Bergzabern), Bauhinus (um
1600), Wolfgang Eckyl 1738 Leibarzt, Josef Barisani 1780,
Zandonati, Gimbernat aus Spanien um 1806, Tromsdorf,
Hünefeld 1846, Baumgartner aus Wien, Wolf aus Salz=
burg, Redtenbacher u. a. untersuchten oder beschrieben das
Wasser; Kiene, Tost, Snetiwy, Hönigsberg, Pröll, Härdtl
beschrieben das Bad, Werner Unken, Hanselman und Mie=
lichhofer die Moorbäder, Hanselmann Fusch. Eine vollständige
Uebersicht der salzburger Mineralquellen hat Wallmann ge=
liefert.

Burser von Kanilfeld, der zu Pavia studirte und lehrte,
stieg 1626 über den radstädter Tauern und sammelte
Pflanzen, die in Lineés Sammlung gelangten. Freiherr
von Wulfen, Thaddä Hanke, Balthasar Hacquet aus Bam=
berg, die beiden Zirasek, Helmreich von Brunnfeld, endlich
der Hofkammerpräsident Baron Moll und Professor Schrank
aus Ingolstadt sammelten oder beschrieben den salzburger
Pflanzenschatz und legten so den Grund zu jener Kenntniß
und Pflege der Botanik, die seit 80 Jahren im Lande stets
Freunde und Jünger gefunden hat.

Schrank schrieb das erste botanische Werk über Salzburg
(1792), demselben folgte Braune's Flora (1797). Hoppe
reiste durch 45 Jahre in den Ferien von Regensburg nach
Salzburg und h. Blut, Mielichhofer brachte eine schöne
Sammlung zu Stande, Muzl ließ die Giftpflanzen für die
Schulkinder abbilden. Rudolf Hinterhuber, Spitzl in Lofer
und Dr. Sauter waren die eifrigsten Pflanzenforscher und
entdeckten, besonders der Letztere, eine Menge neue Arten. Im
Jahre 1851 erschien ein Florenverzeichniß (Prodromus) von
Rudolf und Julius Hinterhuber mit 1439 Arten (jetzt 1502
s. g. Phanerogamen, weit über 5000 Cryptogamen), ein

anderes von Dr. Storch 1857. Salzburg gehört nun, Dank dem unermüdlichen Sammeleifer so vieler Pflanzenfreunde, zu den in botanischer Hinsicht am besten bekannten Ländern.

Die Sammlungen Molls, Helmreichs, Mielichhofers, Hoppe's, Sauters, beider Hinterhuber, die mineralogischen und zoologischen in St. Peter, an welchen mehrere Jahre (1831—34) Vorträge über alle drei Naturreiche stattfanden, waren die Hauptstützen des naturwissenschaftlichen Studiums und befinden sich zum Theil jetzt im städtischen Museum. Die Mineralogie pflegten Schroll, Mielichhofer, die Berg= beamten des Gebirges, von denen ebenfalls mancherlei Sammlungen vorhanden sind. Einzelne Klassen des Thier= reichs beobachteten Storch, Aigner, Navratil. Fische und Bienen fanden in eigenen Anstalten Pflege und Beobachtung an Navratil, Königsberger, Lainer u. a. Ueber die salzbur= ger Moore in botanischer und staatswirthschaftlicher Hinsicht schrieb Lorenz. Die Gesellschaft für Landeskunde veröffent= lichte Sauters Pflanzen= und Storchs Thierverzeichnisse aus dem salzburger Lande.

Schon in den dreißiger Jahren entstand Russeggers Abhandlung über die Geologie der Centralalpen oder Tauern. Reißacher erläuterte die Erzlagerstätten in Gastein und Rauris in dem Jahrbuche der Gesellschaft für Landeskunde. Auch der rothe Schnee und das Erdbeben in dem Jahre 1862 fanden Beobachter. Sedgwick und Murchison, Lill u. a. schrieben über den Bau der Alpen.

Eine mächtige Förderung der geologischen Kenntnisse erfolgte durch die Gründung der geologischen Reichsanstalt zu Wien. Die Arbeiten der Reichsgeologen Stur, Lipold u. a. kamen auch dem Lande Salzburg zu Gute und führten zahlreiche Entdeckungen und Begründungen neuer Ansichten über das Alter, die Lagerung der Gesteinschichten, Verstei= nerungen als Kennzeichen derselben, über das Entstehen der Salzlager u. s. w. herbei. Aberle beleuchtete das Stein= kohlenvorkommen am Ofenlochberge, Schneider die Versteine= rungen von Glaneck.

Ausführlichere Beiträge zu diesem und dem nächsten Abschnitte liefern die zehn Bände Mittheilungen der Gesellschaft für Landeskunde, insbesondere die Schrift: Salzburg in den letzten fünfzig Jahren, im VI. Bande.

XXVIII.

Die Landesgeschichte.

Das Volk darf sein geschichtliches Bewußtsein nicht verlieren, wenn es nicht vor der Zeit altern soll. Selbstachtung und Selbstvertrauen entstehen durch Betrachtung unserer Vergangenheit, durch Versenkung in die Schätze der Literatur, Sprache, Sagen und Lieder.

Die Zahl der geschichtlichen Abhandlungen, Schriften, Werke über das eigene Land ist in Salzburg groß. Geistliche und Adeliche, Staatsleute und Kriegsmänner, Privatgelehrte, Lehrer, Einheimische und Auswärtige betheiligten sich an der Herstellung oder Herausgabe von Urkunden und Urkundensammlungen, Geschichtserzählungen oder Bearbeitungen von einzelnen Begebenheiten u. s. w. Wenn aber dennoch weder eine umfassende Urkundensammlung, noch ein Geschichtswerk, die den Ansprüchen der Gegenwart zu genügen vermöchten, vorliegt, so liegt der Grund wohl zunächst darin, daß das Land einen literarischen oder wissenschaftlichen Mittelpunkt von Bedeutung nicht mehr besitzt, daß demselben Berufsleute nicht zur Verfügung stehen und daß ein großer Theil der Geschichtsquellen weit entfernt aufbewahrt wird.

Es gibt eine Sagengeschichte und eine Quellengeschichte. Beide verhalten sich zu einander, wie eine schwache Erinnerung zum thatsächlichen Bericht, wie ein dunkles Gerücht zur kritischen Erkenntniß. Gleichen aber die Sagen oft ganz unkenntlich gewordenen oder gefälschten Münzen, so offenbaren sie doch in ihrem Kern die Menschennatur und geben Zeugniß von dem Geschichtsbedürfnisse des Volkes.

Die Trennung der Sagengeschichte von der Quellengeschichte ist das Werk der strengen Methode, die hauptsächlich von den Naturwissenschaften auf die Geschichte angewendet wurde. Diese Trennung hat sich daher noch nicht überall vollzogen und bisweilen wird gerade die Sage der Kritik noch absichtlich vorgezogen.

Auch Salzburg hat seine Sagengeschichte.

Es gibt Sagen über Leben und Thaten berühmter Männer, z. B. Rupert, Virgil, Erzbischof Leonhard, Wolf Dietrich, Paracelsus;

Geschlechtssagen, z. B. von den Hund, Saaleckern, Haunspergern, Moosheimern;

Ortsgeschichtliche Sagen, z. B. von Heidenwegen, von den rabecker Knappen, von der blutigen Alp, von den eisernen Ringen unter den Thorbögen gewisser salzburger Bürgerhäuser u. s. w.;

Kulturgeschichtliche Sagen, z. B. von Lindwürmern und Drachen, von den Venedigern und wilden Leuten, von verschneiten Bergstollen und verborgenen Erzen;

Natursagen, zur Erklärung der Urgeschichte des Landes, z. B. die Fluthsage, die Sagen von Teufelssteinen, Teufelsmühlen, Teufelsbrücken, Teufelsglockenblumen, Teufelshörnern, Teufelslöchern, Heidenlöchern, übergossenen Alpen.

Die Quellengeschichte, die das Sagenhafte, Wunderbare, alles was dazu bestimmt ist, ein höheres Alter, größere Ehrwürdigkeit, Bedeutsamkeit glaublich zu machen, ausmärzt, gründet sich auf folgende Beweismittel:

1. Inschriften, z. B. auf Grabdenkmälern, Altären (Högelwert), Meilensäulen (auf dem Tauern), an den salzburger Festungswerken,

2. Münzen aus der Römer= und erzbischöflichen Zeit. Hieher gehören auch die Denkmünzen, Geschichtsthaler und Medaillen, z. B. der Thurmthaler, der Heilthumsthaler (auf die Uebertragung der Heil(ig)thümer [Reliquien] in die Domkirche, auf das zwölfhundertjährige Kirchenfest 1782, auf das Leihhausjahrhundert;

3. Urkunden, Schriftstücke über Vorgänge oder Thatsachen, von handelnden Personen ausgestellt oder bezeugt, z. B. Rechtssprüche, Vergleiche, Schenkungen, Uebergaben, Fehde=, Sühne=, Wille=, Brod=, Stiftsbriefe, Verträge u. s. w. Sie hießen auch Diplome, wenn sie von hohen Personen unter gewissen Feier= oder Förmlichkeiten ausgestellt wurden;

4. Da Wappen statt der Namensschriften gedient haben, so geben sie nicht selten über Personen und Zeitpunkte Aufschluß, wo es an urkundlichen Beweismitteln gebricht;

5. Sprachreste (XXIV. 150—160);

6. Hieher sind wohl auch zu zählen Denkmäler der verschiedensten Art, Geräthe und sonstige Ueberreste (VII.. 27. 28);

7. Handschriften und sonstige Quellenschriften. Man bringt dieselben, so weit sie zur Herstellung der Geschichte dienen, in verschiedene Gruppen, dergleichen sind:

a. Urkundensammlungen, die entweder nach der Zeit ihrer Ausstellung (diplomatische Codices), oder nach den Ausstellern (Kaiser-, päbstliche, landesfürstliche Urkunden), oder nach ihrem Inhalte, z. B. Proceßakten, Salzcompromißschriften, oder nach andern Gesichtspunkten in Reihen gebracht werden. Es sind entweder

ämtliche in bestimmter Absicht zusammengestellte, wie z. B. die Kammerbücher, Katenichel oder Kettenbücher (weil sie ursprünglich an einem Kettlein befestigt waren zu sicherer Aufbewahrung), die vorgenannten Compromißschriften und berchtesgabischen Proceßakten, oder

geschichtswissenschaftliche, wie der Urkundenanhang zu Kleimayrns Juvavia, die Monumenta boica von der bairischen Akademie, die monumenta Germaniae von Pertz, Canisius alte Lesestücke (antiquae lectiones), Pez, Anecbotenschatz (thesaurus anecdotorum),

oder sie betreffen die Geschichte einzelner Klöster, Herrnhöfe, Familien, Genossenschaften, z. B. die Schankungen und Tauschhandlungen an das Erzstift, St. Peter, Nonnberg, Michaelbeuern, Högelwerd, das alte Domcapitel, die Universität, die Albenherrnhöfe, die Ausfergen, die Urbarsischer (-Ordnungen),

oder über einzelne Zeitläufe und größere geschichtliche Vorgänge, z. B. Tengnagel Schriftstücke wider die Schismatiker (monumenta adversus schismaticos), Dürrenpacher über die Belagerung von Radstadt, Hübner über den Aufenthalt der Franzosen in Salzburg,

von Stadt-, Markt-, Dorfgemeinden, Gerichtsbezirken, wie das salzburger, radstädter Stadtrecht, bischofshofener Dorfrecht, die Weisthümer oder Taidingsbücher.

b. Urkundenauszüge, beglaubigt und zu ämtlichen Zwecken, wie z. B. die mehrerwähnten „kurzen Nachrichten", Arn's Anzeiger, oder zu wissenschaftlichen Zwecken, wie Meillers Regesten von 1100—1246.

c. Güterverzeichnisse und Urbarien, wenn zugleich die Giebigkeiten enthalten sind. Ihre Zahl ist noch immerhin beträchtlich, obgleich schon viele zu Grunde gingen.

d. Rechnungen, z. B. Bau-, Kirchen-, Reise-, Umlagenrechnungen, als: die salzburger Stadtrechnungen, Baurechnungen der Franziskaner-, der Nonnbergkirche, memorabilia provinciae Salisburgensis, Leonhards von Keutschach Reiserechnung u. a.

e. Tagebücher, z. B. über den Fall Wolf Dietrichs, des Pflegers Kaspar Vogl, des Regierungsrathes Pichler.

f. Gerichtliche Aussagen und Verhörschriften, z. B. der aufständischen Bauern in Lungau, die Emigrationsacten, die Hechsenprocesse,

g. Verbrüderungs- (zur Gemeinsamkeit frommer Werke) und Todtenbücher, dergleichen von St. Peter, Nonnberg, dem alten Domstifte vorhanden sind,

h. Annalen oder Jahrbücher, die älteste und einfachste Gestalt der Aufzeichnung von Begebenheiten nach der Jahresfolge, diese sind

Annales iuvavenses maiores,

Annales iuvavenses minores,

Annales salisburgenses und

Annales Sti Ruperti, sämmtlich in Pertz monumenta Germaniae.

i. Chroniken oder Zeitbücher, eine erweiterte Form der Jahrbücher, Aufzählungen der Begebenheiten ohne Rücksicht auf innern Zusammenhang nach der Zeitfolge. Sie bildeten den Uebergang zur historischen Bearbeitung, von der Zeugenaussage zum Befund, vom Verzeichniß der Thatsachen zum selbstständigen Urtheil über dieselben. Ihr wesentliches Verdienst besteht in der Beibringung einer größeren Zahl von Thatsachen und Umständen, so daß darnach und mit Zuziehung aller andern Quellen eine Darstellung der

13

Begebenheiten nach ihrem innern Zusammenhange erst möglich wird. Derlei Chroniken sind:

Chronicon salisburgense bis 1312 bei Canisius,

„   „   „ 1398 „ Pez,

„   „   „ 1495 „ Pez,

„   „   „ 1475 „ Basnage,

„   „   von 1212—93 bei Canisius,

„ salzeburgense 1403—1494 bei Duelli,

„ salisburgense — 1496 in St. Peter,

Chronica episcoporum salisburgensium bis 1495 in St. Peter,

Chronica Joannis Serlingeri episcopi in St. Peter,

mehrere von diesen dürften ihre Vorgängerinnen zur Grundlage haben oder nur Fortsetzungen sein.

Das vermehrte Geschichtsbedürfniß oder die Liebe zur Geschichte veranlaßte deutsche Bearbeitungen, von denen einige in Abschriften und mit Fortsetzungen unter den Geschichtsfreunden heutigen Tages noch angetroffen werden, z. B.

Christof Jordans Chronik bis 1561,

Helias Brottbeyhels Chronik bis 1519 (München),

Chroniken im Stifte St. Peter,

Chronik des Abtes Martin V. von St. Peter,

Chronika des Stiffts Salzburg (Finauer bibl. bavarica),

Steinhausers Chronik bis 1601, 3 Theile,

Dückhers Chronik, 1666 gedruckt,

Schlachtner, das aus der Asche der alten Helffenburg entstandene Salzburg, um 1730,

Klemms Chronik bis 1561—87—1606—1772,

Reitgartlers Chronik, verbessert von Fickler, 1588, beide in München,

Zauner, Auszug aus Dückhers Chronik, fortgesetzt bis 1777, abgedruckt in den salzburger Kalendern von 1776—1795.

Zauner, Chronik von Salzburg, fortgesetzt von Corbinian Gärtner, 11 Bände 1796—1826 gedruckt und allgemein bekannt.

Auch mehrere dieser Chroniken sind Abschriften oder Bearbeitungen früherer.

Erwähnung verdient hier der (handschriftliche) historische Kalender zur salzburgischen Geschichte von Pr. Filz.

k. **Regentenreihen**, z. B. catalogus comprovincialium episcoporum, catalogus praesulum sedis iuvavensis, Reihen der Bischöfe von Seckau, Gurk, Chiemsee, Hund's metropolis, zugleich mit Urkunden u. s. w. der Aebte, Aebtissinnen, Pröbste von St. Peter, Nonnberg, Högelwerd u. s. w.

l. **Reihenfolgen** der salzburger Bürgermeister (Süß), der Hofrichter, Pfleger, der Träger der vier Erbämter, der alten Vizthume, Stadtrichter u. s. w.

m. **Reimchroniken**, z. B. Ottokars, genannt von Horneck, Ennenckhels, welche beide manches das Erzstift Betreffende enthalten.

n. **Darstellungen gewisser Begebenheiten, Zeiträume und Zustände**, z. B. Bekehrung der Baiern und Karantanen (conversio Bagoariorum etc.), Geschichte der Verfolgung der salzburger Kirche (historia calamitatum), der Bauernkrieg, vom Bischofe Aegyd Rehm, die Zeit Ottokars von Böhmen und Erzbischofes Philipp, von Lorenz, die Auswanderung der Tefferecker, die große Auswanderung vom Jahre 1732, von verschiedenen Verfassern als: Göcking, Casparis, Clarus, die letzten dreißig Jahre des Erzstifts von Koch-Sternfeld, die letzten fünfzig Jahre vom Vf. dieses Buches, Schallhammer kriegerische Ereignisse, Walz Fehdewesen, Steinhauser Grundentlastung u. a.

o. **Rechtsdarstellungen**, bisweilen zur Abwehr gegen äußere Angriffe verfaßt, z. B. die unpartheiische Abhandlung von dem Staate Salzburg, die Juvavia, beide von Kleinmayern, Zallwein de statu ecclesiae, Zauner corpus iuris publici salisburgensis, Peitler die Forstfrage, die incamerirten Landesfonde, die Gerichtsorganisation u. s. w.

p. **Kurze Geschichtserzählungen und Nachrichten** über einzelne Vorfälle, Gebäude, Anstalten, z. B. Geschichte der Domkirche (historia ecclesiae metropolitanae von Michael Kuen in collect. scriptt. rer. hist. monast. eccl. V. 2.), auch von Pichler und Schallhammer, der Festung, des Rupertiordens, der Illuminaten, Geschichtsabrisse gewisser Adelsfamilien, der Lampoding, Hund, Rabecker u. s. w.

13*

q. Spezialgeschichten, z. B. Hansiz Germania sacra, Hundius metropolis salisburgensis, Chronicon novissimum von St. Peter, Chronik von Michaelbeuern, Esterl, Chronik von Ronnberg, Gaiß Chronik von Högelwerd, Geschichte des Gymnasiums und der Universität, des Schulwesens und der Kultur von Vierthaler, Rumpler, Hochmuth, Mayr, Diöcesangeschichte (veröffentlicht 1828—1841). Auch Metzgers historia salisburgensis ist eine Spezialgeschichte mit vorherrschend kirchlichem Inhalt.

r. Notizen zur Ortsgeschichte von Hübner, Pillwein, Dürlinger, Vierthaler, Süß, Schallhammer, Steinhauser und andern,

s. Notizen zur Personengeschichte, Lebensbeschreibungen von Rupert, Arn, Conrad I., Eberhard I. und II., von Rechtslehrern, Tonkünstlern.

t. Streitschriften und sonstige Beweisführungen über das Zeitalter des h. Rupert von van der Haer (1591), Valesius, Mabillon, Hansiz, Sterzinger, Zirngibl, Rettberg, Wattenbach, Büdinger, Blumberger, Metzger, Seeauer, Filz, Mittermüller, Koch-Sternfeld, Friedrich u. a.

u. Geschichte der Gnadenorte.

v. Legenden und Wunderberichte, welche beide für die Kulturgeschichte manchmal anziehend werden.

Unter den bekannten salzburgischen Geschichtschreibern, deren Werke gedruckt sind, gehört Franz Dückher von Haslau und Winkl *) noch der Zeit an, in welcher Cometsterne mit schwarzen Schwänzen oder feurigen Strahlen, Hirsche mit brennenden Lichtlein zwischen den Geweihen, liebliche Gerüche an den Grabstätten verblichener Personen, Kreuzlein, die den Leuten auf die Kleider fielen, nach dem Vorgange des Livius geschichtlich merkwürdige Ereignisse waren. Auch weiß er genau, daß sich im Jahre der Welt 1775, oder 121 nach dem Sündfluß Tuiscon, Noe's Urenkel, der erste König der Deutschen mit 30 Helden und vielem Volk aus Armenia in Europam und Teutschland begeben und im Jahre der Welt 1965 oder 308 nach der Sündflut am Rhein gestorben ist. Unter obbenannten 30 Helden hätten sich Heber und

---

*) „Dückher, Metzger, Hund
„Thun die salzburgische Geschichte kund.“

sein Sohn Hisler zwischen dem Lech und der Donau nieder=
gethan und sollen erste Herrn dieser Lande geworden sein.
Nach Hisler habe Ribellinus, darnach Naurus und sein Sohn
Noricus regiert. Hieraus ist ersichtlich, daß die geschichtliche
Kritik damals noch in den Windeln lag. Juvavia wird in
dieser Chronik, wie bei Hund und andern mit „Helfenburg"
übersetzt und die Gegend um Friesach nach den Wildschweinen
oder Bären Bernau genannt, woraus die Römer erst Virunum,
die Einwohner aber Virumsach, gemacht hätten, aus welchem
Vriesach entstanden sei.

Thiemo's historisch unbeglaubigten Martertod erzählt
Dückher in Legendenart, noch ausführlicher aber die Un=
gläubigkeit eines salzburger Domherrn an die Gebeine des
h. Virgil und die abschreckende Strafe dafür nach den Lebens=
beschreibungen und Wundern salzburgischer Heiliger (vitae
et miracula sanctorum Juvavensium).

Die jüngste Vergangenheit (Erzbischof Paris, Guido=
balds Antritt) gibt Dückhern Anlaß, ausführliche Festschilde=
rungen von der Domweihe und Guidobalds Einritt in Salz=
burg und als kaiserlicher Principalkommissär auf dem
Reichstage zu Regensburg beizufügen. Die Kürze und Faß=
lichkeit, die Städtebilder und erzbischöflichen Wappen machten
diese Chronik zu einem beliebten und vielgelesenem Buche.

Wiguleius (Wigalois) Hund zu Sulzenmos, churfürst=
lich bairischer Rath und Hofgerichtspräsident (supremi tri=
bunalis praeses) zu München entstammte einer alten einst
um Salfelden begüterten Familie. Im Jahre 1582 ver=
öffentlichte er die Metropolis salisburgensis (die kirchliche
Hauptstadt Salzburg), d. i. Reihenfolgen der Erzbischöfe von
Salzburg und der ihnen untergeordneten Bischöfe von Frei=
sing, Regensburg, Passau und Brichsen, dann der Aebte,
Pröbste, Aebtissinnen u. s. w., aller bairischen Klöster und
Chorherrnstifte mit kurzen annalistischen Bemerkungen sammt
Angabe der Art und Zeit ihrer Gründung. Gewold gab
1620 eine mit Urkunden und Fortsetzungen vermehrte Auf=
lage des Werkes heraus. Hund gründete dieselbe, wie er
selbst sagt, auf Urkunden und verläßliche Schriften, Diplome
und Zusammenstellungen und entfernte die fabelhaften Er=
zählungen Einiger. Sein Zweck ist Ursprung und Ausbreitung
der christlichen Religion in Baiern zu schildern und das Werk
fand starken Absatz. Es ist den Bischöfen und Aebten ge=
widmet und bewegt sich strenge innerhalb der kirchlichen

Angaben. Sonstige Begebenheiten werden nach Aventin er=
zählt. Ungeachtet einer Menge beigebrachter Urkunden bleibt
daher die Sagengeschichte nicht ausgeschlossen. Daß z. B.
zu Radstadt ein Kind mit zwei Hörnern zur Welt kam, das
man 14 Tage vor der Geburt schon weinen hörte u. s. w.
erscheint auch ihm glaubwürdig und mittheilenswerth).

Josef, Franz und Paul die Mezger, die sehr hoch=
würdigen und berühmten, wie sie sich auf dem Titelblatt
nennen (admodum Reverendi et Clarissimi), Ordenspro=
fessen von St. Peter, Doctoren und Professoren der Theologie
an der Universität Salzburg ließen im Jahre 1692 eine
salzburgische Geschichte (Historia Salisburgensis) oder Lebens=
beschreibungen der Erzbischöfe und Aebte von St. Peter ans
Licht treten, die sie, wie ihre Vorgänger und ihr Nachfolger
Hansiz, dem regierenden Erzbischofe widmeten. Voraus geht
eine zeitgeschichtliche Abhandlung über Rupert. Weil damals
schon viele über dessen Zeitalter anderer Meinung waren
(quia aliter multis placuit), als die salzburger Sage oder
Ueberlieferung wollte, so sei es nothwendig, daß die Salz=
burger ihr Alterthum vertheidigen. Es ist also nicht so sehr
Erforschung der Wahrheit der Zweck, sondern von vornherein
Parteistellung und dieß hat auch seine Früchte getragen. In
besonderer Weise theilt Mezger (Josef) die Geschichte in fünf
Bücher oder Zeiträume, deren erster Rupert, der zweite die
Zeit von Vital bis Arno, der dritte bis Conrad I. umfaßt,
während der vierte bis Michael Künburg und der letzte bis
Max Gandolfs Tod reicht. Im sechsten Buche sind päbstliche
Bullen, Arns Anzeiger, einige Urkunden, die die Universität
und St. Peter betreffen, die Kirchen der Stadt Salzburg,
die Reihen der Aebte, Aebtissinnen, Pröbste, Dekane und
Domherrn (letztere seit 1514) aufgeführt.

Das Werk berücksichtigt häufig die Vorgänge in den
Nachbarländern oder die gesammtgeschichtlichen von Europa,
und die Eintheilung der Bücher in Kapitel zeigt, daß der
Verfasser seinen Gegenstand überblickt. Mit besonderer Vor=
liebe sind aller Orten eine Unzahl lateinischer Verse ein=
gefügt und ist der Text reichlich mit Citaten gespickt, aber
Unparteilichkeit hätte Mezger vermuthlich als eine Sünde
gegen die Religion, gegen sein Stift und gegen sein Vater=
land Salzburg angesehen. Alle aus geistlichen Händen stam=
mende Schriften und Nachrichten gelten ihm als besonders
glaubwürdig und so ahnt er auch nichts von der großartigen

Fälſchung zu Gunſten Paſſaus in Betreff des Erzbisthums
Lorch, die bereits Hund ſammt einer Anzahl fabelhafter
Erzbiſchöfe mittheilt, Nachfolger des heiligen Laurentius,
von dem Laureacum (Lorch) ſeinen Namen erhalten haben
ſoll. Das hiſtoriſche Gewiſſen war damals überhaupt, wie
es ſcheint, nach dem Vorgange der Italiäner noch nicht ſehr
zart, und deshalb vollbringen auch Rupert, Vital, Virgil
Dinge in Oeſterreich, Pannonien, Marantanien, Pinzgau,
Salzburg, Baiern, die durch nichts beglaubigt ſind, als die
Erfindungen von Scribenten, auf welche ſich alle Nachfolger
beriefen. Deshalb läßt auch der Univerſitätsprofeſſor Mezger
gleich Dückher den h. Thiemo eine muhamedaniſche Statue
(!) zerſchlagen, wie die Dichter aus der admonter Schule
vor ihm, und wie dieſe, weiß der Hiſtoriker Mezger die
Reden und Gegenreden Thiemos und ſeiner Peiniger zu er=
zählen, als wenn ſie von einem Geſchwindſchreiber an Ort
und Stelle aufgenommen worden wären.

Auf dem gleichen unentwickelten Zuſtande ſelbſtſtänbiger
Beurtheilung von Thatſachen beruht auch die Hingebung
Mezgers an den Wunderglauben und an die Bewunderung
für die Thaten der Erzbiſchöfe. Daher auch ſeine blumen=
reiche Sprache, die es mit der Werthſchätzung einer Perſon
oder Thatſache nicht ſo genau nimmt, das Beſtreben, die
Perſonen einzelner Erzbiſchöfe den Idealen der Heiligen
nahe zu bringen und ſie dann bithyrambiſch zu be=
ſingen.

Einen ganz andern Eindruck macht das Werk des Je=
ſuiten Marcus Hanſiz Germania sacra, II. Theil, das Erz=
bisthum Salzburg in der Ordnung der Zeitfolge (chronolo-
gice propositus) 1728. Zwar verſteht er es noch weit beſſer
als ſeine Vorgänger in der Widmung an den jüngſt ange-
tretenen Erzbiſchof Leopold Anton die Ruhmesglocke zu läuten
und erweckt dieß kaum eine günſtige Meinung von dem
Gerechtigkeitsſinne des Hiſtorikers. Auch übergeht er völlig
mit Stillſchweigen manches, was ihm vielleicht nicht auszu-
ſprechen erlaubt iſt, was aber doch bei kirchlich-geſchichtlichen
Dingen, namentlich in Rom ſtets ſchwer wiegt. Die Kunſt
die Wahrheit zu ſagen, aber bisweilen nicht die volle Wahr=
heit übt er in unſcheinbarer Weiſe. Dafür zeigt er ſich in
hiſtoriſcher Beurtheilung, in nüchterner Betrachtung der
Vorgänge und Perſonen, in feinen pſychologiſchen Winken,
in treffenden Ausdrücken für perſönliche Lagen, in der Be=

rückſichtigung der ſachlichen Zuſtände ſeinen Vorgängern
weit überlegen. Er ſagt nicht zu viel, wenn er behauptet,
daß die Lebensbeſchreibung manches Erzbiſchofes das Drei=,
Vier= und Mehrfache an Thatſachen enthalte, als bei den
früheren Bearbeitern. An Auswahl und Benützung von
Quellenſchriften übertrifft er ſie nicht minder, wie durch
aufmerkſames Eingehen in die Ereigniſſe der ſog. Profan=
geſchichte. Auch er theilt zahlreiche Urkunden mit.

Gegenüber der ſalzburger Ueberlieferung unterſucht Hanſiz
ſelbſtſtändig die in Frage kommenden Punkte und kommt zu
abweichenden Ergebniſſen. Kirchlichkeit verſteht ſich bei einem
Jeſuiten von ſelbſt. Auch ihm iſt die Geſchichte Salzburgs
nichts anderes als eine Reihe von Lebensbeſchreibungen ſeiner
Fürſten.

Judas Thaddäus Zauner, ein ſalzburger Rechtslehrer,
verfaßte zuerſt, da Hund, Mezger und Hanſiz lateiniſch
ſchrieben, für die ſalzburger Kalender einen Auszug aus der
gemeinfaßlich geſchriebenen deutſchen Chronik Dückhers und
unternahm es dann eine ſelbſtſtändige Chronik von Salzburg
unter Benützung der Regierungszeiten der Erzbiſchöfe als
Abſchnitte herauszugeben. Dieſes verbreitete Werk, welches
durch die Kriege und das Brandunglück von Salzburg wie=
derholt unterbrochen, 30 Jahre bis zu ſeiner Vollendung in An=
ſpruch nahm, iſt in einem einfachen nüchternen Stile mit Wahr=
haftigkeit geſchrieben und es zeigen die von dem ſpätern Bear=
beiter (C. Gärtner) gelieferten Bände einige Abweichungen von
der Richtung der frühern, wie es kaum anders möglich war.
Einen Ueberblick über die ganze abgeſchloſſene Geſchichte des
Erzſtifts verſchafft die loſe Aneinanderreihung von Ereig=
niſſen keineswegs und ſo legt man es, inbeſondere in An=
betracht der jetzigen Leiſtungen der Geſchichtswiſſenſchaft,
unbefriedigt aus der Hand. Dieß iſt namentlich auch des=
halb zu bedauern, weil ſeither Manche, denen das Land und
ſeine Vergangenheit ganz fremd waren, ſich gerne darüber
unterrichtet hätten.

Pichlers Landesgeſchichte, 1865—66 gedruckt, übertrifft
an Reichhaltigkeit von Angaben Hanſizens Germania sacra
ohne Frage, entfernt ſich auch am weiteſten von dem ehe=
maligen Ideale, das die Landes= und Volksgeſchichte faſt
vollſtändig in der Kirchen= und Regentengeſchichte aufgehen
ließ, gleichſam als wären die Bewohner nur der Chor in

der griechischen Tragödie. Aber mit aller Achtung vor dem
unermüdlichen Fleiße des verblichenen Mannes muß doch
beigefügt werden, daß eine lichtvolle Ordnung des bisweilen
wuchernden Stoffes mehr Muße und Gesundheit gefordert
hätte, daß die Sprache reiner und die Beleuchtung von oben
hätte angebracht sein sollen, so wie auch daß eine Eintheilung
nach Zeiträumen, Epochen oder großen geschichtlichen Vorgängen ausführbar gewesen wäre.

XXIX.

Die Kunst.

Vergebens forscht man in Salzburg nach Merkmalen
einer orts- oder landeseigenthümlichen Kulturanschauung,
wie sie sich anderwärts an Kunstwerken erkennen läßt. Erwägt man, welche Geldmittel den Fürsten zu Gebote standen
und vergleicht man damit Zahl und Ausführung der noch
vorhandenen Schöpfungen in Malerei, Baukunst und plasti-
schen Künsten, so ergibt sich, daß wenig von Bedeutung
geleistet worden, und daß die Abschwächung in den Formen,
die Verzwitterung verschiedener Einwirkungen, so wie die
Abhängigkeit von auswärts den Mangel jedes selbstständigen
Kunstlebens darthun. Unter diesen Umständen folgte auch
die Bevölkerung bei Befriedigung ihres Kunstbedürfnisses
zum größten Theile nicht einem idealen Antriebe, sondern
augenblicklicher Nothwendigkeit und hausbackener Erwägung
bloßer Nützlichkeitszwecke. Es fehlte das kräftige Bürgerthum
mit dem erforderlichen Kulturgrade und Kunstsinne.

Dichtkunst.

Außer dem Mönche (Hermann?) von Salzburg,
einem Zeitgenossen Erzbischofs Piligrim von Puchheim (1366
—1396), welcher Kirchenlieder übersetzte, aber auch andere
geistliche und weltliche Lieder in deutscher Sprache dichtete,
sind aus den ältern Zeiten nur lateinische Dichtungen zu

erwähnen, unter denen das Leiden Erzbischofs Thiemo (passio Thiemonis), wahrscheinlich zu Admont verfaßt, hervorragt.

Auf dem Uebergange des vorigen in das gegenwärtige Jahrhundert entstand ein beschreibendes Gedicht der Abschied vom Mönchsberg von Hübner.

Pfleger L. L. Pfest zu Neuhaus († 1816?) sammelte und dichtete in lateinischer (anthologia epigrammatica) und deutscher Sprache, meist Epigramme. (Wien Degen 1811). Manch gelungen ausgedrückter und ursprünglicher Gedanke ist in demselben zu finden.

Die Volkslieder, von denen Süß einen ansehnlichen Theil gesammelt, theilen sich in geistliche Lieder, deren jedoch viele in ältern Gesangbüchern, wie es scheint, mit diesen zu Grunde gegangen sind, und weltliche, größtentheils satyrischen Inhalts, also nicht eigentlich Dichtung, sondern Kritik. Die Weihnachts-, Hirten-, Dreikönigslieder, die Gesänge zum Sommer- und Winterspiel, die Kinderreime und die zahllosen Schnatterhüpfel stellen die Volksdichtung im engern Sinne dar.

Musik.

Für diese Kunst lebten fast zwei Jahrhunderte lang Meister in Salzburg, die Schüler heranzogen. Das gottesdienstliche Bedürfniß sicherte eine ununterbrochene Pflege.

Seit Karls des Großen Zeit *) war Musik ein Gegenstand des Unterrichts in den Domschulen und die Cantorei eine der ersten Würden an den Domstiften. In den Tagen Notkers in St. Gallen hieß die Musik eine englische Wissenschaft, vermögend den Menschen zur Andacht zu stimmen, sein Herz zu erweitern, den Geist über sich selbst zu erhöhen und geistiger zu machen. Gott selbst verleihe die Gabe der Harmonie Männern, die er liebe, durch den h. Geist.

Erzbischof Eberhard II. bestiftete im Jahre 1243 am Dommünster nebst zwei andern Aemtern auch das schon bestehende eines Cantors (Gesanglehrer und Aufseher des Sängerchors an der Domkirche). Als solche Cantoren werden genannt die Domherrn Liupold (1218, 23, 25), Ulrich

*) Gregor der Große 604, Pabst Vitalian um 660, Stephan II. 752, schickten schon Sänger nach Britannien und Gallien und 744 stiftete Bonifaz zu Fulda eine Sängerschule.

(1231), Dietmar (1234), Linpold (1241), Leo (1298), Sieg=
fried von Inzing, Dietmar (1311), Herimannus Scrina
(1312), Friedrich von Toldenstein (1320), Johann von
Zinzendorf (1370), Johann Mendorfer (1400).

Erzbischof Eberhard hatte im gedachten Jahre durch
Schenkungen an das Domkloster auch den Widerstand besiegt,
den die Einführung des gregorianischen Kirchenge=
sanges damals allenthalben und lange Zeit hervorrief.
Aber erst im Jahre 1364 wurde derselbe in Salzburg allge=
mein. Im Jahre 1399 wurde in der Domkirche (sicher nicht
die erste, 1312 schon eine in der Markuskirche zu Venedig)
eine neue Orgel angeschafft; die Einführung anderer In=
strumente erfolgte allmälig bis zum 16. Jahrhunderte.
Im 14. Jahrhundert (um 1350) erscheint in Salfelden schon
ein Nycolaus Arigelmaister (Orgelmeister, Organist). Auch
kommt hie und da im 14. Jahrhundert in den Urbarien ein
lirator vor, der wohl auch etwa beim Gottesdienst spielte,
wie dieß schon im 11. Jahrhundert in St. Gallen der
Fall war.

Im 15. Jahrhunderte lebte Paul Hofheimer, geboren
zu Radstadt, wo er seine Jugend= und Lehrjahre zubrachte.
Vielleicht übte der „Stadtsinger“, ein Priester, der täglich
von Altenmarkt in die Stadt kam, auf den Knaben Einfluß.
Hofheimer wurde der erste Orgelspieler seiner Zeit, war
Hoforganist zu St. Stefan in Wien und ein berühmter Ton=
setzer, der viele Schüler unterrichtete. Er gehört den contra=
punktischen Bearbeitern des Liedes an, das sich dadurch zum
Kunstlied gestaltete. Von Kaiser Max I., der ihn schätzte
und ehrte, zum Ritter geschlagen, zog er nach dessen Tode
1519 nach Salzburg und starb daselbst 1537 (?) in seinem
eigenen Hause (?). Seine Harmoniae poeticae erschienen 1539
zu Nürnberg. Die wiener Hofbibliothek besitzt von seinen hand=
schriftlichen Werken fünf Quartbände.

Andreas Hofer lebte als Chorregent an der Domkirche
zu Salzburg in der zweiten Hälfte des 16. Jahrhunderts.
Von ihm erschien 1677 eine Sammlung von Kirchenstücken
unter dem Titel Ver sacrum.

Fast um dieselbe Zeit wirkte Georg Muffat, ein Schüler
Lully's zu Paris. Muffat flüchtete der Kriegsereignisse we=
gen 1675 aus Straßburg, wo er Domorganist war, nach
Oesterreich, und kam nach Salzburg (1679, 1680 u. s. w.),
wo er die lullysche Art der Tondichtung oder den französi=

schen Styl bekannt machte. Er ging dann nach Passau, wo er Domcapellmeister und Pagenhofmeister wurde und 1704 starb.

Franz Heinrich von Biber, geb. zu Wartenburg an der böhmischen Grenze, berühmter Geiger, Tondichter und (1684—97) Kapellmeister zu Salzburg, starb 1705. Auf seinen vielen Reisen erntete er Ruhm und Ehren. Seine Violin=sonaten kennzeichnen die Zeit des beginnenden Virtuosen=thums und erschienen zum Theil unter dem Titel Fidicinium sacro-profanum und Harmonia artificiosa.

Matthäus Gugl, Domorganist, beliebter Tonsetzer, ver=faßte mehrere die Musiklehre betreffende Werke in der ersten Hälfte des vorigen Jahrhunderts.

Johann Ernst Eberlin, aus Schwaben, in der ersten Hälfte des 18. Jahrhunderts (sicher um 1742—1756) Dom=organist und Kapellmeister zu Salzburg († 1776), schrieb 18 Opern, 2 Oratorien und 40 Werke Kirchenmusik. Seine Toccaten und Fugen wurden von Clementi und Nägeli in das Museum für Orgelspieler aufgenommen.

Eberlins Zeitgenosse war Anton Abelgasser (1728—1777), der mehrere tüchtige kirchliche Tonstücke hinterließ.

Außer diesen finden sich fast ununterbrochen italienische Musikmeister an der Kapelle zu Salzburg, so Caldara (1709), Lolli Vicekapellmeister (1745).

Leopold Mozart (geb. 1719 zu Augsburg, † 1787), begab sich nach Salzburg zu den Studien, beendigte das Studium der Rechtswissenschaft, sah sich aber genöthigt, mit Musik sein Leben zu fristen. Er unterschied sich durch eine neuere Art des Clavierspieles, war ein musikalisch und wissenschaftlich durchgebildeter Mann, zuletzt Vicekapellmeister, verfaßte mehrere Opern und Oratorien, bedeutsame Sonaten und war der Lehrer seines großen Sohnes.

Michael Haydn (geb. 1737 zu Rohrau in Nieder=Oester=reich, † 1806), seit 1762 Concertmeister, dann Chorregent und Domorganist zu Salzburg, an welcher Stadt er mit treuer Liebe hing. Seine Werke sind bekannt und zahlreich; gleich seinem größern Bruder Josef legte er auch besonderes Gewicht auf das Instrumentale der Musik. 20 lateinische, 4 deutsche Messen, 114 Graduale, 9 Litaneien, 5 Tedeum, 3 Vespern, 30 Symphonien, bei 50 deutsche Lieder und vieles andere rührt von seiner Hand.

Anm. Fast alle hier angeführten Meister finde ich in einem Ver=zeichnisse der in der salzburger Universitätsaula aufgeführten Schau=, Singspiele u. s. w., vielfach als deren Tondichter angeführt.

Wolfgang Amadeus (Gottlieb) Mozart (1756—1791) zeigte schon als Kind außerordentliches Talent, war bereits 1770 Concertmeister. Vom Fürsten gering geschätzt, verblieb er seit 1781 zu Wien, nachdem er in Italien und Paris die größte Anerkennung und Bewunderung gefunden. Er war ein Meister von überquellender Innigkeit und beherrschte alle Schwierigkeiten der Technik. Er drückte die Seelenzustände der handelnden Personen in der Oper musikalisch aus, stellte im Recitativ und in den Arien die psychologische Entwicklung der Handlung und ihre Uebergänge dar und verstand es in den Finalen kurz den ganzen Inhalt der Handlung zusammen zu fassen. In der Zauberoper malte er das geheimnißvolle Hellbunkel, das Schweben der ganzen Handlung zwischen Wahrheit und Dichtung, das Neckische und Spuckhafte mit vollendeter Meisterschaft. In der komischen Oper schuf er lebensvolle Persönlichkeiten der entgegengesetztesten Art. Von seinen Werken lieferte Ludwig Ritter von Köchel ein thematisches Verzeichniß, seine Briefe veröffentlichte Nohl, sein Leben beschrieben Oulibischeff und Jahn. Er wurde zu Wien auf dem St. Marxer Friedhofe in der Armengruft begraben und kein Mensch weiß mehr mit Sicherheit die Stätte, wo er ruht. Seine äußerst zahlreichen Tonwerke sind in Aller Händen. Er ist in gewisser Beziehung der letzte italienische Meister auf deutschem Boden.

Josef Wölfl (1772—1814), Sohn eines Verwalters der landesfürstlichen Stiftungen, war ein Schüler von Leopold Mozart und Michael Haydn. Kaum dem Jünglingsalter entwachsen galt er schon für einen der besten Pianisten seiner Zeit. Er machte weite Reisen, und war ein Hauptvertreter des Virtuosenthums, lebte im Glücke, war Musikmeister der Kaiserin Josefine und hätte Muße gehabt der Kunst zu leben. Er verließ aber seine Herrin, die auf Arenenberg weilte, zog den Rhein hinab nach England (1805), wo er verscholl. Im Jahre 1814 starb er in Armuth und Elend in einem Dorfe bei London auf faulem Stroh. Seine zahlreichen Werke sind fast alle veröffentlicht.

Der salzburger Musikalienhändler Benedict Hacker (1769—1829) ist durch vierstimmige Lieder und Messen für Landkirchen bekannt geworden.

Sigmund Ritter von Neukom (1778—1858) war der Sohn eines Lehrers an der Normalschule und ein Zögling von Michael und Josef Haydn, wurde mit 26 Jahren

Kapellmeister und Operndirektor in St. Petersburg, ging
1809 nach Paris, wo er der Freund Gretry's, Cherubini's,
Cuvier's wurde und über 20 Jahre Talleyrands Haus=
freund war. Er machte durch seinen ehrlichen offenen Cha=
rakter den besten Eindruck, unternahm große Reisen, und
war bei der Aufstellung des Mozartdenkmales, dessen Zu=
standekommen er förderte, in Salzburg. Er starb zu Paris
und ist Verfasser von 524 Vocalcompositionen und 210 In=
strumentalwerken. In den Jahren 1837 und 40 wurden von
ihm Tonwerke mit 1200 und 2000 Stimmen und Orchester=
begleitung zu Mainz aufgeführt.

Anton Diabelli (1781—1858) zu Mattsee geboren, seit
1824 Musikalienhändler zu Wien, verfaßte selbst viele Musik=
stücke und richtete zahlreiche fremde Werke für das gewöhn=
liche Bedürfniß ein.

Zu den übrigen in Salzburg gebildeten, gebornen oder
wirksam gewesenen Künstlern zählen noch Aßmayr, Hof=
kapellmeister in Wien, Taux, Kapellmeister in Salzburg,
Santner, Schläger, P. Peter Singer, Christian Möß=
ner, Dr. Flögl, Anna Kainz, einst erste Sängerin am
Hoftheater zu Florenz, Gräfin Spaur, Bach und andere.

Die Gründung des Mozarteums und Dommusikvereines
im Jahre 1841 beförderte musikalische Bildung und ver=
breitete Kunstsinn und Fertigkeiten in größeren Kreisen.

Baukunst.

Seitdem das Land von Deutschen bewohnt wird, war
Kirche und Kloster von St. Peter das älteste Bau=
denkmal desselben. Fast gleich alt sind Kirche und Klo=
ster von Ronnberg; beide jedoch begreiflicher Weise, da
sie um 700 gegründet wurden, weder dem Platze, noch der
Form nach heute mehr ursprünglich.

Im Jahre 774 wurde die erste bischöfliche Kirche
oder das Dommünster unter Bischof Virgil nach sieben Bau=
jahren vollendet. Chiemsee um 770 schon eine Abtei, erhielt
782 eine neue Kirche. Um 777 soll Herzog Thassilo Matt=
see erbaut haben, das im Jahre 817 königliche Abtei ge=
nannt wird. Aus Virgils Zeit stammt die Zelle (kleines
Mönchskloster) Otting bei Waging, aus Ruperts Tagen die
Marzelle in Pongau; am spätesten wird die Hippolytszelle
(Zell am See) erwähnt, die sämmtlich nicht mehr vorhan=
den sind.

Im Jahre 790 werden im Salzburg=, Chiem= und Thälergau (inter valles) längs des Innes aufwärts bis in die Gegend von Rattenburg 46 Pfarrkirchen (als Tafelgut des Bischofes Arn) angeführt. Es leidet kaum einen Zweifel, daß damals auch noch andere Kirchen bestanden. Die Entstehung der ersten (St. Michaels=) Stadtpfarrkirche zu Salzburg in der Nähe des Münsters dürfte wohl um das Jahr 800 anzusetzen sein (XVIII.).

Die St. Ruperts= oder Münsterkirche brannte schon 845 aus, welches Schicksal im gleichen oder folgenden Jahre auch die Peterskirche ereilte. Doch scheint die letztere noch im Jahre 846 wieder hergestellt und geweiht worden zu sein (Verbrüderungsbuch), während die Domkirche sich schwer aus ihrer Verwüstung erhob, so daß im Jahre 993 Erzbischof Hartwik die abermals fast zur Ruine gewordene nur nothdürftig zu erneuern vermochte.

Unterdessen waren in Karantanien im Sprengel der Erzkirche unter Liupram und Abalbin in den Jahren 836—873 über dreißig Kirchen entstanden, zu deren Bau Liupram von Salzburg aus Werkleute entsendet hatte.

Auf dem Nonnberge wurde das, wie es scheint, eingegangene Nonnenkloster in das Erentrudskastell (XVIII) mit der Markuskirche umgewandelt. In der Nähe des St. Petersklosters besteht im 10. Jahrhundert die Marienkirche, in Kai wurde das St. Johannskirchlein erbaut, so wie jenseits der Salzach eine Erlöserkirche, die sämmtlich im 12. Jahrhundert zu gleicher Zeit ein Raub der Flammen wurden.

Die Wiedererrichtung des nonnberger Klosters war begleitet von dem Neubau der Kirche in den Jahren 898—1027. An beiden wurden jedoch in mehreren Absätzen Bauten und Veränderungen vorgenommen, so daß die Eingangshalle oder das Paradies mit dem an der alten Münsterkirche etwa gleich alt gewesen sein mag.

Im Jahre 1072 wurde das Kloster Michaelbeuern neu bestiftet und wie es scheint, größer gebaut.

Als im Jahre 1127 die neuen Augustinermönche des Domklosters in der Nähe der Domkirche eine Werkstätte zum Glockenguße aufgerichtet hatten, ergriff das Feuer diese,

die Dom= und St. Peterskirche und zerstörte sie zum Theil.
Der Schaden ward jedoch bald ersetzt, die Domkirche erhielt
ein Ziegeldach und Gläser in die Fenster.

Größer war die Verheerung, als im Jahre 1167 durch
die Grafen von Plain die Stadt angezündet wurde und mit
ihr die Domkirche und die übrigen oben genannten Kirchen
abbrannten.   Ungünstiger Verhältnisse wegen lag die Dom=
kirche 14 Jahre öde, bis Conrad III. in den Jahren 1181
und 1182 einen Hauptbau führte, der die Gestalt der Kirche
auf vier Jahrhunderte bestimmte.   Damals ward die Dom=
kirche den hh. Martin und Rupert geweiht.

Nun wechselten die Brände von 1203, 1270, 1312, 1383
mit Erneuerungen ab, bis nach dem Brande im Jahre 1598
die alte Kirche im Jahre 1706 völlig abgebrochen wurde,
die seit 1384 Bleidach und Glocken, letztere durch einen
nürnberger Meister, erhalten hatte.   Der letzte Bau nach dem
Entwurfe des Italiäners Scamozzi, durch Solari im Re=
naissancestyle ausgeführt, dauerte bis zur gänzlichen Vollen=
dung von 1612—1675.   Die alte Kirche von 1182 hatte
drei angebaute Kapellen und 18 Seitenaltäre.   Für die neue
lieferte Mascagni die Gypsverzierungen.   Die alte umgab
ein Friedhof, die neue nicht mehr.   An die alte war das
Domkloster mit dem Kreuzgange angebaut, die neue wurde
von allen Seiten frei gestellt.   Der achte Dombrand ereig=
nete sich 1696, der neunte 1859.   Während des Bestandes
der alten, finstern und winklichen Kirche hatte sich der Boden
in der Umgebung allmälig so erhöht, daß man auf mehreren
Stufen in selbe hinabsteigen mußte.

Die Klosterkirche von St. Peter, romanischen
Styls, an welche 1215 durch Herzog Leopold den Baben=
berger die Katharinenkapelle, 1350 aber die Veitskapelle, das
hübscheste frühgothische Bauwerk der Stadt, von innen noch
in den reinsten Formen, angebaut wurde, und in deren
Nähe 1485 die gothische Margarethenkapelle auf dem Fried=
hofe entstand, erhielt seit 1610 durch Abt Martin jene Ge=
stalt, welche sie, mit einigen Veränderungen seither noch
besitzt.

In den Jahren 1464—75 erfuhr die Kirche auf dem
Nonnberge einen Umbau im gothischen Styl und 1623—
25 nach Einführung der strengen Klausur wurde auch das
Kloster vergrößert.

Nach dem Brande von 1167 erhob sich auch die Marienkirche wieder, nun als Pfarrkirche in romanischer
Gestalt (1230—1260), aus der Asche und wurde um 1430
von Hans Netheimer aus Burghausen um den gothischen
Chorraum erweitert. Im Jahre 1668 setzte man dem
Thurme, damit er die Domkirche nicht an Höhe übertreffe (?),
eine niedere zopfige Blechhaube auf, welche erst wieder 1866
mit einer der ältern nachgebildeten Spitze vertauscht wurde.

Ein Blasiuskirchlein wurde schon im 12. Jahrhundert
außerhalb der Stadtmauer aufgeführt. Doch stammt die
jetzige Bürgerspitalkirche mit späteren Abänderungen erst
aus dem 14. Jahrhundert. Die nun abgetragene Andreas-
kirche wurde 1418, das Leprosenhauskirchlein 1450, die
Georgskirche auf der Festung 1502, die Sebastianskirche
1507—1512, das Kapuzinerkloster 1596 und an der Stelle
eines sehr alten (1148) Marienkirchleins 1605 die Augu-
stinerkirche zu Mühlen erbaut. An der Stelle der alten St.
Lorenzkirche erbaute Zugalli 1689 das Theatinerhaus sammt
Kirche und 1686 die nonnthaler Spitalkirche. Die Jahre
1696 und ff. sahen die Kirche der ehemaligen Universität
nach dem Plane Fischers von Erlach, 1705—17 Kirche und
Kloster St. Ursula und das Jahr 1778 statt der alten seit
dem Brande von 1127 wieder aufgebauten St. Michaelskirche die gegenwärtige entstehen. In den Jahren 1635—36
wurde das Lorettokloster sammt Kirchlein gegründet, 1699
die Kirche zur h. Dreifaltigkeit sammt den ansehnlichen
Flügelgebäuden aufgeführt, die sämmtlich seit dem Brande
von 1818 sich neuerdings aus den Trümmern erhoben. Der
jüngste Kirchenbau in der Stadt ist augenblicklich der von
St. Karl am Borromäum aus dem abgelaufenen sechsten
Jahrzehnt. Kirchen entstanden in den alten Bischofstädten
so zahlreich und leicht, wie Kasernen in neuen Residenz-
städten und wie Schulen sich aufthun werden in den Städten des zukünftigen Bürgerthums.

Den Einfällen der Ungarn wird gewöhnlich die Zerstörung einer Menge Kirchen im Salzburggau zugeschrieben,
ohne daß man jedoch dieselben mit einiger Sicherheit näher
zu bezeichnen im Stande ist.

Das an Kirchen- und Klösterstiftungen so reiche 12.
Jahrhundert (XXX) rief auch den Bau der Stifter Berchtesgaden (um 1115), Högelwerd (um 1124) und St. Zeno
bei Reichenhall (1136) ins Leben. In St. Peter, Berch-

tesgaben und St. Zeno sind noch romanische Kreuzgänge
oder Theile solcher vorhanden.

Um diese Zeit bestanden im Gebirge die Pfarrkir=
chen zu St. Cyriak bei Werfen, zu Hof (auch Hofheim)
oder Bischofshofen, zu St. Veit, Altenmarkt, Maria Pfarr
im Lungau, zu Zell und Stuhlfelden, zu Salfelden und
St. Martin bei Lofer, im folgenden Jahrhunderte auch zu
Bramberg in Oberpinzgau. Aus dem weiteren Bereiche des
Erzstiftes möge nur der romanischen Kirchen zu Gurk und
Seckau gedacht werden. „Scheiblige Kirchen" befanden sich
unter anderen auch auf dem nonnberger und halleiner Fried=
hofe. Die achteckigen St. Wolfgangs= und St. Annakapellen
auf den Friedhöfen, erstere der Pfarrkirche von St. Michael,
letztere von St. Martin im Lungau, beide seit sehr alter
Zeit als „Karner" benützt, dürften sicherlich hieher zu rech=
nen sein. Deßgleichen weist der romanische Bau der Kirche
zu Weißpriach und der von St. Aegydius bei St. Michael
in diese Zeit zurück.

Eine Kirche am Mühlbache bei Hallein besteht schon
1095, später entstand daselbst ein romanischer Bau, von
welchem der Thurm noch übrig ist, die jetzige Gestalt der
Kirche rührt aus den Jahren 1769—74.

Die Niklaskirche zu Oberndorf wird um 1120 genannt,
1138 entstand eine Kirche in Abtenau, die 1313 gothisch
erweitert wurde und spätere Ansätze erhielt. Das Jahr 1158
wird als Bauzeit der Kirche zu Groß=G'main genannt, um
1211 ist zu Bergheim eine Pfarrkirche, die 1694—96 in die
jetzige Gestalt gebracht wurde. Die St. Jakobskirche am
Thurm wird zuerst 1238 angeführt, Siezenheim ist 1281
Pfarrkirche.

Neu= oder Umbauten im gothischen Geschmacke
erfuhren die einstige Stiftskirche in Zell (romanisch=gothisch),
Bischofshofen (erste Hälfte des 15. Jahrhunderts), Maria
Pfarr 1446, Altenmarkt, Salfelden (Unterkirche und Thurm
noch romanisch), Radstadt (Max Gandolf); an beiden Orten
seit den Bränden von 1811 und 1857 Neubauten. Die Mar=
milianskirche zu Bischofshofen bietet das seltene Beispiel
einer gothischen Kirche in Kreuzform mit Kuppel auf der
Vierung. Die Leonhardskirche bei Tamsweg wurde 1421—
33 von Meister Peter Harperger aus Salzburg erbaut, die
spätgothische Kirche zu Hofgastein, die schönste des Landes,

entstand in den Jahren 1498 u. ff., Hüttau gothisch 1473, Vigaun 1488, Abnet (spätgothisch) um dieselbe Zeit, Scheffau vor 1475, St. Margaret zu Pabenhofen bei Hallein vor 1444, Oberalben, Puch, Anthering besgleichen.

Zu den jüngsten Landkirchenbauten sind zu rechnen: St. Anna in der Zimmerau (Annaberg) 1752, Ellichshausen 1823, Grebig (1808—37), St. Johann, Leopoldskronmoos (1857), Nußbach 1862, Hof, Wals, Guggenthal, Bruck, Niebernsill, Ramingstein, Wildbadgastein 1871, die bereits früher erwähnten ungezählt. Hieraus ergibt sich die Signatur der Zeit. Kunstbegriffe finden nun auch in kirchlichen Kreisen Verbreitung, und Wiederherstellung sowie Neubau der Kirchen werden jetzt mit Rücksicht auf Styl und Zweck unternommen.

Die Geschichte der weltlichen Baukunst beginnt mit Erbauung der Stadt Salzburg, da von dem Wiederaufbau anderer durch die Deutschen zerstörten Ortschaften keine Kunde auf uns gekommen ist. Zur Zeit Virgils besteht schon eine Veste am Hegel (Steinhegel?). Die Bauten der Städte Salzburg, (Reichen) Hall, Laufen mit einer Veste, Titmaning, Mühldorf, (XVIII) setzen wohl Baumeister voraus. Auf dem Lande sind die ältesten bekannten Adelssitze im 10. und 11. Jahrhundert „Purch" (bei Kuchl oder Golling, wo ein Graf Poppo hauste, Torringen, Tusindorf (Oberteisendorf), Dietramingen (zwischen Hallwang und Zilling), Mattsee und Weißpriach.

Um das Jahr 1070 läßt Erzbischof Gebhard die Vesten Hohensalzburg, Werfen und Friesach erbauen und im Jahre 1110 wird für Erzbischof Conrad I. ein bischöflicher Hof aufgeführt, nachdem bis dahin die Erzbischöfe im Kloster St. Peter gewohnt hatten. Aus den Geschlechtsnamen, die nun vorkommen, ersieht man, daß eine ansehnliche Menge von Dienst- und Lehensmannen des Stiftes im Lande ringsum sitzt, von denen doch wohl alle schon Steinhäuser bewohnten. Mit leichter Mühe zählt man im 12. Jahrhundert dreißig Edel- oder Ritter- und Grafensitze im Stiftlande, zu denen im dreizehnten noch 15—20 hinzuwachsen. Wir wissen zwar nicht, wie viele von diesen Steinhäusern, deren viele gewiß über eine bescheidene Größe nicht hinausreichten, etwa Kunstbauten in des Wortes heutiger Bedeutung waren, aber — wenn es auch gewiß ist, daß ihr fast gleichzeitiges Ent-

stehen in solcher Zahl ohne Fronarbeit gar nicht gedacht
werden kann, so setzt doch ihre Erbauung auf ungewöhn=
lichen Punkten, ihre Eintheilung zum täglichen Gebrauch
und die Vorkehrungen zum Schutze derselben eine gewisse
Entwickelung des Baugewerbes voraus.

In der Zeit des Investiturstreites, vielleicht gleichzeitig
mit Erbauung der Veste erhielt Salzburg Stadtmauern,
wurde Friesach vom linken auf das rechte Metnizufer ver=
setzt, und mit Mauern und Thürmen umgeben. Zwischen
1262 und 1290 wurde auf dem Imberge eine zweite
Veste erbaut. Wahrscheinlich einer späteren Zeit gehören
einige Thürme an, die auf dem Mönchsberge theils zum
Schutze gegen feindliches Eindringen durch die Scharte, theils
als Warten erbaut und seit dem 17. Jahrhunderte Pulver=
thürme genannt wurden.

Erzbischof Burkard ließ die Veste mit vier runden Thür=
men umgeben, die Erzbischöfe Leonhard (1495—1519) und
Matthäus wohnten größtentheils „der gesunden Luft wegen"
auf diesem Hochschlosse und vermehrten dessen Vertheidigungs=
werke nach allen Seiten. Die Bürgerschaft aber befestigte
die Scharte. Die Ausschmückung der Fürstenzimmer, der
große Ofen und viele bauliche Einzelnheiten verdanken, nebst
der Kirche, dieser Zeit ihren Ursprung.

Der erzbischöfliche Hof, ein unregelmäßiges Viereck,
mit Erkern und Vorsprüngen, auf zwei Seiten gegen Nord
und Ost mit einer sieben Fuß hohen Mauer umfangen, die dem
Eingange wehrte, hatte seit Michael Künburg auch einen
Kirchthurm mit Glocke. Diese Residenz, zwei Geschoße hoch,
beherbergte allerlei Werkstätten, Brauhaus und Münze und
war gegen Nord und West mit vierzehn Storchennestern
auf hohen Pfählen gekrönt. Wolf Dietrich (1587—1612)
gab ihr die heutige Gestalt, wodurch die alte Käsgasse ver=
baut wurde. Derselbe ließ auch den Marstall, Neubau und
das (alte) Schloß Mirabella aufführen. Marx Sittich (1612
—18) legte das Jagdschloß Hellbrunn sammt den Wasser=
künsten und Gärten, Leopold in den Jahren 1708—30
Klesheim an. Das städtische Rathhaus, das sich ursprünglich
in der Nähe der Michaelskirche und der Trinkstube befand,
wurde, kurz vor 1500 an der jetzigen Stelle erbaut.

Fürstliche Residenzen, Lustschlösser und Baudenkmäler
auf öffentlichen Plätzen, Domherrnhäuser und einige Abels=

ſitze, wenig Patricierhäuſer, zwanzig und mehr Kirchen,
etliche Gaſſen mit ſchmalen, hohen, finſtern Häuſern voll Hand=
werksleuten und Miethsparteien, überall Erinnerungen an
die geiſtlichen Fürſten, hingegen ſparſame Beweiſe ſchaffenden
Bürgerthums — dieß war ohne Zweifel der baulich=geſell=
ſchaftliche Eindruck, den das alte Salzburg hervorrief.

Die Bauluſt erlahmte im 18. Jahrhunderte beinahe
völlig. Nach dem Brande von 1818 wurde eine treffliche Ge=
legenheit verſäumt, einem großen Stadttheile baulichen
Charakter zu geben.

Die Bauten der jüngſten Zeit auf den Gründen
der Stadterweiterung, Anif, Fiſchhorn, die Erneuerung von
Golbeck, ·Bahnhof, Eiſenbahn und Badhaus, mehrere Land=
häuſer, darunter der Stabelhof, geben Zeugniß, daß es wie=
der Bauherrn und Meiſter gibt, die Verſtändniß und Liebe
zur Kunſt beſitzen und daß die Ueberwucherung aller menſch=
lichen Intereſſen durch geiſtliche Herrſchaft vor den mächti=
gen Antrieben der Neuzeit wenigſtens auf dem Gebiete der
Baukunſt geſchwunden iſt.

Malerei und bildende Kunſt.

Die älteſten Denkmäler dieſer Art im Lande ſind die
Wandgemälde (Kirchenlehrer) in einem an die Nonn=
bergkirche ſtoßenden Raume (Narthex, Paradies der alten
Kirche?), welche gegenwärtig von Einigen dem neunten Jahr=
hunderte zugeſchrieben werden, was mit Hinſicht auf die Zeit=
rechnung der Bauführungen auf dem Nonnberge nicht ohne
Schwierigkeit ſein dürfte. Vielleicht ſind ſie aber mit jenen Wand=
gemälden gleichzeitig, die beim Brande der Domkirche von
1127 zu Grunde gingen, der auch viele Bildnerarbeiten (ce-
latura) zerſtörte. In dieſem Falle wären ſie zur Zeit des
Kirchenbaues durch Hilfe des Kaiſers Heinrich des Heiligen
entſtanden, der ja auch an der Domkirche ein Paradies her=
ſtellen ließ.

Es iſt nicht ungereimt mit den Malereien in der Dom=
kirche, die entweder nach dem Brande von 1127, oder aber
jenem von 1167 ausgeführt wurden, die Namen jener fünf
Maler in Verbindung zu bringen, die urkundlich als im 12.
Jahrhunderte in Salzburg lebend genannt werden.

Aus dem 11. Jahrhundert iſt ein Evangelienbuch anzu=
führen mit zwölf elfenbeinernen Reliefſtücken auf dem Deckel,

desgleichen ein zweites Evangelienbuch, aus Salzburg her=
rührend, beide nun in München — Werke der Mönche.
Nicht minder ein Commentar des h. Augustin und ein Ge=
betbuch aus dem 13. Jahrhundert, die sich mit den vorer=
wähnten unter den 136 Handschriften befanden, die aus den
Bibliotheken und Archiven der salzburger Residenz, St. Pe=
ters, des Domcapitels und Priesterhauses unter bairischer
Regierung ausgewählt und nach München abgeliefert wur=
den. Ein Antiphonarium aus dem 13. Jahrhundert mit
500 Miniaturen und Anfangsbuchstaben in St. Peter ist
noch vorhanden.

Der Reliquienschrein, einige Bischofsstäbe und Kelche,
der Faltenstuhl der Aebtissinn auf dem Nonnberge, in den
drei Schatzkammern des Domes, St. Peters und des letzt=
genannten Klosters sind Zeugen romanischen Styles.

Aus dem 14. Jahrhunderte stammt das erzene Tauf=
becken der Domkirche (Heinrich von Pyrnbrunn 1338—43),
die Muttergottesbildsäule aus Steinguß zu St. Peter, eine
nicht minder bedeutende aus gleichem Stoffe zu Altenmarkt.

Die wenig erhaltenen Wandmalereien an der Außenseite
der Kirche von St. Martin, dann in der Schloßkapelle zu
Mauterndorf, beide in Lungau, dürften über das 14. Jahr=
hundert zurückreichen.

Nach Sighart war Salzburg eine der vier Pflanzstätten
bairischen Kulturlebens. Er rühmt die Farbenfrische, Kind=
lichkeit und gerundeten Formen der alten salzburger und
kölner Meister (Tafelmaler), wobei nur zu bedauern sei, daß
sich so wenig Beweise ihrer Kunstfertigkeit erhalten hätten.
Die vielbesprochenen vier Temperagemälde in der Kirche zu
Großgmain, zwei ältere große Temperabilder, dann die vier
Kirchenlehrer in der Lichtempore zu Nonnberg gehören un=
streitig der ältern deutschen Schule an. Hübsche Tafelgemälde
finden sich noch in den Kirchen St. Leonhard, Mautern=
dorf und Maria Pfarr in Lungau, dann zu Pfarrwerfen.

Die Tafelmalereien zu Nonn bei Reichenhall, zu St.
Leonhard am Wonneberge bei Waging, die Muttergottes von
Piding (nun in München), in der Stiftskirche von Laufen
und andern Orten des ehemaligen salzburger Sprengels in
Baiern stammen aller Wahrscheinlichkeit nach aus Salzburg
(Sighart). Viele sind auf Holz, mit aufgelegtem Kreide=

grund und darüber gespannter Leinwand gemalt, der Aus=
druck kindlich naiv, die Ausführung sauber, das Colorit meist
dunkel. Sie unterscheiden sich von den Tafelmalereien aus
Landshut, München und Freising.

Sighart gedenkt noch nach Filz zweier Flügelaltarbilder
auf Goldgrund, Adam und Eva, von Hans Mielig aus
Gastein (1541), dann eines Mittelbildes, Maria mit dem
Kinde, Barbara und Katharina aus dem Kapuzinerkloster zu
Salzburg, das bei dem jüngsten Brande des Klosters Fiecht
sicherlich zu Grunde ging.

Im Diöcesanmuseum zu Freising befindet sich eine heil.
Maria mit dem Kinde und den beiden Johannes, von Erz=
bischof Johann (1429—41) bestellt, ein Bild, das aus der
Brandstätte des salzburger Domes in das Kapuzinerkloster,
und von dort außer Landes wanderte.

Zu Salzburg, Laufen, Titmaning, Mühldorf wurde von
den „Taflern" der Holzschnitt gepflegt. Von dem Petschaft=
stich der Büchsner zu Friesach finden sich noch hie und da
einzelne Proben vor.

Die gothische Monstranze der St. Leonhardskirche zu
Tamsweg wurde 1439, der Reliquienschrein (Fronleichnams=
altärchen) zu Maria Pfarr (spätgothisch) 1443 angefertigt.

Nicht minder gehören dem 15. Jahrhunderte an der
Reliquienschrein des salzburger Bürgerspitals (nun im Dom=
schatze), die Schnitzarbeiten in der Sakristei und an der
Kirchenthüre zu Irrstorf, die Bildsäule der Muttergottes mit
dem Kinde in der Franziskanerkirche zu Salzburg von Mi=
chael Pacher (1492), die Anbetung des Heilandes und sonstige
Schnitzarbeiten in der Salinenkapelle zu Hallein, endlich die
Steinsculpturen (Apostel) in der Georgskapelle der Festung
Salzburg.

Schöne Casula=(Meßkleid=)stickereien finden sich zu St.
Peter, in der lungauer Margarethenkirche, dann in den
Schloßkapellen zu Mauterndorf und Haunsberg.

Die Grabdenkmäler von St. Peter und Nonnberg (ge=
sammelt von Walz, gezeichnet von Frey, herausgegeben durch
die Gesellschaft für Landeskunde seit 1857) zeigen in ihrer
Reihenfolge (seit 1235) die Entwicklung dieses Zweiges der

Steinhauerei aus der Zeit des romanischen und gothischen Styles bis in die neuere Zeit.

Erzbischof Bernhard bestellte beim „Jlluministen" Perchtold Furtmayr aus Regensburg 1480 ein Meßbuch, das dieser in fünf Folianten lieferte. Es enthält eine lange Reihe großer und kleiner Miniaturen, die als die bedeutendsten und sinnreichsten Schöpfungen altdeutscher Kunst niederländischer Richtung gerühmt werden (nun in München). Furtmayrs, der sich lange in Salzburg aufhielt, Einfluß auf Malerei soll ziemlich erkennbar gewesen sein.

Auch des Pfarrers Peter Grillinger zu Maria Pfarr großes zweibändiges Bibelwerk, das dieser durch den Jlluministen zu Salzburg Johann Freybeck von Königsbrück (1428) ausführen ließ, befindet sich in München. Im Jahre 1480 ließ ein Patricier, Klaner mit Namen, das Glasgemälde in der Nonnbergkirche herstellen.

Im 16. Jahrhunderte blühte in Salzburg die Künstler-Familie Pocksberger. Der Maler und Holzschneider Ulrich Pocksberger, damals zu Mondsee bei der Erneuerung der Abteikirche beschäftigt, verfertigte 1518 für die abtenauer Pfarrkirche einen gothischen Flügelaltar, der jedoch nicht mehr zur Stelle ist. Johann Pocksberger, der ältere und jüngere arbeiteten zu Salzburg und München. Von letzterem rühren die Holzschnitte zur Geschichte des Livius her, die 1573 in neuer Auflage durch Philipp Feyerabend zu Frankfurt erschienen. Paul Pocksberger, ein Maler aus Salzburg, lieferte Gemälde für das neue Schloß in Landshut, die sehr gelobt werden.

Ein anderer salzburger Künstler ist Johann Michael Rottmayr, Freiherr zu Rosenbrunn, geb. zu Laufen um 1660, † als Hofmaler zu Wien 1720. Er studirte zu Venedig und lieferte für Salzburg eine Menge Gemälde (Dutzendware) in Leopoldskron, Universitätskirche, Erhardskirche, die Fresken im Kaiser- und Harrachsaale der Winterresidenz u. s. w.

Die Bildhauer Pfäffinger und Mandl lebten am Ende des 17. und im 18. Jahrhunderte zu Salzburg. Aus Mandls Hand gingen nebst andern das sich bäumende Pferd auf der Hofstallschwemme (1695), die Fechter im Mirabellgarten, der Welterlöser auf der Höhe der Stirnseite des Domes hervor.

Der salzburger Bildhauer Franz Donner, ein Bruder Rafaels, der zu Wien seine Kunst übte, verfertigte die Statuen auf der großen Treppe im Schlosse Mirabell 1726, und die Brüder Hagenauer das Denkmal der Mutter Gottes auf dem Domplatze (1771).

Die Stempelschneider und Münzgraveure Matzenkopf Vater und Sohn leisteten, wie die Münzen aus der Zeit des letzten Erzbischofes Hieronymus dann des Churfürsten Ferdinand darthun, Anerkennenswerthes,

Seitdem der Dombau durch die Italiäner Scamozzi und Solari war in Angriff genommen worden, oder richtiger, seitdem die Erzbischöfe Wolf Dietrich, Marx Sittich, Max Ganbolf und Leopold Anton in Staat und Kirche, in Kunst und Wissenschaft das wälsche Wesen fördern halfen, lebten und wirkten viele italiänische Künstler in Salzburg. Diesem Umstande ist es zuzuschreiben, daß gerade die besser erhaltenen und häufiger vorhandenen weil jüngeren Kunstgegenstände so mannigfaltige Erinnerungen an das Land jenseits der Alpen erwecken, weshalb auch Salzburg, mit unläugbarer Verstärkung des Ausdrucks, bisweilen das deutsche Rom genannt worden ist. Zwar verdankt Salzburg diesem fremdländischen Kunstbestreben die Arbeiten des P. Arsenius Mascagni, eines Servitenmönches aus dem Florentinischen, in der Domkirche Gemälde und Fresken (1632), sowie die sinnig bedeutsamen Wandmalereien in Hellbrunn, ferners den Hofbrunnen, ein Werk Dario's (1656—59), und Zugalli baute die bereits früher genannten Kirchen; allein die Werke der Maler Altomonte, Lolli, Castello, Conca, de la Croce, la Neve, Rensi, Zanusi und anderer dienen doch nur zum Belege der Schwäche heimischer Kunstzustände. — Die großen Arras=Tapeten der Domkirche wurden um dieselbe Zeit angeschafft.

Als eine künstlerische Sonderbarkeit ist das enkaustische Kabinet des Fürsten Hieronymus, das durch Nesselthaler hergestellt wurde, zu erwähnen. Die Gemälde wurden nach Wien gebracht.

Fast noch in der Gegenwart erfolgte die Errichtung des Mozartdenkmales (1842), eines Werkes der Meister Stiegelmayer und Schwanthaler aus München, das durch allgemeine Theilnahme und Beiträge in Deutschland und Oesterreich zu Stande gekommen ist. Ritter von Schwarz stellte 1869 in der Nähe seines Landhauses ein Standbild Schillers auf, das Meixner und Fernkorn in Wien modellirten und goßen.

Unter den Künstlern der Jetztzeit hat der Conservator Pezolt das Verdienst seit dreißig Jahren auf die mancherlei Kunstschätze Salzburgs aufmerksam gemacht zu haben, wodurch der Sinn für deren Erhaltung belebt und das Verständniß befördert wurde. Auch Steinhauser, Mertens, Sighart beleuchteten Kunst und Alterthum des Landes.

Die Landschaftsmaler Loos, Sattler Vater und Sohn, Fischbach, Mayburger verbreiteten durch Zeichnung und Pinsel den Ruf der Naturschönheiten des Landes, oder auch ferner Welttheile. Der Gegenwart gehören noch an der talentvolle Bildhauer Greinwald, und der nicht minder durch Zeichnung, Erfindung, Colorit, dann Erfassen von Sittenzuständen hervorragende Hans Makart.

Das städtische Museum suchte durch Anlage einer Sammlung von Werken salzburgischer Künstler der Erinnerung an sie und die Art ihrer Leistungen zu dienen.

———

Es würde wohl eine häßliche Lücke in der Reihe dieser Miniaturbilder heimischen Kulturganges entstehen, sollte nicht noch einer Anstalt ausführlicher gedacht werden, die im vollsten Sinne des Wortes eine kulturhistorische zu nennen ist. Das Museum Carolino-Augusteum, sonst auch „städtisches", „vaterländisches" oder „Landesmuseum" genannt, welches seit dem Jahre 1858 in das zweite Vierteljahrhundert seines Bestandes trat, ist von Süß im Jahre 1834 gegründet worden und trägt seit Anfang der fünfziger Jahre den Namen seiner allerhöchsten kaiserlichen Gönnerin.

Unter Mithilfe zahlreicher Freunde, die eine Zeit lang in dem Rahmen eines Vereines aufgezählt wurden, legte der Gründer, ein Vertrauensmann, mit großer Spürkraft und unermüdlichem Sammeleifer eine Reihe von Sammlungen an, die seit dessen Tode (1858) vollends in das Eigenthum der Stadtgemeinde Salzburg übergegangen sind, welche von jeher für Unterkunft, Dach und Fach gesorgt hatte, so daß zuletzt ein ganzes Haus dafür seine Bestimmung fand.

Die Sammlungen, fast ausschließlich aus Fundstücken des salzburger Bodens und Landes bestehend, begreifen nicht blos keltisches und römisches Alterthum, wie dies bereits mehrfach in diesen Blättern angedeutet wurde, sondern auch Waffen, Trachten, Hausgeräthe und Einrichtungsstücke des Haushalts. Die Kunst ist durch zahlreiche Gemälde, Zeichnungen, Holzschnitte und plastische Werke einheimischer Meister, durch eine Sammlung von Musikwerkzeugen, Modellen von Kunstbauten und Maschinen und durch größtentheils handschriftliche Denkmäler vaterländischer Tondichter vertreten.

Eine Thier= und Pflanzensammlung, sowie eine sehr große Zahl mineralogischer und geognostischer Fundstücke liefern Beiträge zur Naturkunde des Landes.

Außerdem umfaßt die Bücherei nebst den Erzeugnissen einheimischer Verfasser und Druckereien noch zahlreiche andere Werke verschiedener Fächer. In dieser Abtheilung sind auch zahlreiche Urkunden, Kupferstiche und Landkarten hinterlegt, denen in jüngster Zeit noch eine Sammlung von Porträten sammt Handschriften berühmter oder bemerkenswerther, mit der Staats= oder Kulturgeschichte des Landes, seiner Gemeinden u. s. w. in Beziehung gestandener Männer sich anschloß.

Eine kostbare salzburger Münzsammlung vergegenwärtigt jedem Beschauer die einstige Bedeutung des Erzstiftes.

Erwägt man, daß dieß alles, mit wenigen Ausnahmen, sich im Lande selbst vorfand, so zweifelt man nicht, daß auch in der Bevölkerung der Sinn für Bewahrung dieser Denkmäler, für Erinnerungen an die Vergangenheit, kurz das Verständniß für Kulturgeschichte vorhanden sein müsse und daß ein Sammler auf so beschränktem Raume ohne solchen Hinterhalt wohl nur zu weit geringeren Ergebnissen gelangt wäre.

XXX.

Das Hoch- und Erzstift.

Seitdem der Frankenkönig Chlodwig das Christenthum angenommen hatte, stützte sich die Regierungskunst seiner Nachfolger auf das Lehenwesen und die Kirche — den zeitlichen Vortheil und die ewige Vergeltung. Um die unterworfenen Stämme zu zähmen, mußten Besiegung und Bekehrung Hand in Hand gehen, mußte fast zu gleicher Zeit der fränkische Schlachtruf und die „Drommete des göttlichen Wortes" erschallen. Man kann daher fragen, ob z. B. die Unterwerfung der Sachsen und Friesen mit blutiger Hand, oder ihre Bekehrung den Ausschlag gab, ob die Annahme des Christenthums erst die überwundenen Thüringer und Hessen dem Frankenreiche vollends einverleibte, oder ob jene Besiegung der Alamanen durch einen Bischof, der zugleich Heermeister war (712), beiden Zwecken besser entsprach. So melden auch einzelne Nachrichten, daß bald nach der ersten Unterwerfung der Baiern um das Jahr 530 ein Herzog Garibald und ein Herzog Diet oder Theodo, dem jedoch seine Söhne nicht nachfolgten, Christen waren. Hieraus ist zu entnehmen, daß damals schon die Bekehrung der Baiern beabsichtigt war.

Allein die bald eintretende Schwäche des Merowingerreiches rief die Unabhängigkeitsbestrebungen der Stammesherzoge wieder ins Leben und damit wurde wohl die Annahme des Christenthums in Baiern wieder in weitere Ferne gerückt. Der Empfang, den die zu bekehrenden Stämme den Glaubensboten öfter angedeihen ließen, läßt überhaupt vermuthen, daß jene von der Hoheit und Lauterkeit der Sendung keine klare Vorstellung hatten; wie denn auch sicher ist, daß das Bekehrungswerk nicht selten auf große Hindernisse stieß. Darum ist es auch wohl möglich, daß in Baiern nach Garibald und Theodo wieder heidnische Herzoge folgten, deren Namen aber theils unbekannt geblieben sind, theils absichtlich verschwiegen

wurden. *) Da die bairische Herzogswürde nach der Stamm=
verfassung (lex Baiuariorum) nicht nothwendig von Vater
auf Sohn überging, sondern nur überhaupt in der Familie
erblich war, so konnte auch ein Glaubenswechsel leichter statt
finden.

Die Lage der dem Frankenreiche unterworfenen Herzoge
und Stämme nahm aber eine entscheidende Wendung durch
die Erfolge Pippins von Heristall (687—714). Die zahl=
reichen und wuchtigen Schläge (crebris populationibus), die
auf selbe aus seiner Hand niederfielen, die eiserne Kraft,
mit welcher er das Schwert und die Zügel der Regierung
führte, die klugen Pläne (utilissimis consiliis), womit er
seine Gegner überholte und „mit Gottes Hilfe" (deo coope-
rante) den Trotz der Widerstrebenden beugte (compescuit),
konnten wohl auch die zureichende Ursache sein, daß der bai=
rische Herzog sich wieder dem Christenthume näherte und
sammt seinen Edlen geneigten Ohres den Worten des frän=
kischen Apostels lauschte, um den Absichten des gewaltigen
Pippin nicht entgegen zu treten.

In diese Zeit fällt, freilich bestritten, die Wirksamkeit
Ruperts und Corbinians, vielleicht auch, wie Neuere an=
nehmen, Emerams. Die kulturgeschichtliche Bedeutung der
Frage, deren Austragung erprobten Historikern überlassen
werden muß, gestattet hier einige Bemerkungen einzufügen,
die auf den dreihundertjährigen Zankapfel des Zeitalters
St. Ruperts Bezug haben.

Unter den Stämmen im Norden der Donau, aus denen
nach ihrem Uebergange über dieselbe durch Verschmelzung
die Baiern hervorgingen, kennt schon die Lebensbeschreibung
Severins „ketzerische" Rugier. Auch das päbstliche Schreiben
vom Jahre 716 in Betreff der beabsichtigten Ordnung der
neuen Kirche in Baiern, sowie die Lebensbeschreibung des
h. Bonifaz sprechen von Irrlehrern und Ketzern in Baiern.

Daß die noch immer zahlreichen Romanen (VII. 27;
XXIV) am bairischen Gebirge, wohin sich die verheerenden
Wirkungen der Barbareneinfälle nicht erstreckt hatten, seit
dem vierten Jahrhundert Christen waren und blieben, da sie

---

*) Quorum nomina partim ignoramus, partim scita cautela su-
persedemus. Pertz SS. VI. 549.

den besondern Schutz der Frankenkönige genossen, kann für sicher gelten.

Hieraus folgt aber, daß es im Baierlande lange vor und auch zu Ruperts Zeit noch romanische und (wahrscheinlich) arianische Christen gab.

Anderntheils ist unbestreitbar, daß ein großer Theil der Baiern noch dem Heidenglauben anhing, ja daß das Heidenthum gerade um Salzburg so innig mit Gegend und Oertlichkeiten sich verknüpfte, daß die deutsche Göttersage daselbst umständlich haften blieb (XXV).

Wäre aber das Heidenthum durch Rupert, wie Einige meinen, schon bald (um 530—540) nach der deutschen Einwanderung oder selbst erst um die in den Kalendern aufgenommene Jahreszahl 582, vor dem Christenthume gewichen, so hätte eine so kurze heidnische Zwischenzeit wohl nicht genügt, so viele Vorstellungen vom Untersberge im Gemüthe und Glauben des nahe und ferner wohnenden Volkes so feste Wurzeln fassen zu lassen, daß dieselben nach tausend und mehr Jahren noch mit entsprechender Lebendigkeit fortbestehen. *)

Zwischen der Einwanderung heidnischer Baiern unter die Romanen in den „Gau der Juvaver" (um 500) und der Ankunft des h. Rupert daselbst muß daher eine ziemlich lange Zeit verstrichen sein.

Hiemit stimmen auch die Zeugnisse der salzburger Geschichtsquellen überein. Nach denselben muß der h. Rupert unter einem Herzog Theodo nach Baiern gekommen sein, der

---

*) Wie viele Einzelnheiten weiß wohl das Volk, das keine Bücher liest, noch vom Bauernkrieg, oder von der großen Auswanderung vor 140 Jahren? Und doch waren dieß Ereignisse, die einen tiefen und nachhaltigen Eindruck gemacht hatten, auch mit gewissen Oertlichkeiten und Gegenden verknüpft waren. Wer auf dem Lande weiß noch von der Communion unter beiden Gestalten, von den fahrenden Schülern auf den Pfarrhöfen, den Priestereien und so manchen andern mit dem Glauben, den Kirchenregeln oder den Religionsübungen zusammenhängenden Sitten und Gebräuchen? Und doch bestanden dieselben durch Jahrhunderte. Hat nicht der Bauer selbst den Jammer der Franzosenkriege zu Anfang dieses Jahrhunderts, sammt den ungeheuren Geldlasten, die daraus entsprungen, schon so sehr vergessen, daß es gelang, ihn in jüngster Zeit zu Gunsten seiner Erbfeinde und Landverderber zu stimmen! —

regierungsuntüchtig wurde (infirmabatur)*), dessen Söhne (die Vierfürsten) ihm in der Regierung nachfolgten, der selbst Zeitgenosse eines fränkischen Königs Childebert (III.) genannt wird, nach Abtretung seines Herzogamtes noch längere Zeit lebte und dem die in den salzburger Urkunden namhaft gemachten Herzoge nachfolgten.

Der h. Rupert muß ferner zu einer Zeit in Salzburg gelebt haben, daß seines Schülers Chunialb Taufkind (filiolus) Isinhard sowie drei Rupertsschüler: Maternus, Dignolus und Johannes zu Virgils Zeit noch als Zeugen auftreten konnten.

Da das bairische Gesetz vom Jahre 729 eine Bestimmung zum Schutze Gott geweihter Jungfrauen aufnahm, so dürfte wohl die Stiftung des Nonnenklosters auf dem Nonnberge nicht gar lange vor diesem Zeitpunkte erfolgt sein.

Die Entwicklung des fränkischen Lehenwesens in Baiern; der Umstand, daß Rupert Beneficien verleiht, daß bairische Lehenträger schon Lehengüter an die Kirche verschenkten, spricht ebenfalls für eine Zeit, die der ersten Unterwerfung der Baiern durch die Franken (um 530) nicht mehr nahe stehen kann.

Diesen Zeugnissen und Wahrscheinlichkeitsgründen zu Folge ist der h. Rupert im Jahre 696 (dem zweiten Regierungsjahr Königs Childebert III.) nach Baiern gekommen und hat sonach um das Jahr 700 Salzburg gegründet.

Hiebei bleibt es immerhin noch auffallend, daß Rupert vorzugsweise der Apostel der Baiern genannt wird, den Herzog taufte und doch nicht in der Hauptstadt Regensburg seinen Sitz nahm, sondern unter den Romanen und Baiern des Juvavergaues, somit in einer entlegenen Gegend seinen Sitz aufschlug und eine Abtei gründete.

Nach des alten Pippin Tode (714) änderte sich die Lage abermals. Es blieb fast drei Jahre ungewiß, ob je wieder ein kräftiger Regent das Staatsruder ergreifen werde, die Wahrscheinlichkeit einer neuen Schwächeperiode des Frankenreiches bestand, da die Bestrebungen der Herzoge wieder an Stärke gewannen.

Unschwer konnte der Franke Rupert voraussehen, daß nun die Zeit seiner Berufung um sei (longe ante praesciens

---

**) Das bairische Gesetz bestimmt genau die Pflichten, die der Herzog als oberster Beamter zu erfüllen hat, so lange er regierungstüchtig ist.

diem vocationis suae), Corbinian flüchtete nach dem Süden
(Tirol), Emeram, der unklug aufgetreten war, wurde von
einem Sohne des Herzogs ermordet (Gfrörer). Der alte
Herzog Theodo ging nach Rom, um die Verfassung der bairischen Kirche unmittelbar mit dem Pabste zu vereinbaren
(716), vielleicht in der Hoffnung, daß das Land unter des
Pabstes Schutz der fränkischen Königsgewalt sich leichter
werde entziehen können.

Allein der Plan mißlang. Corbinian, von der Familie
Pippins gesendet, weilte in Rom; mittlerweile wurde Karl
der Hammer Hausmaier und durch die Schlacht bei Vincy
(717) mächtiger als seine Vorgänger. Die Ordnung der
bairischen Kirche unterblieb. Wenige Jahre später brach das
fränkische Ungewitter über Baiern los; die Kriege der
Jahre 722, 724, 728 vollendeten die Unterwerfung, die
durch die Bekehrung vorbereitet worden war.

Nach diesen Kriegen erschien im Jahre 729 das von
den Franken erneuerte bairische Landesgesetz. Bald darauf
bereiste Bonifaz Baiern und brachte in Verbindung mit
Rom die bairische Kirchenverfassung zu Stande (739).

Die Annahme des Christenthums war ein in mehreren Beziehungen wichtiges Ereigniß. Umänderungen der
Rechtsgebräuche, z. B. beim Eid, beim Ding; in den Sitten,
z. B. bei Ehen, in den Familienverhältnissen, bei der Skla-
venarbeit, knüpften sich daran, weshalb auch, wie bemerkt
wird, das bairische Gesetz im christlichen Sinne abgeändert
wurde.

Die älteste Lebensbeschreibung Ruperts, die in einigen
Ausdrücken an die Chronik Regino's erinnert, schweigt von
der Errichtung eines Bischofssitzes. Wenn sich Rupert selbst
einen Nachfolger setzt, so kann dieß kein Diöcesanbischof sein,
denn eine solche Ernennung wäre sowohl im Hinblick auf
das Edikt Chlotars II. vom Jahre 615, als auf die damals
noch nicht erfolgte hierarchische Ordnung der bairischen Kirche
hinfällig gewesen.

Nach Ruperts Abgang treten die (Chor- oder Regionar?)
Bischöfe Vitalis und Flobargisus (—739) und die Aebte
Anzogolus, Savolus und Aetius (Ezzius), sämmtlich Roma-
nen und diese die Zeitgenossen jener, als Nachfolger ein. Mit
Zustimmung Odilo's weihte Bonifaz kraft der neu einge-

führten Ordnung für Baiern drei neue Biſchöfe, unter dieſen
Johannes aus Fulda für Salzburg; der vierte, Bivilo zu
Paſſau, war ſchon kanoniſch beſtättigt. Die Amtsbezirke
der bairiſchen Vierfürſten, Theodos Söhne, vom Jahre
716 ſcheinen zur Grundlage der neuen Sprengel gedient zu
haben. Auf Johannes († 765) folgte im Jahre 767 Abt
Virgil als Biſchof, dieſem Arn, der mit einer großen Ge-
ſandtſchaft 799 nach Rom ging und dort, nach Karls des
Großen Willen, das Pallium erhielt (800), wodurch Salzburg ein Erzbisthum wurde.

Schon unter Virgil ſchickte Salzburg (desgleichen Paſſau)
Sendboten nach den öſtlichen Gegenden, donauabwärts
nach Pannonien, über die Berge nach Karantanien, wie dieß
früher von Metz und den fränkiſchen Bisthümern *) auch der
Fall war. Die Kämpfe gegen die Avaren zu Ende des 8.
Jahrhunderts ſicherten die Ausbreitung des Karolingerreiches
bis in jene Gegenden. An der Mur, Drau, Leita, Raab,
an der pannoniſchen Saale, im Donauuferlande, an der Glan
und Görtſchiz in Kärnten wirkten ſalzburgiſche Seelſorger,
trugen mit der Religion deutſche Kultur und Sitten
dahin, und ſo vollzog ſich die nächſte Aufgabe des Erzſtiftes,
die öſtlichen Alpenſlaven mit dem Frankenreiche in feſter
Verbindung zu erhalten und die weltliche Macht durch die
kirchliche Würde zu ſichern.

Der Schiedſpruch zwiſchen Salzburg und Aglei (810),
die Stiftung des großmähriſchen Reiches (um 890), welches,
nicht ohne Zuthun von Konſtantinopel aus, unter dem Vorgange der bekannten griechiſchen Slavenapoſtel Cyrillus und
Methubius die Errichtung eines eigenen Erzbisthums er-
ſtrebte, und der große Ungarneinfall (907) ſteckten der deutſchen Kultur, ſoweit ſie durch Salzburg, Paſſau und das
Karolingerreich vermittelt wurde, im Norden, Oſten und
Süden ihre Gränzen. Dieſe weit über die Marken des
eigentlichen Mutterlandes hinausreichende Kulturwirkung,
ſelbſt nachdem ſie in ſolcher Weiſe beſchränkt ward, kann
wohl als eine Eigenthümlichkeit ſämmtlicher geiſtlicher Hoch-
ſtifter an den Gränzen des deutſchen Reiches gegen Norden
und Oſten gelten.

Nach Beſeitigung der Ungarneinfälle finden wir noch
immer einen Theil Niederöſterreichs ſüdlich der Donau,
Steiermark, Kärnten im Bereiche des Erzbisthums Salzburg.

---

*) „Quia Galliarum archiepiscopi vicini sunt.“

15

Ein Blick auf die Sprache und Völkerkarte des österreichischen Kaiserthums überzeugt, daß die Gränzen zwischen Deutschen und Südslaven, stellenweise sogar ziemlich genau, mit denen des alten großen Salzburgersprengels zusammenfallen. Jene weit vorgeschobenen einst salzburgischen Burgen, Marktflecken und Städte Pettau, Friedau, Polsterau, Rain, Reichenburg, Reichenstein u. s. w. gewähren uns einen Ausblick auf deutsche Pfarreien und Kirchengemeinden, deutsche Bürgerschaften und Lehenverhältnisse, für deren Bedeutsamkeit vielleicht die Gegenwart einen richtigeren Wertmesser besitzt, als der ganze lange Zeitraum des 15—18. Jahrhunderts. Während des Zusammenhanges mit dem deutschen Muttersitze können wohl im wahren Wortsinne so manche Orte zwischen der Mur und Drau, an der Unbrima, Kurciza und Labanta, an der Rab, Lafniz und Safuiz, sowie in der „untern Mark" Kolonien der deutschen Landeskirche Salzburg genannt werden.

In Folge der Gründung des Erzbisthums wurden eine Menge Güter der todten Hand, d. i. der Verehrung dieses oder jenes Heiligen gewidmete Schenkungen unter die Verwaltung des Erzbischofes gestellt und dadurch ein großer Gesammtbesitzkörper geschaffen, der, in Verbindung mit den an die Erzbischöfe selbst erfolgten Schankungen, eigentlich die territoriale Hausmacht des kirchlichen Sitzes vorstellte. Es traten nämlich viele der schon vorhandenen Abteien und Zellen zu demselben in das Verhältniß der Einverleibung. Ihre alten Ankunftstitel standen zwar noch in den Urkundenauszügen, die Güter aber wurden Eigenthum der erzbischöflichen Kirche und als solche dem Vorsteher derselben auch von den Kaisern bestättigt. Die Erzbischöfe kamen in dieser Weise an die Spitze eines mächtigen Fronhofes und handelten als Senioren, Obereigenthümer, Muntherren ihrer Klöster, Kirchen und Stifter, denen sie nicht einmal stets den nöthigen Unterhalt gewährten. Selbst aus den sparsamen Nachrichten über die Wiederbestiftung des Klosters St. Peter im Jahre 988 tönt ein schwacher Wiederhall jenes Klageliedes in leoninischen Versen über die Güterzertrümmerung des Stiftes Mondsee durch die Bischöfe von Regensburg (Urkundenbuch von Oberösterreich).

Durch zahllose Schankungen im Großen und Kleinen vermehrte sich der Besitz des Erzstiftes, durch Kauf und Tausch rundeten sich die Gebietstheile ab und so wurde mit emsiger Hand im 9., 10. und 11. Jahrhundert

ein Besitzstand erzielt, der einen sehr großen Theil des Salz=
burg= und einen Theil des Chiemgaues umfaßte, der Alt=
pongau gänzlich, Radstadt und die Frtz, dann Lungau unge=
fähr zur Hälfte und einen ansehnlichen Theil Pinzgaus in
sich begriff.

Mit Rücksicht auf die mancherlei Beziehungen der Kirche
zur Kultur lassen sich fünf Zeiträume unterscheiden, in
welchen Stellung, Aufgabe und Einfluß der salzburger
Landeskirche nicht unbedeutende Veränderungen erfuhren.
Diese sind:

1. Die Gründungszeit des Bisthums und Erzbisthums,

2. die Zeit des Kampfes zwischen Kaiser und Pabst,

3. die Zeit der Gründung und Erstarkung weltlicher
Staatenbildungen,

4. die Zeit der Glaubensreformen,

5. die Zeit der staatlichen Reformen.

1. Die agilolfingische Zeit (bis 788) ist leicht erkennbar
durch die Gründung der ältesten Klöster und Bischofs=
sitze. In der nachmaligen bairischen Kirchenprovinz mit
der Hauptstadt Salzburg wurden in diesem Zeitraume fol=
gende Klöster gestiftet:

St. Peter,	Marzelle (Pongau),
Nonnberg,	Stefanszelle (bei Waging),
Mansee,	Hippolytszelle (Pinzgau),
Mattsee,	Zelle Au,
Chiemsee,	Zelle Gars,
kleinere Zellen am Abersee und bei Kufstein.	
Kremsmünster,	Tegernsee,
Ober „ ,	Schlehdorf,
Nieder „ ,	Benedictbeuern,
Pfaffen „ ,	Sandau,
Ilm „ ,	Wessobrunn,
Metten,	Osterhofen,
Ober Altaich ,	Weltenburg,
Nieder „ ,	Scheftlarn,
(?) Niebernburg.	

Die ältesten bairischen Bischofssitze sind Passau, Regens=
burg, Freising, Salzburg und Brixsen.

15*

Die Zeit Karls, des großen Frankenkaisers und seiner Nachfolger, begünstigte die Erstarkung des Erzbisthums, selbst auf Kosten der Klöster. Welche wichtige Rolle den Erzbisthümern zufiel, ergibt sich daraus, daß man lange Zeit das deutsche Reich nach ihren Kirchenprovinzen eintheilte.

Die Schwäche der Karolinger, die Ungarneinfälle, die veränderten Regierungsgrundsätze der fränkischen und sächsischen Kaiser minderten anfangs, steigerten aber vom 10. Jahrhunderte an wieder die Zahl der Klöster. Nach Befestigung der Stellung und des Besitzes der Bisthümer, wodurch die Eifersucht des Adels wach gerufen wurde, bewirkte die mächtig angeregte kirchliche Gesinnung eine Wiederbestiftung mancher eingegangener und die neue Gründung zahlreicher Klöster. Seit den Kreuzzügen und während des großen Kirchenstreites stärkte die große Zahl der Klosterstiftungen die Stellung der Kirche in hohem Grade. Gleich den ältesten Klöstern wirkten auch diese jüngeren als Kulturpunkte in kleineren und größeren Kreisen durch Förderung der Landwirthschaft, Erleichterung des Loses der Hörigen und Eigenleute und Anbahnung ihrer allmäligen Befreiung, durch Pflege der Gewerbe, Bewahrung der Urkundenschätze, Vermehrung der literarischen Hilfsmittel, die Pflege des Gesanges u. s. w. Der Vergleich dieser geistlichen Fronhöfe mit den gleichzeitigen weltlichen der Grafen fällt, mit wenigen Ausnahmen, in den genannten Rücksichten zu Gunsten der erstern aus. Folgende, wenn gleich unvollständige, Uebersicht gewährt eine Vorstellung von der Zahl der Klosterbestiftungen im Bereiche des Erzstiftes in diesem Zeitraum und mag auch als eine statistische Tafel des Wachstums der kirchlichen Macht gelten, wie solche aus dem ganz Deutschland und Italien erschütternden Kampfe hervorging. Einige Angaben aus benachbarten Bisthumssprengeln helfen die Zeittafel vervollständigen.

um   900, Nonnenkloster Chiemsee,
  „   978, Michaelbeuern,
  „   988, Wiederbestiftung von St. Peter,
      994, Seon,
  „ 1000, Wiedererrichtung von Nonnberg,
  „ 1006, St. Georgen am Längsee (Kärnten),
  „ 1020, Göß (Kärnten),
     1023, Baumburg,

1044, Gurk, 1056, Lambach,
1071, Rott, 1065, St. Pölten,
1073, St. Lamprecht, 1079, Scheyern,
1074, Admont,
(?) 1080, Millstatt, 1082, Garsten,
? Wört, 1084, Reichersberg,
? Maria Sal 1089, Melk,
1087, Attl, um 1094, Formbach,
1090, St. Paul, „ 1109, Prüfening,
? 1100, Ossiach, „ 1112, Herzogenburg,
um 1113, Petersnonnen
in Salzburg,
„ 1115, Berchtesgaden,
„ 1120, Baumburg aber- um 1120, Weier,
mals, „ „ , Ranshofen,
1122, salzburger Dom- „ „ , Albersbach,
kloster, ? Suben,
? salzburger Dom- 1121, Elsenbach,
frauen, 1125, Gleinck,
? 1124, Högelwerd, 1127, Aspach,
um 1125, Gars abermals,
1129, Rain,
„ Herrenchiemsee, 1130, Beiharting,
1136, St. Zeno, 1134, Satelpach (H.Kreuz),
1140, Probstei Seckau, 1136, Kloster Neuburg,
1142, Victring, vor 1140, Biburg,
1143, Raitenhaslach,
1163, Vorau,
1195, Bartholomäusprobstei Friesach,
1212, St. Andrä zu Lavant,
1217, Dominikaner zu Friesach,
1231, Probstei Völker- 1230, Lilienfeld,
markt,
1236, Griffen (Kärnten),
1240, Virgilienberg (Friesach),
1243, Stainz, 1269, Engelhartszell.

Hiezu kommen noch die vier von den salzburger Erzbischöfen errichteten Bisthümer Gurk, Chiemsee, Seckau und Lavant.

3. Statt der sinkenden Kaisermacht erhoben sich die Landesherzoge, die eifersüchtig auf ihre Gerechtsame und ihren Machtzuwachs bedacht, gefährlichere Nachbarn des Erzstiftes wurden, als es die Grafen je gewesen. Zwischen die rasch

aufstrebenden Machtkörper des wittelsbachischen und habsburgischen Hauses eingeklemmt, die mit den Mitteln weit größeren Landbesitzes auch allmälig die Kulturkräfte in ihre Gewalt bekamen und zum Theile im weltlichen, d. i. staatlichen Sinne zu beherrschen anfingen, mußte die Kulturmacht und Aufgabe des geistlichen Hochsitzes allmälig und stetig ins Sinken gerathen. Zwar versuchte der Ortenburger Philipp, Herzog von Kärnten und Erwählter von Salzburg eine größere Landmacht in den Alpen zu begründen, allein der Anlauf hiezu mißlang. Hiemit wurde der Wendepunkt in den Territorialzuständen Salzburgs herbeigeführt, es gingen die auswärtigen Grafschaften für die Dauer verloren, es lockerte sich der Verband mit den Bisthümern; in den Landschaften der Herzogthümer entstanden neue Kulturmittelpunkte. Für den auswärtigen Besitzstand ward insbesondere die Zeit Erzbischofs Bernhard (1466—82) und Matthäus verhängnißvoll; von da an ordnet sich derselbe der Landeshoheit Baierns und Oesterreichs unter. Das Erzstift war genöthigt eine Vertheidigungsstellung anzunehmen und suchte sie durch Vereinigung aller kirchlichen und staatlichen Mittel zu behaupten, es wurde den Neuerungen abhold und verfiel der unfruchtbaren Verneinung. Damit trat der geistig finsterste Zeitraum ein, die Führerschaft in den Kulturfragen war verloren. In jener Zeit kamen auch schon die grausamen Verfolgungen Andersgläubiger als bezeichnendes Merkmal des herrschenden Geistes in Uebung. *)

Im Jahre 1267 wurde in einer salzburgischen Landeskirchenversammlung den Juden verboten, christliche Leibeigene

---

*) Schon Kaiser Friedrich II. erließ „an dem Tage, da er aus der Hand des Pabstes die Kaiserkrone empfing", mehrere Bestimmungen, zu Folge welcher alle Ketzer und Juden für ewig ehrlos erklärt, ihre Güter eingezogen und ihre Nachkommen enterbt werden sollten. Selbst die blos Verdächtigen, wenn sie sich nicht binnen Jahr und Tag auf Befehl der Kirche reinigten, verfielen dem Banne und wurden als Ketzer verdammt. Jeder weltliche Herr, der es unterließ, sein Land binnen Jahresfrist vom ketzerischen Unkraut (pravitate heretica) zu reinigen, verwirkte seinen Besitz; wenn ein Katholischer käme und die Ketzer austriebe, sollte dieser ohne Widerspruch im Besitze des Landes bleiben. Wer Ketzer und Juden in Schutz nahm oder vertheidigte, oder zu deren Gunsten Verfügungen traf, oder gar deren Herrschaft über Nichtketzer anerkannte, verfiel in den Bann, ward ehrlos, verlor die Landsmannschaft, das Recht zu taidigen, Zeugenschaft abzulegen, letztwillige Anordnungen zu treffen und irgend ein Amt zu übernehmen. (Pertz legg. II. u. a.)

bei sich im Hause zu halten und christliche Bäder und Wirths-
häuser zu betreten.

Erzbischof Ortolf war gegen die Juden milde und nahm
sogar 1346 zwei jüdische Familien um eine Leibsteuer von
40 Mark in seinen besondern Schutz (Hofjuden). Aber bald
darauf brach die Wuth der Bevölkerung, die vor Kometen
und Nordlichtern zitterte und ganze Schaaren von Teufeln
in den Menschen witterte, gegen die Juden los. Im Jahre
1348 beschuldigte man aus Anlaß des „schwarzen Todes",
einer verheerenden Volksseuche (wie noch 1830 bei der Cho-
lera in einzelnen Orten Ungarns und noch später in Neapel)
die Juden die Brunnen vergiftet zu haben und wurden in
Baiern und Salzburg 12.000 Juden verbrannt, zersägt und
auf jede denkbare martervolle Art getödtet (Chronicon salisburgense).

Ein Priester Rudolf, der behauptete, daß Juden und
Heiden auch die ewige Seligkeit erlangen und dereinst die
Teufel wieder zu ihrer alten Macht gelangen könnten (!),
auch Handlungen beging, die auf einen irren Geist schließen
lassen, wurde verbrannt (1340).

Im Jahre 1404 unter Erzbischof Eberhard III. wiederholte sich in Salzburg aus gleichem Anlasse, wie 1337 zu
Deggendorf in Niederbaiern, dieselbe Gräuelscene. Die Juden
sollten von einem Christenknaben aus der Frauenkirche zu
Mühlen eine geweihte Hostie erhalten, dieselbe mit Nadeln
zerstochen und sonst verunehrt haben. Darum wurden alle
Juden aus Hallein und Salzburg „gegen benannter Kirchen
über jenseits der Salzache in dem Stadtfelde (auf der Sattel-
peut) verbrannt".

1418 wurde den Juden geboten einen gehörnten Hut,
den Jüdinnen, eine klingende Schelle an den Kleidern zu tragen.

Unter obgenanntem Erzbischofe gab es Anhänger von
Wiklef und Hus im Lande, gegen welche mit Strenge vor-
gegangen wurde.

In den Jahren 1413 und 1420 wurden andersgläubige
Kaufleute verbannt.

Im Jahre 1498 vertrieb Erzbischof Leonhard die Juden
aus dem ganzen Lande. Zu ihrem Andenken wurde am
Rathhause eine aus Stein gemeißelte Sau, an deren Zitzen

Judenkinder säugten, angebracht, die erst 1787 entfernt wurde.

Bekannt ist, daß, in Verkennung der wahren Natur des Kapitals, bis in das 16. Jahrhundert das Zinsennehmen von der Kirche als Wucher gebrandmarkt wurde. Dieß ergibt sich auch aus den Beschlüssen der salzburger Landeskirchenversammlungen von 1267, 1386, 1420, in welchem Jahre den Wucherern noch die österliche Communion und das kirchliche Begräbniß versagt wurde, 1490 und später. Nach dem Uebergange von der Natural- zur Geldwirthschaft in allen Staaten und vor allen im römischen Kirchenstaate konnten solche Verbote nicht mehr aufrecht erhalten werden. Jetzt weiß man, daß das Kapital als eine aufgesparte Frucht der Arbeit angesehen werden muß, daß sich die Zinsen nach Anbot und Bedarf auf dem Geldmarkte richten und daß es auch billig und recht ist, wenn der Nutzen dem jeweiligen Eigenthümer des Kapitals zukommt.

In einem gewissen Zusammenhange mit diesem Mißverständnisse der Natur des Kapitals und der Arbeit steht die Klage über die große Zahl der Feiertage und die geringere Betriebsamkeit der Einwohner in manchen katholischen Ländern.

Ohne in eine Berechnung der Zahl der Feiertage einzugehen, die nach den vorhandenen Quellen nicht genau herzustellen ist, ergibt sich doch so viel, daß dieselbe mit Zunahme des kirchlichen Uebergewichtes beständig stieg. Ursprünglich war der Festkalender der fränkischen Kirche nach Salzburg übertragen worden, wovon noch in späterer Zeit die Feier des Martins- und Michaeltages und der vier Frauenfeste Zeugniß gibt. Man feierte zu Ostern, Pfingsten und Weihnachten je fünf Tage, mehrere Festtage des Herrn, Festtage aller zwölf Apostel, Festtage anderer Heiligen, z. B. Otto, Koloman, Rupert 2, Virgil 2, Magdalena, Lorenz, Nikolaus, Katharina, Jakob, Vincenz, Veit; später kamen zwei Marienfeste hinzu. Mit den Kirchweihtagen, Faschingstagen, Bitttagen, Bittgängen, Wallfahrten und den letzten Tagen in der Charwoche stieg die Zahl der fast oder ganz arbeitslosen Tage wohl auf 120 im Jahre hinan. Dieß mochte in der Zeit, da Leibeigene die arbeitende Klasse waren und der selbstständige Erwerb sich in engen Kreisen bewegte, kaum Widerspruch finden. Erst vom 15. Jahrhunderte an (1456, 1524, 1620 und später), als die wachsenden Abgaben eine größere

Emsigkeit hervorriefen, wurde die Zahl der gebotenen Feier=
tage allmälig vermindert und die Verbreitung national=
ökonomischer Ideen wird wohl auch eine Verminderung der
freiwilligen Feiertage herbeiführen.

4. Inzwischen waren von den neu gegründeten Uni=
versitäten Unterricht und der Geist der freien Forschung aus=
gegangen und hatten die wissenschaftliche Wiedergeburt und
die reformatorischen Ideen auf allen Gebieten, ins=
besondere auch auf dem des Glaubens ins Leben gerufen.
Dadurch gerieth die Kirche mit dem Geiste der neueren Zeit
in Widerspruch.

In den Jahren 1520—24 predigten Stefan Agricola
und nach ihm Paul von Spretten (Paulus Speratus) auf
der Domkanzel lutherische Grundsätze. Matthäus Lang ließ
ersteren nach Mühldorf bringen und in einen Thurm werfen,
aus welchem er nach mehreren Jahren entkam, letzterer floh
nach Norddeutschland.

In den Jahren 1522—24 gibt es schon Lutheraner im
Lande, in letzterem Jahre erließ die Landeskirchenversamm=
lung das erste Mandat gegen die neue Religion.

Auch Wiedertäufer fanden sich nicht wenige. Ein Pfar=
rer und Landrichter, die mit Jubel und Gesang zum Richt=
platz gingen, wurden verbrannt, andere zu Golling ersäuft,
die übrigen mit Enthauptung oder Landesverweisung be=
straft. Im Jahre 1528 wurde der Mönch Georg Scherer
zu Radstadt als Ketzer zum Feuertode verurtheilt, jedoch
enthauptet und seine Leiche beerdigt.

Im Jahre 1532 wanderte Martin Lodinger der Reli=
gion wegen aus Gastein aus.

Im Jahre 1556 wurden zahlreiche Lutheraner aus dem
Lande geschafft.

Gegen Ende des 16. Jahrhunderts fand das Lutherthum
in Oesterreich und Salzburg solche Verbreitung, daß es eine
Menge Pastoren gab und die Aebte von Admont, Garsten,
Gleink, Schlegel, Bulgarn, Kremsmünster, Michaelbeuern
und St. Peter sich zu lutherischen Grundsätzen bekannten
und Frauen nahmen.

Im Jahre 1612—13 besuchte zu Radstadt mit Aus=

nahme der Beamten Niemand mehr den katholischen Gottesdienst und man verlangte, daß die erzbischöfliche Regierung
daselbst einen lutherischen Prediger anstelle! —

Im Jahre 1613 wanderten aus Gastein 40 Familien,
bei 293 Personen, des Glaubens wegen aus.

Die Jahre 1668 und 87 sahen abermals eine Menge
Salzburger aus gleicher Ursache die Heimat verlassen, 1685
die Tefferecker mit Josef Schaidberger, 1686 die Bergknap-
pen von Dürnberg, Bürger von Salzburg und Mühldorf.

Max Gandolf ließ 1676 „eine große Menge" und 1678
abermals 97 Personen beiderlei Geschlechtes (auch Kinder
von 10—14 Jahren) der „erschrecklichsten Zauberer und
Hexen" mit Feuer und Schwert hinrichten.

In den Jahren 1731—32 erfolgte endlich die große
Auswanderung von etwa 30—32,000 dem Lutherthum sich
zuneigenden oder es bekennenden Salzburgern, hauptsächlich
aus dem Gebirgslande.

Die Manharter im ehemals salzburgischen Brichsenthale
und die Auswanderung der Zillerthaler im laufenden Jahrhundert bilden das späte Nachspiel zu jenen Glaubensbewe-
gungen.

Wie man sieht, ist das Auftreten fremder religiöser
Lehrmeinungen in Salzburg eine ziemlich häufige Erscheinung. Der vormundschaftliche Geist der damaligen Zeiten
erblickte in denselben Verbrechen, die nicht strenge genug bestraft werden konnten. Das Verbrennen von Ketzern und
Juden, die religiöse Verfolgung überhaupt wurde daher vom
Erzstift besonders unter einigen Fürsten mit Eifer betrieben.
Andere dagegen waren der Meinung, man müsse gegen Andersgläubige Belehrung und Milde vorkehren und Erzbischof
Johann Jakob sprach es aus, daß man sie durch „gelinde,
väterliche und treue Wege" in den Schoß der Kirche zurückzuführen suchen müsse.

Das Verfahren gegen die Hexen insbesondere wurde,
seitdem der „Hexenhammer", ein von dem gräulichsten
Aberglauben strotzendes Buch, welches jede unpartheiische
Untersuchung ausschloß, zur Richtschnur genommen wurde,
ein äußerst grausames. Im 18. Jahrhunderte, als durch
die Verbreitung von Aufklärung langsam der Hexenglaube

erlosch, wurden noch einzelne Unglückliche mit dem Schwerte hingerichtet, bis endlich diese traurige Verirrung vor dem Lichte der Kultur verschwand.

Um dem Unterrichte, der sich überall hin verbreitete, eine Richtung zu geben, der den Zwecken der römischen Kirche entsprach, war auch das Erzstift genöthigt, demselben seine Aufmerksamkeit zuzuwenden und Schulen zu gründen (XXVI, 174). Wegen der Vorwürfe, die man in der Reformationszeit gegen die Domstifter und reichen Klöster richtete, wurden in Salzburg die Bettelorden berufen als Streiter für die Kirche aufzutreten. Es entstanden

1583 das Franziskanerkloster zu Salzburg,
1596 „   Kapuzinerkloster   „   „
1634 „   „   „   Radstadt,
1651 „   „   „   Tamsweg,
1656 „   „   „   Laufen,
1636 die Kapuzinernonnen (Clarissinnen) zu M. Loretto
      in Salzburg.

Wurde bei Gründung derselben hauptsächlich das religiöse Bedürfniß des Mittelstandes und der arbeitenden Klassen ins Auge gefaßt, so verfolgten andere Stiftungen dagegen wieder Zwecke, die bei der Vermehrung der Klöster überhaupt Maß gaben, oder das Loos und die Ausbildung der Geistlichkeit, Jugendunterricht u. dgl. betrafen. Hieher sind zu zählen:

1605 die Augustiner zu Salzburg,
1682 „   „   „   Hallein und Titmaning,
1686 das Haus der Theatiner zu Salzburg,
1695 die Ursulinen zu Salzburg,
um 1621 die Collegiatstifte Laufen und Mühldorf,
1633 das Collegiatstift Titmaning,
1679   „   „   Seekirchen,

Diesen mag noch der Gleichzeitigkeit wegen angereiht werden

1637 das Schneeherrnstift an der salzburger Domkirche.

Eine Anzahl von Vereinen zu gewissen Andachtsübungen, Bruderschaften, nicht selten bei öffentlichen Umzügen in eigenthümlichen Trachten erscheinend, in denen sich die Mitglieder auch beerdigen ließen, deutete die fortschreitende kirchliche Organisation der Gläubigen an.

Seit der Kirchenversammlung zu Trient wurde der
italienische Einfluß auch durch die Anwesenheit von „Hof=
theologen", z. B. Felician Ninguarba unter Erzbischof
Johann Jakob, Sebastian Cattaneo 1583—1589 bemerk=
licher. Auch Landpfarren, z. B. Werfen, St. Veit, wurden
manchmal an Italiener verliehen (!), die sich Stellvertreter
halten mußten.

Da die Gestaltung der religiösen Angelegenheiten in
Niederösterreich, Steiermark, Kärnten, Baiern, sich allmälig
der unmittelbaren Einwirkung des Erzstiftes entzog, so muß
auch von Erwähnung der daselbst vollzogenen Klosterstif=
tungen und sonstigen Veränderungen Umgang genommen
werden. In den österreichischen Ländern erfolgte die Gegen=
reformation durch die Regenten in der ersten Hälfte des 17.
Jahrhunderts.

5. Die Veränderungen in den staatlichen Verhältnissen
durch den dreißigjährigen Krieg, die großen Gegensätze, die
der Absolutismus seitdem insbesondere auf staatswirthschaft=
lichem und geistigem Gebiete hervorrief und die durch das
Zeitalter Ludwigs XIV. von Frankreich zur anschaulichen
Darstellung kamen, verbunden mit den dadurch angeregten For=
schungen über die Ursachen des Rückschrittes, riefen die r e f o r=
m a t o r i s c h e n I d e e n auch auf dem G e b i e t e d e s S t a a t s=
l e b e n s mit verstärkter Kraft hervor. Hiedurch trat in Mittel=
europa jene allgemeine Theilnahme für staatliche Dinge ein, die
durch die französische Revolution und die in ihrem Gefolge
auftretenden Staatsveränderungen ungemein erhöht wurde,
die große Verbreitung politischer Zeitschriften bewirkte und
die Gegenwart kennzeichnet.

Hatte schon der westfälische Frieden die Verweltlichung
einer Anzahl geistlicher Fürstenthümer u. s. w. bestättigt, so
war das Loos der übrigen vorauszusehen. Für Salzburg
mehrten sich die Anzeichen des Unterganges.

Im Jahre 1782 trat Hieronymus, dem Drange der
Dinge folgend, den kirchlichen neustädter Bezirk an das Bis=
thum Neustadt (nun St. Pölten) in Niederösterreich und
1786 die ganze große Diöcese in Steiermark und Kärnten
an die Landesbisthümer Gurk, Seckau und Lavant ab.

Im Jahre 1803 wurde das geistliche Fürstenthum
Salzburg selbst, gleich den übrigen in Deutschland noch be=
stehenden, in ein weltliches verwandelt.

Bald darauf wurde auch der in Baiern gelegene Antheil der salzburger Diöcese abgetrennt, da die Staats-
gränzen auch die Diöcesangränzen sein sollten.

Im dritten Jahrzehnt des laufenden Jahrhunderts beginnt neuerdings eine sich allmälig verstärkende kirchliche
Bewegung gegen die reformatorischen Ideen auf
dem staatlichen Gebiete, sowie gegen die Befreiung
der Kultur und Wissenschaft von den Banden
der Kirche. Das Concordat von 1855 sanctionirte diese
Richtung, wurde jedoch seither wieder gelockert.

In Salzburg führte dieselbe zur Gründung neuer
Bruderschaften und kirchlicher Vereine, zu Jesuitenmissionen,
zur Herausgabe eigener Zeitschriften, zur Gründung von
Spitälern und Schulen, an denen barmherzige Schwestern
thätig sind und zur Einführung derselben an bereits bestehenden Kranken-, Versorgungs- und Erziehungsanstalten.

Wenn jedoch der heutige sittliche Zustand von Geistlichen
und Laien sich vortheilhaft von dem im früheren, insbesondere
auch in den s. g. glaubensstarken Jahrhunderten unterscheidet, was wohl jeder unbefangene Geschichtskundige ohne
Ausnahme bestättigen wird, so dürfte wohl ungeachtet der
Klagen über die „schrecklichen Folgen des zunehmenden
Unglaubens" der allgemeine Kulturfortschritt der
Völker doch hauptsächlich von der Gediegenheit ihrer
geistigen Entwicklung bedingt sein.

Im zwölften und dreizehnten Jahrhundert hatte das
geistliche Fürstenthum gleich den weltlichen, den Besitz
fast aller Vorrechte der Landeshoheit erreicht. Es benützte dieselben um im Lande zu einer fast unbeschränkten
Macht zu gelangen. Dieß wird hauptsächlich aus dem Verhältnisse klar, in welches der landsässige Adel nach und
nach dem Landesfürsten und der Geistlichkeit gegenüber versetzt wurde.

Durch seinen Zusammenhang mit dem Reiche, von
welchem der Lehenbesitz und die öffentliche Gewalt (Grafschaften) stammte, durch den Gegensatz des Familienlebens
zu dem ehelosen Stande, den die Kirche forderte, der Sipp-

schaftsansprüche zu dem Rechte der todten Hand, die von
keiner Verwandtschaft wußte und daher nichts mehr heraus-
gab, war der Adel, d. i. die Hochfreien und Ritter (abge-
sehen von den wenig zahlreichen und einflußlosen Gemeinfreien) von Natur aus das kulturgeschichtliche, gesellschaftliche und politische Widerspiel der „Pfaffheit". War doch das
Lehenwesen überhaupt der erste Versuch, die Gesellschaft nach
andern als kirchlichen Grundlagen einzurichten und war die
öffentliche Gewalt den Absichten der Kirche zu verschiedenen
Zeiten ein namhaftes Hinderniß. Der Widerspruch dieser
zwei gesellschaftlichen Körper mußte daher, je mehr der eine
an Macht gewann, um so sicherer zum Nachtheile des andern
sich auflösen.

In ältester Zeit nahmen (wie dieß nach Severins Lebensbeschreibung auch bei den spätrömischen Christen der Fall
war) Geistliche und Laien an der Wahl der Bischöfe
Theil. *) Wo das Stift, wie in Salzburg, die landsässige
Form hatte (Hincmar epist. 12. ad Ludovicum), zerfiel die
Bischofwahl in vier Handlungen: 1. die Auswahl oder Bezeichnung der Person (electio et praetaxatio), 2. die Bei-
stimmung des Volkes und Clerus, 3. Placet und Investitur,
4. Salbung und Ordination. Bei den Wahlen der Erzbischöfe Friedrich I., Gebhard, Adalbert III., Eberhard II.,
wird in den Zeitbüchern ausdrücklich die Wahl durch Clerus
und Volk angegeben. Als im Jahre 1177 Pabst Alexander
und Kaiser Friedrich zu Venedig durch die dort anwesenden
wenigen salzburger Abgeordneten einen Erzbischof wählen
ließen, entschuldigten sich noch beide durch eigene Schreiben
an die Landschaft wegen dieses nicht ordnungsmäßigen Vor-
ganges. Allein vom 13. Jahrhundert an kamen mit Aus-
schluß der Edelleute und Bürgerschaft die Domherrn mit dem
Kloster St. Peter nach und nach in den alleinigen Besitz des
Wahlrechtes.

Von Anfange an hatte, wie erwähnt, das salzburger
Erzstift die landsässige Form und es wurden die geistlichen und weltlichen Landsassen, Lehenträger und Dienstleute
(clerus et familia, clerici et laici, clerus et ministeriales,
fideles, familia Sti Ruperti) unter Erzbischof Adalbert (913—

---

*) ... episcopus quem constituit rex vel populus sibi elegit
pontificem. — — Lex Baiuv. — — per consilium sacerdotum et
optimatum ordinavimus per civitates episcopos, sagt Carlmann im
Capitulare von 742.

935), Friedrich I. (958—990), Dietmar II. (1026—41), Balduin (1041—1060), Gebhart (1060—88) u. s. w. zu berathenden und stimmgebenden Versammlungen *) erfordert, deren Einwilligung bei allen Rechtshandlungen über Eigenthum und Güter des Stiftes eingeholt wurde. Noch im Jahre 1231 wurde durch kaiserliches Statut von dem Rechte der Landstände (de iure statuum terrae) ausdrücklich vorgeschrieben, daß die Landesfürsten keine Verfassungsbestimmungen, Verfügungen (constitutiones) treffen oder neue Rechte setzen dürfen ohne vorläufige Einwilligung der bedeutenderen Landsassen (maiores terrae). **)

Kaiser Friedrich I. (1169), Erzbischof Conrad III. (1178), Erzbischof Labislaus (1267), Rudolf (1287), Friedrich (1327) beriefen gleichfalls Landesversammlungen, auf denen die wichtigsten Angelegenheiten dem Rathe und Urtheile der Stände vorgelegt wurden. Im 14. und 15. Jahrhundert ist auch ein ständiger Ausschuß vorhanden, den erst der römisch erzogene Wolf Dietrich sammt dem Landtage, der immer seltener oder gar nicht mehr einberufen wurde, völlig aufhob, weil er sich durch denselben in seiner Machtübung beschränkt fühlte.***)

---

*) Cum consultu fidelium; clericis et laicis collaudantibus; cum consilio tocius cleri, tociusque militiae, familiaeque omnis; una cum canonicorum et ministerialium S. Ruperti consilio et assensu u. dgl. lauten die bezüglichen Beschlußformeln in den Urkunden.

**) Es ist deshalb wohl nicht ganz genau, wenn in einem geschichtlichen Ueberblick der Rechte der Landesvertretung in der salzburger Zeitung in den fünfziger Jahren angedeutet wird, die Bestimmungen der ältesten Landesverfassung seien ganz unsicher gewesen und erst seit der Octroirung der erneuerten durch Paris Lobron beginne eine eigentliche Landesvertretung.

***) Nichts ist bezeichnender, als die Gegenüberstellung dieser Zeit mit der Gegenwart. Während damals Klöster, Adel, Bürger und selbstverständlich die Bauern ohne alle Vertretung blieben, theilen sich heute Bürger- und Bauerschaft fast zur Hälfte in die Landtagssitze. Jene munddtodte Zeit barg die Keime der Zwietracht und der Zersetzung, sie gebar die Adelsbündnisse, die Einungen des Adels und der Städte, die Wahlkapitulationen (XIV, 64) den lateinischen Krieg (XVIII, 102), den Bauernkrieg (1525—26), die Bauernaufstände im Pongau (1570) und Lungau (1578). Die vielfachen gewaltigen und raschen Veränderungen der Gegenwart vollziehen sich dagegen mittels der Volksvertretungen ohne eigentliche Krämpfe und Zuckungen. Während man damals die zur Selbstverwaltung befähigten Stände ausschloß, ist in der Berufung des Bauers zur Theilnahme an den Verwaltungsgeschäften heutigen Tages die Absicht der Schulung desselben zu diesem wichtigen Berufe unverkennbar.

Während der Gefangenschaft Erzbischofs Piligrim II.
(1387) traten noch „Dompropst und Capitel, Ritter und
Chnecht, die Burger, die von der Stadt Salzburg darein
genohmen und gegeben sind", wie sonst allemal bei Erledi-
gung des Fürstenstuhls, zu einem Regentschaftsrathe
zusammen, um das Erforderliche, „zu Frommen und Eren
des Fürsten, seiner Ritter, Chnecht vnd allen des Gotzhaws
Lewten vnd Landen" wahrzunehmen und auszuführen. Später
führte das adelige Domcapitel allein während der Sedis-
vacanz die Regierung.

Schon nach der Schlacht bei Mühldorf (1322) und nach
der Gefangenschaft Piligrims II. wurden mit Rath und Einwilligung einer getreuen Landschaft Steuern ausgeschrieben
und umgelegt. Man unterschied deutlich die Auflage als
Recht, das der Landesherr gemeinsam mit den Ständen zu
üben habe (weil diese sowohl wie jener nur ihre eigenen
Unterthanen besteuern konnten), von der Vertheilung der
Steuern als einer Befugniß der Selbstverwaltung und von
der Einhebung. „Man hat jedoch bei solchen Zusammen-
khunfften nit allein in Landtschaft vnd Stewr, sondern auch
Pollizey- vnd andere Sachen gehanndelt" (Abt Edmund).

Wenige Jahrzehnte nach der Aufhebung der Landschaft
durch Wolf Dietrich veranlaßten die hereinbrechenden Gefahren des dreißigjährigen Krieges und insbesondere die
Beschaffung der außerordentlichen Geldbedürfnisse für Ver-
theidigungsanstalten und Kriegsbeiträge (Römermonate) an
das Reich den Erzbischof Paris zur Wiedererrichtung
der Landschaft, jedoch in abgeschwächter Form. Die Landschaft wurde nun hauptsächlich eine Behörde für Steuern,
Kriegsauslagen und somit bald auch eine Landesschulden-
verwaltung.

Ritter und Knappen, die Landfahne der Gerichtsbezirke
unter Anführung der Pfleger oder eigener Hauptleute, endlich
die geworbenen Soldtruppen für die Reichs- und Türken-
kriege, in letzter Zeit aber eine kleine stehende Truppe als
Reichskriegscontingent stellten die bewaffnete Macht des
Stiftes dar, die zum Angriffe ins Feld rückte oder zur
Abwehr bereit stand. Häufig wurde bei solchen kriegerischen
Unternehmungen mehr gelitten als gestritten, aber die Landschaft mußte in früherer Zeit die Gefangenen auslösen,
verlorene Burgen und Städte einlösen, dann Rüsthäuser,
Pässe, Thürme, Schlösser erhalten, den Sold der geworbenen

Truppen zahlen, Wehr und Waffen beistellen u. s. w. Sie mußte daher auch für die 24 Millionen aufkommen, die die Franzosenkriege dem Lande kosteten.

Im bairischen Erbfolgekriege gestattete die zunehmende Schwäche des Erzstiftes den kriegführenden Mächten, trotz schriftlicher Proteste ihre Truppen in das neutrale Land zur Verproviantirung und Einquartierung zu schicken, was im dreißigjährigen Kriege von Erzbischof Paris noch standhaft abgewehrt worden war. Die gedruckten Rechtsdarstellungen aus den letzten Zeiten des Erzstiftes über die Vorrechte desselben auf kirchlichem und staatlichem Gebiete, über alte Ansprüche und Gebietsverluste sind wohl auch ein Beweis, daß die neuere Zeit sich anschickte, über das alternde Stift zur Tagesordnung überzugehen. Aus allerlei Zeichen ist zu entnehmen, daß die Ahnung eines baldigen Endes dieses Kirchenstaates für dessen Bewohner zur Wahrscheinlichkeit geworden war.

Die letzten geistlichen Fürsten ließen nicht undeutlich die Ansicht, wie der Fortbestand der Landschaft nur von ihrem Gutdünken abhänge und daß, im Widerspruch zur Entscheidung des Reichshofrathes, in Steuersachen der Wille der Fürsten das alleinige Gesetz sei, durchblicken.

Die bairische Regierung hob die Landschaft abermals auf und verkaufte deren Eigenthum.

Die österreichische Regierung berief im Jahre 1861 auf neuen Grundlagen (Interessenvertretung) eine neue Landesvertretung, die aus Wahlen hervorgeht und gab damit dem Lande bis zu einem gewissen Umfange das angestammte Recht der Selbstverwaltung zurück.

16

Ueberblick.

In wie ferne es gelang Vorgängen und Zuständen nahe zu treten und davon Bilder zu entwerfen, sollen die vorstehenden Blätter der eingangs gestellten Aufgabe entsprechen. Vielleicht sind auch in der salzburger Geschichte einige allgemeine, Jahrhunderte in Anspruch nehmende Vorgänge menschlicher und staatlicher Entwicklung zu erkennen, die die Geschichte des europäischen Fortschrittes beherrschen.

Was zuerst die Aufmerksamkeit fesseln dürfte, ist ein Wechsel der Bevölkerung. Neben den wenig zahlreichen Norikern traten Baiern in den Besitz des Landstriches. Neben den Bürgern des untergegangenen römischen Kaiserreiches erschienen die Schaaren germanischer Stammgenossenschaften, herübergekommen aus den Gefilden und Waldesschatten von jenseits der Donau. Eine den Norikern eingeimpfte südliche Kultur weicht, nicht ohne vorherige Einwirkung auf die neuen Ankömmlinge, vor der Ursprünglichkeit der weit zahlreicheren deutschen Ansiedler. Beide umschlingt das Frankenreich mit weit ausgestreckten Armen, Gesetze gebend und seine Herrschaft befestigend.

Wir sind noch im Stande beiläufig den Schritten der Einwanderer zu folgen, wie sie das Land vertheilen und Dörfer gründen, oder sich zerstreut ansiedeln, die Dreifelderwirthschaft einführen, den Wald roden und später in die Seitenthäler eindringen. Während die Romanen als Ackerbauer, Priester und schriftkundige Männer noch wichtige Kulturdienste leisten, gründen jene ihre Hofwirthschaft, die ältesten Herrnsitze (castellum Hegel, castellum Louffi) und den Gauverband. Mit Macht ergreift die deutschen Natursöhne der Zauber der Berge; mit ihnen verknüpfen sie das Walten ihrer Götter (Untersberg).

Unterdessen siedeln Slaven in Lungau, als Eigenleute

auch auf einzelne Güter diesseits der Tauern verpflanzt (z. B. um Salfelden).

Seit der Wiedererstarkung der fränkischen Macht nach längerem Siechthum wird die Einführung des Christenthums in Baiern unter Pippin dem Mittleren (von Heristall) mit durchgreifendem Erfolg betrieben. Zugleich greift das fränkische Lehenwesen um sich. Aus der ältesten Klösterperiode (XXX 227) erheben sich die bairischen Bisthümer, von denen Passau und Salzburg, durch ihre Lage veranlaßt, bald dem Osten erhöhte Aufmerksamkeit zuwenden und so die wichtigsten Pioniere fränkisch-christlicher Kultur in diesen Gegenden werden.

Durch die Vereinigung Baierns mit dem Frankenreiche gewinnen die kirchlichen Einrichtungen an Stärke. Bereits werden zahlreiche Kirchen mit Widemgütern und Zehentsprengeln im Salzburg- und Chiemgau verzeichnet, es folgt die Erhebung Salzburgs zum Erzbisthum mit bedeutsamen Fronhofrechten. In den Gaubezirken entstehen die ältesten Städte.

Aus der gesellschaftlichen Zweitheilung in Freie und Unfreie ragen außer den Grafen sehr bald die bischöflichen Dienstmannen hervor, mit den Städtebürgern und Geistlichen die drei Stände der Landschaft andeutend. Die weltlichen und geistlichen Fronhöfe, noch wenig zahlreich, bestehen friedlich neben einander.

Auf den Verfall des karolingischen Kaiserthums, das die großen politisch bedeutungsvollen Sprengel der Erzbisthümer ins Leben gerufen, folgen die fränkischen und sächsischen Kaiser. Begünstigt durch den Hader der neuen Fürsten und Herzoge mit der Reichsgewalt steigt die kirchliche Macht noch höher empor, zu der selbst Grafen in Lehenverhältnisse treten. Doch mit dem Siege der Kirche über das Kaiserthum ist auch das Los der Grafen entschieden. Zwar brausen verheerend und versehrend die Stürme dieses Kampfes über den Landbesitz des Erzstifts hin, aber im 13. Jahrhunderte vereinigt dasselbe durch Uebernahme der richterlichen oder Grafengewalt eine vollständig geschlossene Landschaft — das salzburger Land — unter dem Krummstab.

Diese Landesherrlichkeit hatte eine Umwälzung der gesellschaftlichen Verhältnisse im Gefolge.

Der Untergang der großen weltlichen Fronhöfe befreite

16*

die geistliche und fürstliche Macht von ihren Gegnern und
Mitbewerbern. An die Stelle der gräflichen, d. i. kaiserlichen Va=
sallen traten bischöfliche oder kirchliche. Schon während
des Kampfes zwischen beiden Gewalten hatten die bischöf=
lichen Städte als feste Orte einige Bedeutung erlangt,
die während der unfreiwilligen Abwesenheit der Erzbischöfe
in Folge wiederholter kaiserlicher Ächterklärungen auch deren
Selbstverwaltung förderte. In der Bürgerschaft der
Städte und Märkte fanden die Bischöfe Anhang gegen
die Grafen und so ist es wohl nicht zufällig, daß die Ent=
stehung vieler Marktrechte auf diese Zeit zurückweist.

Schon vor diesem Umschwunge hatten verschiedene Ur=
sachen eine allmälige Befreiung der Eigenleute
angebahnt. Die Umwandlung der persönlichen Leistungen in
eine jährliche Geldgabe sicherte die Leibzinser vor Be=
drückung und erhob sie über die Knechte. Als es keine
Knechte mehr gab, hörte die Knechtesarbeit auf schimpflich
zu sein, was der Arbeitsamkeit großen Vorschub leistete.
Durch die Uebertragung der Grafengewalt waren eine Menge
Unterthanen, Vogteien u. s. w. an die Landesfürsten über=
gegangen. Wie jüngst die Aufhebung der Patrimonialver=
hältnisse hatte auch jener Vorgang eine Erleichterung
des Abhängigkeitsverhältnisses zur Folge, die dem
Standesvortheil der Entlasteten zu Gute kam. Die staatliche
Bedeutung dieser fortschreitenden gesellschaftlichen Befreiung
gipfelte aber in der größeren Steuerfähigkeit des
besitzenden Bauernstandes, in der selbstständigen Erwerb=
fähigkeit der Leibzinser und sofort auch in der Ein=
beziehung derselben und der Freisassen in die Steuer=
bücher. Dadurch konnte der fürstliche Fronhof nicht blos den
gesteigerten Bedürfnissen, Ansprüchen und Verpflichtungen
nachkommen, er befand sich demzufolge auch in raschem
Uebergange zu einem Staatswesen, im Sinne der
neu angebrochenen Zeit. Nach beiden Richtungen ist es aber
bezeichnend, daß die Zahl der Steuerpflichtigen des 15. Jahr=
hunderts, wenn nicht Alles täuscht, im Großen und Ganzen
sich nicht sehr bedeutend von spätern Verzeichnissen, selbst
des 18. Jahrhunderts entfernt.

Aber der Untergang der weltlichen Fronhöfe und das
Sinken der Bedeutung des großen Lehenbesitzes durch Aus=
sterben der heimischen niederen Adelsgeschlechter im 14. und
15. Jahrhundert räumte vollends die Hindernisse weg, die der

fürstlichen Macht auf ihrem Wege zur Unabhängigkeit
oder Unbeschränktheit im eigenen Lande entgegen standen. So=
weit die beständig sinkende Reichsgewalt nicht im Wege stand,
trat nun raschen Schrittes der Landesfürst als Vormünder
aller bürgerlichen und bäuerlichen Zustände, als Gebieter in
Landesangelegenheiten, im Gerichts= und Gewerbwesen, in
Handel und Verkehr, in Feld und Wald auf.

Die Folgen dieser Häufung von Befugnissen in einer
Hand, der einseitigen Ausübung der Herrschergewalt und
der Lahmlegung jeder Landes=, Standes= oder Interessen=
vertretung lassen sich kurz als M a n g e l o r g a n i s c h e r
E n t w i c k l u n g der Kräfte und Bestandtheile des neuen
Kleinstaates und als engherzige P f l e g e d e r S t e u e r k r a f t
= bezeichnen.

Wir sehen deshalb die Landesvertretung, auf die alten drei
Stände beschränkt, hauptsächlich nach Schutz ihrer Vorrechte
(der Steuerfreiheit) trachten, die Landwirtschaft unter den Ueber=
lieferungen des alten Fronhofswesens erstarren, die Selbstver=
waltung der Städte und Märkte einschrumpfen, den Gewerbe=
stand, dem die freie Bewegung verboten war, nach Verstärkung
der schützenden Zunftrechte streben, das Bergwesen unter den
Folgen kirchlicher Ausweisungen kenntnißreicher Gewerken
in ziemlich raschem Verfalle begriffen und dasselbe, so wie schon
früher die übrigen ergiebigen Zweige der Volkswirthschaft,
Salzwesen, Salzachschiffahrt, zum Theil auch die Brauerei,
zur unmittelbaren Dienstbarkeit der fürstlichen Finanzen
berufen.

Zwar bestehen in den Taidingen noch schwache Reste
des alten Rechtes, allein die große Beschränkung des Ge=
nossenschaftswesens und der städtischen Selbstverwaltung hin=
dern endlich alle Antriebe zur Thätigkeit und der Rechtssinn
wird durch die Willkür und Grausamkeit der Justiz, durch
das geheime Verfahren statt der öffentlichen Anklage und
Vertheidigung gebeugt.

Wenn auch bis ins 14. Jahrhundert der kirchliche Sitz
Salzburg öfters die geistige Führerschaft in Süddeutschland
ausübt und unstreitig auch als Kulturmittelpunkt für einige
nachbarliche Landschaften angesehen werden darf, so ist es da=
gegen gewiß, daß in spätern Zeiten, so z. B. während der
Reformation, die Antriebe zum Fortschritte bereits von an=
dern Kulturstätten ausgingen, und daß das Bleigewicht des

Stillstandes sich überall bemerklich macht. Unterricht, Ge=
setzgebung, Kunstzustände werden von auswärtigen Anre=
gungen abhängig. Das Erforderniß an allgemeiner und
Einzelnbildung, wie solche dem Gedeihen des Landes för=
derlich gewesen wäre, fand ungenügende Befriedigung, wo=
bei nur das Zeitalter des Erzbischofs Hieronymus eine
Ausnahme macht. Dem zu Folge aber stirbt endlich der
geistlich=weltliche Zwitterstaat, indem sich weltliche Fürsten
desselben bemächtigen. Niemand schrie: Raub! Frevel! Ge=
waltthat gegen alles Recht! Verletzung aller gesetzmäßigen
Gewalten der Erde! Der deutsche Kirchenstaat Salzburg,
dem Kulturgesetze der Entwicklung folgend, ging unter ohne
Zuckungen und fast ohne Leidtragende. —

Nach einem abermaligen widernatürlichen Stillstande von
der Dauer eines Menschenalters kamen die nothwendigen Re=
formen in der jüngsten Zeit in rascher Folge zum Durchbruche.
In fast allen Kulturrichtungen, wie sie diese Schrift darzu=
stellen versuchte, sind Fortschritte zu verzeichnen, die um so
bemerklicher werden, wenn man sie mit der Vergangenheit
vergleicht. Sie wären nicht möglich gewesen, wenn nicht
auch in Oesterreich die Ideen des weltlichen Staates und
des Staatsbürgerthums sich allmälig Geltung verschafften.
Darum ist auch der Widerstand der alten privilegirten
Stände begreiflich, aber nicht gerechtfertigt, denn jenen bei=
den Ideen gehört die nächste Zukunft.

Es ist die ewige Naturschönheit des Alpenlandes und
die Erinnerung an eine lange Vergangenheit, die den Salz=
burger an seine Heimat fesseln. Eine lange Stufenreihe
von Erdbildungen, von den jüngsten angefangen bis zu den
Hochwarten der Urgebirge bewirkt die landschaftliche Glie=
derung und den Reichthum der Stein=, Pflanzen= und Thier=
welt. Kelten, Deutsche und Slaven standen in diesen Thä=
lern in Wechselwirkung; Römer, Franken, das deutsche Kai=
serthum, die geistlichen Fürsten herrschten daselbst; ein großes
Reich der Gegenwart ist als ihr Erbe aufgetreten. Ein fast
zweitausendjähriges Kulturleben hat auf diesem Boden man=
nigfaltige Sprossen getrieben, aus deren Ueberresten und
Moder zum Theil noch die Gegenwart emporkeimt. Stein=

benkmäler und Burgtrümmer, alte Bergstollen und Wasser-
leitungen zeugen von durchlebten Jahrhunderten. Sagen,
Kunstwerke, Volksmeinungen und Sprachalterthümer beuten
auf zurückgelegte Kulturzeiträume. Es ist die Sprache der
Kulturgeschichte, die die Vergangenheit für die Gegenwart
verständlich macht. Es sind die Bilder einer illustrirten
Volksschrift, voll Anregungen und Beziehungen auf Zeiten
und Völker.

Verzeichniss
der wichtigern benützten Werke und Quellenschriften.

Um die Beschaffenheit der Angaben in dieser Schrift prüfen zu können und einen Ueberblick über Umfang und Aechtheit der benützten Quellen zu gewinnen, wird hier für den Leser ein Verzeichniß derselben angeführt. Leider erlaubten die Umstände nicht, alle während einer Reihe von Jahren zu Hilfe gezogenen Schriften namhaft zu machen oder überall Ausgabe, Druckort und Jahreszahl beizufügen, da manche derselben zur Zeit nicht zur Hand standen. Die zwischen Klammern („) angegebenen Namen sind auf den Titelblättern nicht ersichtlich.

Ankershofen, Geschichte Kärntens, Klagenfurt.

Baluz formula Marcolfi.
Bavaria, Landes- und Volkskunde des Königreiches Baiern, I. u. II. Bd. München 1860 u. f.
Bergmann, über das älteste Münzrecht zu Liebing und Friesach. CI. Bd. d. wien. Jahrbb. der Literatur, 1843.
Bleul von, Reichsfreiherr, Sammlung geographischer, statistischer und hierarchisch-publicistischer Beiträge. Salzburg, 1806.
Brentano Lujo, on the history and development of Gilds. London 1870.
Briefe eines reisenden Franzosen (Pseudonym) durch Bayern, Pfalz und Schwaben. 1783.
Buckle, history of civilisation, Leipzig 1865, Brockhaus, 5 Bde.

Chronicon Salisburgense, Pez I.
Clarus und Radius, Cholerazeitung 1832, Wernecks medicinische Topographie von Salzburg.

Dalham concilia Salisburgensia.

Diez, romanisches Wörterbuch.

Dürlinger, Pinzgau, Salzburg 1866.

„   , Pongau,   „   1867.

(„)   Diöcesanhandbuch, Salzburg.

Draper John, history of the intellectual development of
    Europe. London 1864, 2 Bde.

Dückher Franziscus von Haßlau zu Winkl, salzburgische
    Chronica, Salzburg, Mayr 1666.

Dümler Prof., Piligrim von Passau und das Erzbisthum
    Lorch. Leipzig 1854.

Edmund (Abt), Extracta über die salzburgische Land=
    schaft. MS.

Englmayr Anton, Versuch einer sistematischen Darstellung
    der im Unterthansfache im Herzogthum Salzburg er=
    schienenen Verordnungen, mit Bemerkungen von Josef
    Fellerer. MS.

Filz, historisch=kritische Abhandlung über das Zeitalter des h.
    Rupert, Salzburg 1831, 1848.

  „ Geschichte des Benedictinerstiftes Michaelbeuern. Salz=
    burg 1833.

Forstordnungen salzburgische, Salzburg 1796.

Gfrörer, Geschichte deutscher Volksrechte im Mittelalter,
    2 Bde, Schaffhausen 1866.

Glück, die Bisthümer Norikums, Schriften der wien. Aka=
    demie.

Grimm Jakob, deutsche Mythologie, Göttingen 1854,
    2 Bde.

Hansiz Marcus, S. J., Germaniae Sacrae II. T. Augsburg
    1720.

v. Hefner, die römischen Denkmäler Salzburgs, Schriften
    der wiener Akademie, 1848.

Hinterhuber Rudolf, Mondsee in topographischer Hinsicht.
    Salzburg 1839.

Hohenauer, die Stadt Friesach. Klagenfurt 1847.

Hübners, Beschreibung der hochfürstlichen Haupt= und Resi=
    denzstadt Salzburg, 2 Bde, Salzburg 1792, 93.

  „ Beschreibung des Erzstiftes und Reichsfürstenthums
    Salzburg, 1796, 3 Theile, Salzburg,

  „ Biografie, Schriften der Münchener Akademie.

Hund, Metropolis Salisburgensis, Monachii 1620.

„ bairiſchen Adels Stammenbuch.

Karajan, das Verbrüderungsbuch des Stiftes St. Peter, Schriften der wiener Akademie.

Fr. Keinz, Indiculus Arnonis und breves Notitiae, München, 1869.

Kleimayrn F. v., Unpartheiiſche Abhandlung von dem Staate des hohen Erzſtifts Salzburg 1770.

„ Juvavia, ſammt diplomatiſchem Anhang, Salzburg 1784.

(Koch-Sternfeld), die letzten dreißig Jahre des Erzſtiftes Salzburg, 1816.

„ über Straßen-, Waſſerbau und Bodenkultur im Herzogthume Salzburg, Salzburg 1811.

„ das Gaſteinerthal und ſeine Heilquellen, München 1820.

„ die Tauern, insbeſondere das Gaſteinerbad und ſeine Heilquellen, 2. Aufl., München, 1820.

„ Salzburg und Berchtesgaden. Salzburg 1810.

„ Beiträge zur Länder-, Völker-, Sitten- und Staatenkunde, 3 Bde, Paſſau, München 1825—33.

„ Geſchichte des Fürſtenthums Berchtesgaden und ſeiner Salzwerke, 3 Bücher, 1815 München.

Raphael Kleinſorgs Abriß der Geographie, 3. Aufl. Salzburg 1797.

Das Kronland Salzburg, dargeſtellt zur Feier der XIV. Verſammlung deutſcher Land- und Forſtwirthe. Salzburg 1851.

Kürſingers Oberpinzgau, Salzburg 1841?

„ Lungau im MS.

Lambert, die Entwicklung der deutschen Städteverfassung im Mittelalter, 2 Bde, Halle 1865.

Lory Bergrecht.

Maurer G. L. v., Einleitung zur Geſchichte der Marken-, Hof-, Dorf- und Stadtverfaſſung. München 1854.

„ Geſchichte der Markenverfaſſung, Erlangen 1856.

„ „ „ Hofverfaſſung, Erlangen 1861 f. 4 Bde.

„ „ „ Dorfverfaſſung, 2 Bde, Erlangen 1865, 66.

Maurer G. L. v. Geschichte der Städteverfassung, 3 Bde 1869 f.

Meiller v. Andreas, Regesten zur Geschichte der Salzburger Erzbischöfe 1106—1246. Wien 1866.

Metzger Josephus, historia salisburgensis, Salzburg 1692.

Mittermüller P. Rupert, zu Metten, das Zeitalter des h. Rupert, (Gymnasialprogramm, Straubing 1855.

Mittheilungen der Gesellschaft für salzburger Landeskunde, 10 Bde 1861—70.

Mone keltische Forschungen, Freiburg, 1857.

Monumenta boica.

Muffat Aug. Karl, Schenkungsbuch der ehemal. gefürst. Probstei Berchtesgaden; in Quellen und Erörterungen zur bairischen und deutschen Geschichte, I. Bd. München 1856.

Muchar, römisches Noricum. 2 Bde, Vita S. Severini im zweiten ;

„ das Thal und Warmbad Gastein, Gräz 1834.

Nachrichten über das Erzstift Salzburg nach der Säkularisation. 2 Bde. Passau 1805.

(L. Napoleon) La vie de César. 1 Bd.

Neue Münchener Zeitung. Ein Bericht über bürgelsteinische Alterthümer.

Pancirollus de magistratibus municipalibus.

Paul Oskar, Handlexikon der Tonkunst, Leipzig 1869.

Peez, die Alpenwirthschaft des Chiemgaues.

Pertz, Monumenta Germaniae historica, scriptores et leges, insbesondere Annales Salisburgenses, Annales Fuldenses, Annales Mettenses, Vita Bonifacii v. Wilibald.; Leges I. u. II. u. f. w.

Petzolt G., der Stadt Salzburg bauliche Vergrößerungen und Verschönerungen während der letzten drei Jahrhunderte. Notizenblatt der wiener Akademie. 1859, Nr. 7—10.

„ Vorträge über Geschichte der christlichen Kunst. Salzburg 1866.

G. A. Pichler, salzburgische Landesgeschichte, Salzburg 1865.

„ Nachrichten über salzburgische Tonkünstler, Salzburg.

(„) Kurze Geschichte des salzburger Domes, Salzburg 1859.

G. A. Pichler, Hohensalzburgs Geschichte, Salzburg 1849.

Pillwein, das Herzogthum Salzburg, Linz 1839.

„   salzburger Künstlerlexikon, Salzburg 1821.

Privilegia clericorum et quaedam alia utilia. Auguste: 1506.

Reise durch Oberdeutschland. Leipzig 1800.

Reissmann August, allgemeine Geschichte der Musik, 3 Bde, München 1863.

Rettberg, Kirchengeschichte Deutschlands, Göttingen 1846, 48.

Rumpler M., Geschichte des Salzburg'schen Schulwesens, Salzburg 1832.

Sacken Freiherr von, Leitfaden zur Kunde des heidnischen Alterthums, Wien 1865.

Salzburger Zeitung.

„   Landeszeitung.

Salzcompromißschriften sammt Duplik und Triplik.

Scherr Johannes, deutsche Kultur= und Sittengeschichte, 3. Auflage, Leipzig 1866, Wigand.

Schubert Julius, kleines musikalisches Conversationslexikon, Leipzig.

Schulze, gothisches Wörterbuch, Züllichau, 1867.

Siegel und Tomaschek, die salzburgischen Taidinge. Wien 1871.

Stark, die keltischen (Personen-) Namen im Verbrüderungsbuche des Stiftes St. Peter. Sitzgsber. der wien. Akademie. Hist. Klasse, LIX. Bd. p. 159. 1868.

Steinhauser Adolf, die Grundentlastung im Herzogthume Salzburg. Salzburg 1854.

Strnadt Jul., Peuerbach, ein rechtshistorischer Versuch. Im 27. Bericht über das Museum Francisco-Carolinum Linz, 1868.

Steub, zur rhätischen Ethnologie. Stuttgart 1854.

Traditiones, dotationes etc. des Domstiftes. Notizenblatt der wiener Akad. V.

„   „   des Klosters St. Peter; ebbort VI.

Urkundenbuch zur Geschichte Oberösterreichs. I. Bd. Traditiones monseenses.

Vierthaler, Geschichte des Schulwesens und der Kultur in Salzburg. I. Theil. Salzburg 1804.

„   Reisen durch Salzburg, Salzburg 1799 u. Wien 1816.

Walz, zur Geschichte des Fehbewesens, salzb. Gymnasialpro=
gramm 1865.
Wirmsberger, Beiträge zur Genealogie der Dynasten von
Volkenstorf, Wels 1863.
Wirth Max, deutsche Geschichte, 1 Bd, Frankfurt 1861.

Zauner, Salzburgische Chronik, 11 Bde, Salzburg 1796—
1826.
  „ Sammlung der wichtigsten, die Staatsverfassung des
    Erzstifts Salzburg betreffenden Urkunden, Salzburg
    1792.
 („) Verzeichniß der akademischen Professoren zu Salzburg
    1813.
  „ Biographische Nachrichten von salzburgischen Rechts=
    lehrern, Salzburg 1789.
  „ Nachtrag zu den biographischen Nachrichten von den
    salzb. Rechtslehrern. Salzburg 1797.
  „ Sammlung der wichtigsten salzb. Landesgesetze, 3 Bde,
    Salzburg 1790.
  „ Sammlung der wichtigsten salzburgischen Landesge=
    setze seit 1790. Salzburg 1805.
Zeuss, die Deutschen und die Nachbarstämme. München
    1837.

Historische Darstellung und Entwicklung über das Erbaus=
fergenamt und Recht im Herzogthum Salzburg und
über die neuesten Störungen in den Ausübung dessel=
ben (vom Freyherrn von Auer 1808 verfaßt). MS.
Die salzburgischen Landgerichte Werfen, Probstey Radstadt,
Großarl, Goldeck und St. Veit, St. Johann mit Wa=
grain. Topographische und statistische Nachrichten, Ur=
kundenauszüge, Geschlechternotizen u. s. w. von Koch=
Sternfeld und Winkelhofer. MS.
Laufner Schifferordnung, von Erzbischof Johann Jakob.
1586. MS.
Erneuerte Schöforbnung des Erzstiffts Salzburg. 1611 MS.
Urbarien, bei 50 an der Zahl, aus dem 14.—18. Jahrhun=
bert. MS.
Steuerbücher zwei, aus den Jahren 1330—1350. MS.

Salzburger Chronik, Jordans. MS.

Lehenbücher der Erzbischöfe Johann, Burkard und Bernhard, 1433—1488. MS.

Sunebrief Erzbischofs Rudolf von Salzburg 1287, MS.

Landesordnung Erzbischofs Friedrich 1328, MS.

Salzburger Stadtrecht 1368, MS.

Radstädter Stadtrecht MS.

Freisassen-Recht MS. um 1400.

Urbar-Recht MS. um 1350.

Abelsbuch der Trauner, von Jakob von Haunsperg zu Wahenlueg 1583, MS.

Salzburgische Verordnungen.

Generalmandat vom 3. Aug. 1728 über Geldwesen.

Generalmandat vom 27. Juni 1754 wegen Regelung des Geldwesens.

Münztarif vom 14. Jänner 1757.

Generalmandat v. 1. Mai 1623, Münztax der drey Kraiß.

Umgelds-Ordnung 1682.

Hofrathsverordnung vom 9. April 1732 wider eine Vieh-seuche (maleficium).

Hofrathsbefehl vom 17. November 1786 wegen der Horn-viehkrankheit.

Recept vor den Umbsfall beß Rindvichs.

Münzaufschlagstabelle, nach welcher bis auf einen künftigen Reichs- oder dennoch Probationstags-Schluß die nach-folgenden Münzsorten ausgegeben und angenommen wer-ben sollen. 29. Aug. 1754.

Generalmandat wegen Einführung ausländischer Goldmünzen v. 10. Jänner 1736.

Verordnung Erzbischofs Paris über die Zahlungen in schlech-ten Münzsorten 16. October 1627.

Generalmandat wegen Ueberschwemmung der erzstiftlichen Lande mit schlechten Münzsorten 1754, 17. April.

Wein-Einlags- und Verungeldungs-Ordnung 1742.

Peynliche Ordnung v. J. 1677.

Peinliche Ordnung v. J. 1732.

Erneuerte Poenal-Verordnung, die fleischlichen Verbrechen betreffend, 1753.

Almusenordnung 1678.
Berneuerte Almosenordnung 1730.
Erneuerte Almosenordnung 1754.
Erneuerte Landallmosenordnung 1754.
Hochfürstlich salzburgische Verordnung zur Wiederherstellung
	gutchristlicher Sitten und Ehrbaren Lebenswandels
	1736.
Mandatum wegen der Widertauffer, 1. Juli 1593.

Inhalt.

I.

Was ist Kulturgeschichte?

Seite

5

Sie ist eine Lebensbeschreibung der Bevölkerung
Ihre Hülfsmittel und Zweige
Ihr Nutzen für die Gegenwart   6

II.

Lage des Landes.

7

Salzburgs Lage auf dem Welttheile
Sein Verhältniß zum oberen und mittleren Donau-
     becken
Kultureinflüsse nach den Weltgegenden   9
Salzburg ein Gränzland.

III.

Beschaffenheit des Landes.

10

Gebirge, Thalgebiete
Tauernthäler, Bäche, Seen
Hochwald und Weideland   11
Meereshöhe, Jahreswärme
Kulturgeschichtliche Eigenthümlichkeiten des Berglandes
Kulturmittel für dasselbe.

1

Aelteste Geschichte.

Seite

IV.

Kelten, Noriker. 13

Keltisch-norische Orts- und Flußnamen
Fundstücke aus jener Zeit 14
Keltisch-norische Götter
„   „   Götterverehrung 15
Kulturzustände der Noriker 16
Verhältniß zu den Römern und Einnahme des Landes
    durch die letztern.

V.

Römerzeit. 17

Zustände
Römerstraßen 18
Landeserzeugnisse
Volkseigenthümlichkeiten 19
Religion

VI.

Die Römerstadt Juvavum. 20

Ortsbeschreibung
Stadtrecht 21
Stadtverfassung 22

VII.

Die Spätrömer. 24

Verwälschung der Noriker
Unwahrscheinlichkeit einer römischen Kolonie 25
Mischung der Bevölkerung
Die romanische Sprache
Ueberreste aus der romanischen Zeit

VIII.

Romanisches Christenthum. 28

Schicksale des Christenthums zur Römerzeit

Seite

Christenthum in Norikum 29
Christenthum zu Severins Zeit.

Mittelalter und neuere Zeit. 32

In manchen Kulturrichtungen dauert das Mittelalter bis
in die jüngste Zeit fort.

a. Gesellschaftliches Leben.

IX.

Die deutsche Einwanderung. 33

Verwüstung Juvavums durch Heruler
Die Baiern
Ansiedelung durch freie Gefolgschaften 34
   „   eines Herrn mit Hintersassen
Herrenlose Orte 35
Dorfanlage
Ackerland und „Frei" oder Gemeinland 36
Der Hof
Die armen Leute 37

X.

Freiheit und Knechtschaft. 37

Die Vollfreien
Die Gewerschaft 38
Die Hörigen und zwar
  die Freigelassenen 39
  „ Frisazzen
  „ Barschalken 40
  „ Leibzinser
Die Unfreien
Uebergang zur Freiheit,

XI.

Fronhöfe. 42

Eigenschaften des Fronhofes
Salzburgische Fronhöfe, der alten Gutrat 43

3

		Seite
der Kuchler, der Velber, derer aus der Alben, der Weißpriach	-	44
Die großen Fronhöfe des Landes sind die geistlichen des Erzbischofes und der Klöster		
Pflichten der Fronhofsbesitzer		45
Erlöschen der größeren weltlichen Fronhöfe		
Die Dienstleute des Fronhofes		
Bauart der Fronhöfe, Burgen, Burgstalle		47

XII.

Das Lehenwesen.   50

Ursprung der Lehen	
Die Lehenträger oder Getreuen	51
Die Ritterlehen	
Einken des Lehenwesens — Beamte	52, 53
Einken des Ritterwesens — Soldtruppen	
Die Bauernlehen	54
Die Beutellehen.	

XIII.

Das Rechtswesen.   54

Standesgerichte, Hof-, Gau-, Zwinggericht	
Gaugerichte oder Gaubinge	55
Grafschaften, Uebergang derselben an die Landesfürsten	56
Landschrannen	57
Verlauf einer Gerichtssitzung	
Das Fehdewesen	58
Verfall des alten Rechtes	59
Römische Rechtsgrundsätze und Cabinetsjustiz, die ehehaften Rechte der salzburgischen Gerichtsbezirke, die Taidinge und Weisthümer	60
Marken und Grenzbezeichnungen	61

XIV.

Das Genossenschaftswesen.   62

Es ist ein Maßstab der Volksfreiheit	
Genossenschaftsbildungen zu Zwecken der Landwirthschaft und Gewerbe	63

4

Seite

Politische „Ainungen" und Genossenschaften   64
Stillstand im Genossenschaftswesen und Wiedererwachen
    in jüngster Zeit   65

XV.

Die milden Orte.   66

Früheste Formen der Mildthätigkeit
Die Hospitäler zu Salzburg   67
Die Tauernhäuser   68
Die Bruderhäuser in Städten und Märkten
Das Lazaret oder Pesthaus   69
Das St. Johannspital
Die Irrenanstalt   70
Neuere Krankenhäuser
Die „Seelenbäder"
Andere milde Orte
Einfluß der Geldwirthschaft, die Fonde
Das Genossenschaftswesen im Dienste der Milbthätigkeit.

XVI.

Oeffentliches und Familienleben.   71

Feste und Feierlichkeiten
Volksspiele   72
Sitten bei Geburts-, Heirats- und Sterbfällen
Eheverträge   73
Hausrath   74
Speisen und Getränke   75
Kleider, Stoffe, Trachten   76
Volkssitten   77
Erziehung
Die Turniergeschlechter   78
Reisen
Gasthäuser   79

b. Güterleben.

XVII.

Landwirthschaft.   81

Die Zwei-, Drei-, Vierfelderwirthschaft
Alter derselben mit Bezug auf Tacitus   82

Die Hofwirthschaft ist das Muster des landwirthschaft-
    lichen Betriebes 83
Stabelhof, Maierhöfe, Zehenthöfe
Ueberlassung von Gütern zur Bewirthschaftung an andere
    Freistiftgüter (erster Zeitraum)
    Leibgeding
    Erbrechtsgüter (zweiter Zeitraum)
Gegen gewisse Dienstleistungen 84
    Persönliche Leistungen, Fronbienst,
    Wirthschaftserträgnisse, großer, kleiner Dienst
    Geldreichnisse
    Uebersicht solcher Leistungen aus Lungau 85
Wirthschaftsplan der Fronhöfe 86
Grundentlastung und
Walbregulirung (dritter Zeitraum) 87
Fortschritte im Anbau des Landes 88
Die Verdrängung des Waldes
Die Alpen 89
Hornvieh und Pferdezucht
Biberfang, Fischerei, Jagd 90
Hindernisse und Bevormundung des landwirthschaftlichen
    Betriebes 91
Bodenerzeugnisse, Gemüsezucht, Obstbäume, Reben, Zei-
    belwesen 92
Das Bauernhaus. 94

XVIII.

Städte und Märkte. 96

Anfänge der Stadt Salzburg, es ist eine bischöfliche Stadt
Das Erentrudskastell ist die Burg dieser Stadt
Bürgerzeche, Altbürger 97
Zunftbürger 98
Rechte der Bürger von Salzburg 99
Das Markt-, Zoll- und Münzrecht 100
Stadtvertheidigung
Schicksale des städtischen Wesens 101
Sitten und Bürgerleben 103
Räumliches Wachsthum
Brunnen, Pflasterung, Beleuchtung 104
Bauart 105
Aelteste Bürgernamen

Aelteste Gewerbe

Die übrigen Städte und Märkte   106

     Reichenhall, Mühldorf, Laufen, Titmaning, Friesach, Leibniz, Radstadt, Hallein

Die Burgen der Märkte   108

XIX.

Straßen, Verkehr.   109

Entfernung von den großen Straßenzügen

Straßen nach Westen, Osten und Süden

Verbindung mit den auswärtigen Besitzungen   110

Die Tauernübergänge   112

Rennstraßen, Gasteige und Sampfade

Straßenanlage und Erhaltung, Brückenabgaben   113

Salzstraßen, Eisenstraßen, Eselsteige

Frachtmittel   114

Gegenstände des Verkehrs

Erschwernisse des Verkehrs   115

Straßenbauten und Verbesserungen

Thal- und Straßensperren — Pässe.   116

XX.

Gewerbfleiß.   116

Aelteste gewerbliche Betriebe im 8., 10., 12. und 13. Jahrhundert

Die Goldwäschereien   117

Die Goldbergwerke in Gastein   118

Der lendner und tumersbacher Handel

Stillstand im 17. Jahrhundert   119

Mühlen, Sägen, Schmieden und Hämmer

Walk- und Lohstämpfe   120

Brauhäuser

Steinbrüche   121

Die Zeit der landesfürstlichen Fabriken   122

Neuere Gewerbe

Die Bäder- und Kuranstalten.

XXI.

Salzwesen.   123

Salzquellen, Schöpfgalgen, Püten

Salzbereitung, Salzpfannen zu Reichenhall   124

Subherrngerechtsame

Salzbergwerk am Dürrenberge

Die Pfannen und Pfiesel zu Hallein   125

Salzgewerken und bürgerlicher Antheil am halleiner
     Salzwesen   126

Das Salzregale und der Betrieb durch die Fürsten

Salzhandel   127

Die Hallgrafen.

XXII.

Die Salzachschiffahrt.   128

Die Salzachschiffahrt ein Recht der Gewerken

Die laufner Schiffergilde   129

Die Schiffsherrn und Ausfergen

Veränderungen in der Gilde durch die Landesherren,
     die Erzbischöfe behalten sich die Schiffe, die bairi-
     schen Herzoge die Verfrachtnng und den Vertrieb
     bevor   130

Die Schiffsmarken   131

Die Salzflotten, Schiffe und deren Bemannung   132

Die Hilfsarbeiter

Die Jahresversammlung der Schiffergenossenschaft und
     ihre Geschäfte   133

Betriebskosten.

XXIII.

Münzen und Maße.   134

Das Pfund als Grundlage des Münzwesens

Der Gold- und Silberschilling

Die Goldsaige   135

Das Pfund Pfenninge und das Talent

Gulden, Gulden- und Thalerwährung   136

Die Dukaten

Die Groschen, Patzen, Landmünzen und Häller

Andere Geldsorten   137

Beispiele von Geldwerthen   138

Das salzburger Münzrecht und die Münzstätten   139

Uebersicht der Münzstätten in den Nachbarländern   140

Münztabelle

Die Goldgulden, eine Erweiterung des Münzrechtes   140

Die Schwarzpfenninge, die Kipper- und Wipperzeit
Anstalten zur Verbesserung des Münzwesens
Verfertigung der Münzen 141
Das Pfund als Zahlwerth und Gewichtseinheit 142
Der Zentner und Meiler
Der Sam, die Fuhr, das Lagel 143
Maßbestimmungen beim Salze
Hohlmaß 144
Ellenmaß
Getreidemaß 145
Landmaß 146
Eintheilung ganzer Gerichtsgemeinden
Wald- und Holzmaß 148
Bergwerksmaß. 149

c. Geistiges Leben.

XXIV.

Sprache.

                                           150

Verwerthung des Sprachschatzes für die Kulturgeschichte
Ortsnamen aus der norisch-keltischen Zeit 151
     "   "   " romanischen   " 153
Personennamen aus der romanischen Zeit 154
Deutsche Ortsnamen
Slavische   " 155
Personennamen vom 13—17. Jahrhundert 156
Sprachreste aus dem Althochdeutschen 157
     "   "   " Mittelhochdeutschen
Mittellateinische Sprachreste 158
Italienische Kultureinflüsse
Französische Ausdrücke. 159

XXV.

Volksglaube.

                                           160

Die Namen der Wochentage und der deutsche Götter-
    glauben
Die Untersbergsagen 161
Dem Götterglauben steht ein alter volksthümlicher Glau-

ben über das Wesen der Dinge, der Welt, Zeit,
Menschenseele u. f. w. zur Seite   164
Diesem entstammen verschiedene Arten von Aberglauben.

XXVI.

Die Schule und gelehrte Bildung.   166

Die Rupertschule, Virgil
Karls des Großen Chor- und Lateinschulen
Arn, Abalram, Liupram
Swarnagel, Alfrit, Chunibert, Liutfrit
Die St. Peterschule
Zeit des Kirchenstreites   168
Erzbischof Gebhard und Gerhoh von Reichersberg   169
Schulen zu St. Zeno, Chiemsee und Mühldorf
Vorsteher der Domschule
Fremde Hochschulen
Engelbert von Admont
Weltgeistliche und Laien an der St. Peter- und Dom-
schule   170
Trivium, Quadrivium; innere, äußere Schulen, Lehrer   171
Die Reformation, die Humanisten   172
Der Unterricht der Geistlichen seit dem 12. Jahrhundert
Gänzliche Vernachlässigung der Naturwissenschaften   173
Das Schriftthum unter Matthäus Lang, Bertold Pür-
stinger, Ortolf Fuchsberger, Virgil Wellendorfer,
Virgil Pingitzer, die Schule zu Mondsee
Geistiger Zustand unter Ernst von Baiern   174
Die Generalvisitation von 1555 und die Landeskirchen-
versammlung von 1569. Oeffentliche Schulen unter
kirchlicher Leitung
Die Universität und ihre Lehrer an der theologischen
und juridischen Fakultät   175
Die Philosophen   177
Zustand der Heilkunde   178
Das Landschulwesen seit 1600
Das Zeitalter unter Hieronymus   179
Aufhebung der Universität; Lyceum, wundärztliche
Schule   180
Die Schule in der österreichischen Zeit, die Normalschule
Neuer Gymnasiallehrplan, Realschule, neue Volksschul-
verfassung.

XXVII.

Die Landeskunde. 181

Die „kurzen Nachrichten" und „Arns Anzeiger"
Die Regesten 182
Die Kammerbücher
Die Urbarien und Lehenbücher
Die selbstständige Pflege der Landeskunde beginnt erst
    in der zweiten Hälfte des 18. Jahrhundert seit dem
    Aufleben der Naturwissenschaften 183
Astronomische Ortsbestimmungen durch Schiegg
Hübners Topographie und Statistik
Kleinsorg, Vierthaler 184
Bleul, Koch-Sternfeld
Pillwein, Kürsinger
Schaubach, Ruthner, Sonnklar
Dürlinger
Die Gesellschaft für Landeskunde 185
Bildliche Darstellungen, Städteansichten, Landschaften 186
Landkarten
Philipp Apianus, Setznagel, Mercator, Marckt, Gutrath,
    Fürstaller 187
Die Karte des Quartiermeisterstabs
Keils Hochkarten
Die Erforschung des Landes in naturwissenschaftlicher
    Hinsicht, Mineralquellen 188
Botaniker und deren Sammlungen
Zoologen, Mineralogen
Die Arbeiten der geologischen Reichsanstalt

XXVIII.

Die Landesgeschichte. 190

Sagengeschichte und Quellengeschichte
Geschlechts-, Orts-, kulturgeschichtliche und Natursagen 191
Geschichtsquellen: Inschriften, Münzen, Urkunden, Wap-
    pen, Sprachreste, Denkmäler, Handschriften 192
Eintheilung der handschriftlichen Geschichtsdenkmäler
    Urkundensammlungen
    Urkundenauszüge oder Regesten 193
    Urbarien, Rechnungen
    Tagebücher, Verhörschriften

Verbrüderungs- und Todtenbücher

Annalen und Chroniken   194

Regentenreihen, Reihenfolgen merkwürdiger Personen   195

Reimchroniken, Darstellungen gewisser Zeiträume und Zustände

Rechtsdarstellungen

Kurze Geschichtserzählungen und Nachrichten

Spezialgeschichten   196

Notizen zur Orts- und Personengeschichte

Gnadenorte, Legenden und Wunderberichte

Streitschriften

Gedruckte salzburgische Geschichtswerke

Franz Dückhers von Haslau Chronika

Wiguleius Hund metropolis salisburgensis   197

Der P. P. Metzger historia salisburgensis   198

Des P. Marcus Hansiz Germania sacra II. Theil   199

Judas Thaddäus Zauner und Corbinian Gärtners Chronik von Salzburg   200

Pichlers Landesgeschichte.

XXIX.

Die Kunst.   200

Es gibt in Salzburg kein landeseigenthümliches Kunstbestreben

Dichtkunst   201

Musik. Die Domcantoren, der gregorianische Kirchengesang   202

Paul Hofheimer, Hofer, Muffat, Biber, Gugl, Eberlin, Michael Haydn, Leopold Mozart, Wolfgang Amadäus Mozart, Wölfl, Neukom, Diabelli, die Gegenwart   203

Baukunst. Aelteste Kirchenbauten und Pfarrkirchen   206

Bauten an dem Dome, St. Peter und Nonnberg, an der Pfarrkirche   207

Die übrigen Kirchen der Stadt   208

Landeskirchen aus der romanischen Zeit   209

    „   „   „ gothischen Zeit, neueste Kirchenbauten   210

Weltliche Baukunst. Vesten und Schlösser, Bauten an Städten und an der Festung Hohensalzburg, die Residenz, bauliches Aussehen der Stadt Salzburg   211

Malerei und bildende Künste vom 11. Jahrhundert bis in die Neuzeit   213

Tafelmalerei, Tafler, Büchsner, Stickereien,
Grabdenkmäler   214
Furtmayr, Bocksberger, Rottmayr und Neuere   216
Die Italiäner   217
Das enkaustische Kabinet
Die Kunst der neuesten Zeit
Das Museum Carolino-Augusteum   218

XXX.

Das Hoch- und Erzstift.   220

Die Bekehrungspolitik der Franken
Pippin von Heristall und die Bekehrung der Baiern   221
Das Zeitalter Ruperts
Geschichtliche Thatsachen zur Feststellung des Zeitalters
     Ruperts   223
Bedeutsamkeit der Bekehrung der Baiern   224
Die Folgezeit nach Pippins Tod, die romanischen Aebte
Die Bekehrung der Karantanen   225
Begränzung der Kirchenprovinz
Die Erstarkung des Erzstiftes an Landbesitz   226
Fünf Zeiträume kirchlichen Kulturlebens   227
  1. Die agilolfingische Zeit
  2. Die Zeit des Kampfes zwischen Kaiser und Pabst   228
     Wachsthum der Klösterzahl
  3. Die Zeit der Gründung und Erstarkung weltlicher
     Staatenbildungen   229
     Sinken des Kultureinflusses des geistlichen Hoch-
     sitzes
     Chronik der Verfolgungen in Glaubenssachen
     Die Juden   230
     Die Kirche und das Kapitel   232
     Die Zahl der Feiertage
  4. Die Zeit der Glaubensreformen   233
     Lutheraner
     Hechsen
  5. Die Zeit der staatlichen Reformen   236
     Kirchliche Bewegung gegen dieselben und die Wissen-
     schaften
     Der allgemeine Kulturfortschritt übt den größten
     Einfluß auf die Sittlichkeit   237

Wachsthum der geistlichen Macht gegenüber der Landsassen
   mit Rücksicht auf die Fürstenwahlen
      „   „   „   „ Landesversammlungen
      „   „   „   „ Landesverwaltung bei Erledigung
   des Fürstenstuhls
   Steuerbewilligungen
   Landesvertheidigung
Zunehmende Schwäche des Erzstifts   241
Verweltlichung
Neue Landesvertretung
Rückblick.   242
Verzeichniß der wichtigeren benützten Werke und Quellen-
   schriften.   248
Inhalt.

14

Verbesserungen.

Seite 8 Zeile 1 von oben lies Donau statt Douau
" 13 " 4 von unten " Ptolemäus " Ptolomäus.
" 22 " 9 v. o. " L. Bellicius " C. Bellicius.
" 39 " 15 v. u. " zum Theil " sämmtlich.
" 51 " 10 v. u. " Stellvertreter " Stellvertrer.
" 52 " 8 v. o. lösche: auch.
" 52 " 11 v. u. " übrigens " ürigens
" 66 " 6 v. o. lösche: als.
" 84 " 13 v. u. " „Hand- und Spannfronen".
" 86 " 5 v. u. " zu bauen statt: bauen.
" 90 " 20 v. u. " Jahrhundert " Jahundert.
" 97 " 10 v. o. " kraft " Kraft.
" 100 " 2 v. u. (Anmerk.) lies Bürgerschaft.
" 101 " 19 v. o. lies dem statt: ber.
" 108 " 18 v. u. " Namens " Ramens.
" 120 " 14 v. u. " Burk " Bruk.
" " Zu dem Absatz: Brauhäuser, ist als Anmerkung nachzutragen: Kaltenhausen entstand 1475 aus einer Hofstat (area) bei
Hallein, die Herrn Johann Elsenhaimer zu einem Bierhause (pro domo
cerevisiae) war verliehen worden. Urb. Z. der Centr. Reg. Fol. 90. a.
Seite 120 Zeile 7 v. u. lies Ehtafernen statt: Ehtafernen.
" 134 " 11 v. o. " verpflanzt " gepflanzt.
" 145 " 2 schalte ein: rabstädter, ennsthaler, halmberger,
ottinger, siezenheimer.
" 160 " " v. o. lies zuschrieben statt: zuschreiben.
" 162 " 14 v. u. " Helden " Halben.
" 169 " 11 v. o. " Stiftes " Klosters.
" 186 " 15 v. u. " Naumann " Neumann.
" 188 " 19 v. u. " Linnés " Linées.
" 198 " 13 v. o. " Beschreibungen " Beschreibuugen.
" 200 " 12 v. u. " insbesondere " inbefondere.
" 202 " 5 v. o. nach Gedicht: ist ein , zu setzen.
" 207 " 9 v. u. lies 998 statt: 898.
" 208 " 14 v. u. " 1606 " 1706.
" 209 " 17 v. u. " Dreifaltigkeit " Dreifaltigkeit.
" 217 " 9 v. o. nach Anerkennenswerthes ist ein Punkt
zu setzen.
" 218 " 4 v. u. lies 1868 statt: 1858
" 226 " 1 v. o. " Sprachen " Sprache.

15